丁小平　著

总持之智

——太虚大师研究

儒道释博士论文丛书

四川出版集团
巴蜀书社

《儒道释博士论文丛书》编委会

《儒道释博士论文丛书》由香港圆玄学院资助出版

《儒道释博士论文丛书》缘起

国家“985”二期工程四川大学宗教与
社会研究创新基地首席科学家
《儒道释博士论文丛书》
编委会主编　卿希泰

儒道释是中华民族传统文化的三大支柱，源远流长，内容丰富，影响深远，它对中华民族的共同心理、共同感情和强大凝聚力的形成与发展，均起了极其重要的作用，是我们几千年来战胜一切困难、经过无数险阻、始终立于不败之地的精神武器，在今天仍然显示着它的强大生命力，并在新的世纪里，焕发出更加灿烂的光彩。

自从1978年中国共产党第十一届三中全会确立改革开放路线以来，我国对儒道释传统文化的研究工作，也有了很大的发展，在全国各地设立了许多博士点，使年轻的研究人才的培养工作走上了有计划有组织地进行的轨道，一批又一批的博士毕业生正在茁壮成长，他们是我国传统文化研究方面的一支强大的新生力量，是有关各学科未来的学术带头人。他们的博士学位论文有一部分在出版之后，已在国内外的同行学者中受到了关注，产生了很好的影响。但因种种原因，学术著作的出版甚难，尤其是中青年学者的学术著作出版更难。因此还有相当多的博士学位论文难以及时发表。不及时解决这一难题，不仅对中青年学者的成长不利，且对弘扬中华传统文化，促进学术交流也不利。我们有志于解决此一难题久矣，始终均以各种原因未能如愿。近与香港圆玄学院商议，喜得该院慨然允诺捐资赞助出版《儒道释博士论文丛书》，这将是学术界的一大盛事，长期坚持下去，必然会产生它的深远影响。

本丛书面向全国（包括港澳台地区）征稿。凡是以研究儒、道、释为内容的博士学位论文，皆属本丛书的出版范围，均可向本丛书的编委会提出出版申请。

本丛书的编委会是由各有关专家组成，负责审定申请者的博士学位论文的入选工作。我们掌握的入选条件是：(1) 对有关学科带前沿性的重大问题作出创造性研究的；(2) 在前人研究的基础上有新的重大突破、得出新的科学结论从而推动了本学科向前发展的；(3) 开拓了新的研究领域、对学科建设具有较大贡献的。凡具备其中的任何一条，均可入选。但我们对入选论文还有一个最基本的共同要求，这就是文章观点的取得和论证，都须有科学的依据，应在充分占有第一手原始资料的基础上进行，并详细注明这些资料的来源和出处，做到持之有故，言之成理，避免夸夸其谈，华而不实。我们提出这个最基本的共同要求，其目的乃是期望通过本丛书的出版工作，在年轻学者中倡导一种实事求是地、一步一个脚印地进行学术研究的严谨学风。

由于编委会学识水平有限和经验与人力的不足，难免会有这样或那样的失误，恳切希望能够得到全国各有关博士点和博士导师以及博士研究生们的大力支持和帮助，对我们的工作提出批评和建议，加强联系和合作，给我们推荐和投寄好的书稿，让我们一道为搞好《儒道释博士论文丛书》的出版工作、为繁荣祖国的学术文化事业而共同努力。

2005年8月5日于四川大学宗教与社会
研究创新基地、道教与宗教文化研究所

目　录

第一编　佛法的总持

第二编　世间法的总持

序

佛教向以崇重智慧著称，佛陀号称大觉，谓其彻底觉悟了宇宙人生的真实本面，虽非全能，而称全知。佛法的精髓，被佛陀概括为“如实知见”四个字，如实知见的智慧，谓之般若。大乘佛学认为，须以如实知见的智慧——摩诃般若为导，修学菩萨六度万行，利乐众生，庄严国土，功德圆满，方可证得佛果。菩萨行六度之导首般若度所修学的般若智，涵括法界之体、相、用，亦即宇宙人生之一切，不仅须如实了知万有普遍共具的体性——真如、法性，获得堪以证得涅槃的实相般若、深般若，而且须广学世间、出世间之一切知识、学问、技术、语言等，精通“五明”，获得如实了知一切的“道种智”、广般若、差别智，智慧圆满，方可获得佛陀无所不知的“一切种智”。

般若智之修学，不仅须洞彻幽微，明察万象，对所有的现象一一如实觉知，更须获得从整体上把握万有真实的“总持智”，总持，梵语陀罗尼，有总摄之义，真言密咒以很少的字、词总摄佛菩萨的功德、誓愿或佛法的义理，故称陀罗尼。大乘经中说佛菩萨得百千万陀罗尼，乃至无量陀罗尼。

佛教入中土后，教界大德发扬大乘崇重般若的精神，特别重视总持智的修学，不仅努力总持全部印度佛法，判释一切佛经，建立以总持智为核心的诸宗，而且颇有以佛法为本，总持全部中国文化，批判、融摄本土儒、道二家之学的气概。如慧远、智𫖮、宗密、延寿、契嵩、憨山、蕅益等高僧，非但总持佛教诸宗，更能出入孔老，以佛摄儒，以佛摄道。

古代中国佛学之总持智，主要总持印度佛教、中国佛教诸宗，及儒、道二家“外学”。到近现代，科学不断发达，西学东渐，全球文化逐渐一体化，人类的知识体系日新月异，对佛学提出种种新的挑战。新时代的佛弟子欲图弘扬佛法，振兴衰落已久的佛教，必须正视现代文化的挑战，进行现代的判教，获得现代的佛法总持智，不仅须活用佛法的传统智慧总持佛教的古代遗产，以现代话语诠释古老佛学，开辟出适合于现代的修学法门，而且须对现代科学、哲学、各种宗教，及用科学方法研究佛教之佛教学术研究等等，高屋建瓴地作出应对。这种现代佛法总持智的获得，难度要远远大于古代。如果佛教中出不了具有现代佛法总持智的大德，佛教不可能复兴。

清末以来，中国佛教于衰腐之极，遇到了复兴的机会，乃有诸贤应运而出，发起了一场佛教复兴运动。这一运动最杰出的领袖人物——曾被目为现代玄奘的太虚，便以其救国救世救教的悲愿为动力，立足于整体佛教，远承释迦，近接诸祖，契理契机，改革明清传统佛教。他自觉应对现代社会人心，总持佛教诸乘诸宗之精华，倡导适应现代的“人间佛教”，并批判融摄孔老及各门西学，重建可以推广于全世界的中国佛学。

太虚的佛教革命，由于种种原因，尽管未能如愿实现，他自言以失败告终，但其思想博大精深，具有前瞻性，实际上引导着现代中国佛教，影响十分深远。当今海峡两岸都在倡导的人间佛教，基本上是在沿着太虚开辟的路子行进。太虚的总持智，不仅在近现代佛教史及近现代中国思想史上有重要地位，在今天看来也仍然有启迪意义、实用价值，值得认真研究。

太虚研究，虽然已有多种成果问世，但从其思想的精髓——总持智着眼进行研究的成果，尚付阙如。丁小平的博士论文，填补了这一重要的空白。文章从中国近现代思想史、佛教思想史的视角，以总持智为核心，对太虚的思想进行了系统的梳理和研究，指出太虚对圆融和行布统摄于一体的总持智，有着高度的自觉，曾有言曰："中国佛学，很注重统摄总持一切法的统持……在中国各宗佛学的趋势上看来，则昌盛的各宗皆说统持"，以"中道实相"或"介尔一心"（天台宗）、"一真法界"（华严宗）、"自性"或"法身"（禅宗）、"阿赖耶识"（唯识宗）、"如来藏"（《楞伽经》）总持一切佛法，建立一家宗旨，而不注重发挥总持法义的各宗派，不久之后就都衰亡了。

文章说明：太虚指出中国佛教之所以必须注重总持之传统，有着非常深刻的原因。首先，从文化传统和民族心理来看，大一统的文化传统，以及国家民族长期统一的政治传统，使得中华民族的文化心理，向来是有统持性、积极性的，"非统贯一切之道不足以尽其情，非圆澈一切之理不足以定其志……必于变中求得其常，偏中求得其圆为满足"，这都是与"长时分散而未脱离之印度人……民性相异"，也是与岛国日本之民族性不一样的。

其次，从时代特征来看，交通的便捷，信息的交流，使得世界各国“思想、文化、政治、经济等等相影响之关系，密切深遍”，这就要求有一种“联贯融化”的文化，来主持世界文化的统一之方向，从而实现世界和平。和平的根本，在于思想文化，至于政治、经济等，已是枝末，因此，要求得长久的世界和平，如果没有一种主张和平、能容纳总持一切文化、具有高度智慧、与科学等并行不悖的思想文化主持，那是难以实现的。

再次，从人类进化的趋势来看，知识的发达，对物质世界客观规律的认知，科学技术的进步，使人们打破了对“上帝”、“神”的迷信，不断推进人类的进化，提供了人类“演达极真、至善、完美之超人入佛可能性”，这为具有高度的理性智慧、崇尚人类自主进化而至觉悟的佛教，上升而为“联贯融化”的文化创造了客观条件。

论文主要从“佛法的总持”和“世间法的总持”这两个方面，具体挖掘和阐述太虚的总持智。对于佛法的总持，主要从对“佛教的综摄”、“佛教义理的融贯”、“佛教义理的整体构建”三个方面展开。对于世间法的总持，主要从“以佛教摄导科学”、“以佛教摄导哲学”、“以佛教摄导其他宗教”、“以佛教摄导国学”四个方面展开。太虚对佛法的融贯，侧重在对佛教进行综合简括的统一；而对世间法的摄导，侧重在对世间各种思想学说进行具体的批判和佛教方向的引导。其共同的依据，在其总持之智。文章对太虚总持智的把握相当准确，概括得当，条理分明，评价中肯，可以说如实述说了散见于几百万文字中的太虚总持智慧，表现出作者在佛学方面的深厚学养。

当代社会，随着全球一体化，东西文化快速交融，异说纷纭，见惑深细，科学飞跃，人欲横流，世人包括佛教徒的思想，皆极其混乱，不仅佛教需要建立应时契机的新总持智以正确引导佛弟子修行，整个人类，也都需要一种总持东西古今思想精华，可以为世人安身立命，能引导全社会和谐发展的大总持智，这是一些西方思想精英正在从事的工作。丁小平的这篇论文，通过如实论述太虚的佛教总持智，能启迪人思考佛教新总持智，乃至思考人类文化大总持智，颇具理论价值和现实意义，故乐为之序。

陈 兵

2011 年 7 月于四川大学竹林村

导　论

一　总持智的语义

总持，梵语为陀罗尼。龙树《大智度论》卷五说陀罗尼有三种，一是“闻持陀罗尼，得是陀罗尼者，一切语言诸法耳所闻者，皆不忘失”，其功能主要体现为对语言音声乃至思想学说的超强记忆力；二是“分别知陀罗尼，得是陀罗尼者，诸众生、诸法、大、小、好、丑分别悉知”，其功能主要体现为对各种事物乃至思想学说的明晰认识、透彻了达；三是“入音声陀罗尼，菩萨得此陀罗尼者，闻一切语言音，不喜不嗔，一切众生如恒河沙等劫，恶言骂詈心不憎恨”，主要体现为高度智慧统领下的安忍之德。

弥勒《瑜伽师地论》卷四十五分陀罗尼为“法”、“义”、“慧”、“咒”四种，其中“法陀罗尼”侧重在“闻未曾闻言，未温习未善通利”却能“经无量时能持不忘”，相当于《大智度论》的“闻持陀罗尼”。“义陀罗尼”义为“于彼法无量义趣，心未温习未善通利，经无量时能持不忘”，侧重在对法义的闻持。“慧陀罗尼”侧重在“具足妙慧……于佛所说得菩萨忍诸咒章句，能谛思惟”，侧重在对法义的思维、了达。“义”、“慧”二种陀罗尼相当于《大智度论》的“分别知陀罗尼”。“咒陀罗尼”义为“菩萨获得如是等持自在，由此自在加被，能除有情灾患，诸咒章句，令彼章句悉皆神验，第一神验，无所唐捐，能除非一种种灾患”，其功能主要体现为禅定力基础之上种种咒语的神验。

如果把前面的三种或四种陀罗尼与大乘六度对应起来，则“闻持”（“法”）、“分别知”（“义”、“慧”）陀罗尼与般若度联系很是紧密，而“入音声陀罗尼”当于安忍度，“咒陀罗尼”大略当于禅定度。

僧肇《注维摩诘经》卷一将“总持”释为“持善不失，持恶不生，无所漏忘谓之持”，在闻持陀罗尼的基础上，更侧重持善止恶的功德，当于大乘六度中第四精进度的功德。湛然《止观辅行传弘诀》卷二则释为“体遮三惑，性持三智”，则以“总持”的体性为对见思惑、尘沙惑、无明惑的遮止，对一切智、道种智、一切种智的任持，不仅是大乘六度中的般若度的全体，而且可以视为法界、真如、真心的全体。太虚大师说：“一切法皆大总持义，如天台圆教一色一香皆法界义，贤首圆教事事无碍法界义，皆任何一法包一切法，等于密教大陀罗尼……则任何一事物即一切事物，一切事物亦即一事物，即境即心，即身即佛。”①可以说，“总持”一词的义理，到此已经臻于极致。

总持智，则侧重智慧的层面。《增壹阿含经》卷一大迦叶劝请阿难结集佛陀经典时，便印可称赞道：“汝今总持智慧业，能

① 《佛理要略》，《太虚大师全书》（下称《全书》）第1册，第72页，宗教文化出版社，2005年版。

使法本恒在世。”此处“总持智”侧重在“闻持”和“法”陀罗尼。《大宝积经》卷三十说“若人能了眼尽性，于眼空性常通达，彼则能生总持智，是人爱乐于此经”，以对空性的通达为获得总持智的条件，故此处“总持智”侧重在“分别知”、“义”、“慧”陀罗尼，是以对空性的体认之根本无分别智为基础的后得无分别智。《佛说未曾有正法经》卷一描述菩萨的功德时说“入三摩地总持智门，了诸众生心所乐欲，善说法要如法解脱”，便更为明确，直接说明此为菩萨观察众生的根性、乐欲，而以其所得道种智说法，属后得无分别智。由此可见，总持智大致与“入音声”、“咒”陀罗尼联系不是很紧密，即与六度中安忍度、禅定度有所距离，而侧重在般若度，尤其是后得智。若予以深化，其义理可及于天台宗、华严宗的圆教之圆理，相应于“一即一切，一切即一”的圆实中道或事事无碍境界。

本书对太虚大师的总持智的论述，侧重在“法陀罗尼”，即依据根本无分别智而引生的后得无分别智方面，即依佛法修行而获得的超越语言文字的修证功德（根本无分别智），产生的借助语言文字等中介符号以表达的教理智慧（后得无分别智）。太虚大师依据这种教理智慧，向内综摄佛教的一切层次和宗派，向外摄化世间的一切思想学说，最后归结于其以佛教救国救世、建立整体佛教和世界佛教的志向（菩提愿心）。

二 太虚大师的佛法修证功德

太虚大师 1889 年出生于浙江海宁州，次年父亲病故，5 岁时，母亲改嫁他乡，由崇信佛教的外祖母张氏一手抚养成人。印顺《太虚大师年谱》写道："大师幼失怙恃，长养于庵院，深受外祖母之宗教熏陶。"①

1904 年，太虚大师年届 16 岁，于苏州木渎浒墅乡出家。太虚大师后来回忆自己当初出家的因缘，认为"最主要的还是仙佛不分，想得神通而出家"②。次年听了《法华经》后，才知道仙佛不同。后住禅堂参禅，"要得开悟的心很切"。第三年又听讲了《楞严经》，并旁研及天台教观、《贤首五教仪》及《相宗八要》，而参究话头的闷葫芦，仍挂在心上。秋天，进入汶溪西方寺阅看藏经，经一位老首座指点，从大藏经最前的《大般若经》看起。看了个把月，身心渐渐安定。一日看到"一切法不可得，乃至有一法过于涅槃者，亦不可得"时：

> 身心世界忽然的顿空，但并没有失去知觉。在这一刹那空觉中，没有我和万物的世界对待。一转瞬间明见世界万物都在无边的大空觉中，而都是没有实体的影子一般。这种境界，经过一两点钟。起座后仍觉到身心非常的轻快、恬适。在二三十天的中间，都是如此。③

后来改看《华严经》，觉得华藏刹海，"恍然皆自心中现量境界"，莫不空灵活泼，"以前禅录上的疑团一概冰释，心智透脱无滞，曾学过的台、贤、相宗以及世间文字，亦随心活用，悟解非凡"④。此前，他的记忆力很强，书籍只要用心看一遍就能背诵；此后，理解力变强而记忆力弱了。太虚大师后来回忆，当时"已

---

① 印顺《太虚大师年谱》，5 页，宗教文化出版社，1995 年版。
② 《我的宗教经验》，《全书》第 22 册，第 303 页。
③ 同上，第 304 页。
④ 《太虚大师自传》，《全书》第 31 册，第 174 页。

造于超俗入真的阶段”，如果从这种定慧心继续下去，可以成就三乘的圣果。但是因为遇到了在杭州办僧学校的革命僧人华山，与其辩论十多天，又读了他带来的《天演论》、《大同书》、《仁学》、《章太炎文集》、《饮冰室》等新书，深受影响，“生起了以佛法救世救人救国救民的悲愿心”①。

1914年，欧战爆发，太虚大师对于西洋的学说及自己以佛法救世的力量发生怀疑，遂到普陀山闭关。之初，“于台、贤、禅、净的撰集亦颇温习……尤于会合台、贤、禅的《起信》、《楞严》著述，加以融通抉择”，冬天，每夜坐禅，专提昔日在西方寺阅藏时的悟境作体空观，功夫渐渐成片。

> 一夜，在闻前寺开大静的一声钟下，忽然心断。心再觉，则音光明圆无际，从泯无内外能所中，渐现能所、内外、远近、久暂，回复根身座舍的原状，则心断后已坐过一长夜，心再觉系再闻前寺之晨钟矣。心空际断，心再觉而渐现身器，符《起信》、《楞严》所说。②

此次悟境，使太虚大师对《楞严经》、《起信论》中所说真如缘起的意义，有了深彻的决定见，“像是自己所见到的”，“从兹有一净裸明觉的真心为本，迥不同以前但是空明幻影矣”。

此后，继续看经、著书、坐禅，专看法相唯识书，尤其注意看《成唯识论述记》。1916年，看到《述记》中“假智诠不得自相”一段，反复看了多次，有一次又入了定心现观。

> 朗然玄悟，宴会诸法离言自相，真觉无量情器、一一尘

① 《我的宗教经验》，《全书》第22册，第305页。
② 《太虚大师自传》，《全书》第31册，第199页。

根识法，皆别别彻见始终条理，精微严密，森然秩然，有万非昔悟的空灵幻化，及从不觉而觉心渐现身器堪及者。从此后，真不离俗，俗皆彻真。①

此次悟境与前两次不同，见到因缘生法一一有很深的条理，秩然丝毫不乱。这一种心境，以后每一静心观察，就能再现。

这三次悟境，每一次心理生理都有改变，并曾偶然有过天眼、天耳、他心通的征兆，因此深信六通皆可获得，立基于此天眼、宿命通上的业果流转，亦得决定信解，于佛法由胜解而至于决定见。但因为悲愿心太重，转向了大乘救世的道路，没有向禅修去继续深进。

1928年冬，太虚大师在《我之学佛经过与宣传佛学》中说道："在读《般若经》的参禅心中，证得实相无相不立文字之正法眼藏，始超脱一切而实现天上天下唯我独尊之意志。"② 这是大师对于自己第一次悟境的自信和自肯：得禅宗之正法眼藏。他在《律禅密净》中说："以二十余年的修学、体验，得佛陀妙觉的心境，照彻了大小乘各派的佛学，及一切宗教、哲学、科学的学说。"③ 又在《新与融贯》中说"天台的离言谛、法相的离言自性、法性的离戏论分别，都融彻到禅宗上的不立文字，如古人所谓'不即文字不离文字而为道用'"④，则进一步自信已依超越文字的根本无分别智而起不离文字的后得正分别智，对一切经典的深义乃至世间一切学说，皆能了然于心而融会贯通。

---

① 《太虚大师自传》，《全书》第31册，第199—200页。
② 《我之学佛经过与宣传佛学》，《全书》第26册，第216页。
③ 《律密禅净四行说》，《全书》第1册，第303页。
④ 《新与融贯》，《全书》第1册，第383页。

当时与大师交往颇契的昱山禅师，参禅很是用功，在宗门心地功夫上上升进，曾与印光法师争论交锋过多次，并使得这位对禅师冶开等每加訾议，对杨仁山、谛闲法师等也不无间言的净土宗大师最终心折，反赞叹昱山禅师为“当世仅见的宗通”。昱山禅师是太虚大师的净友，常以参悟本来的大事而“提撕，屡施毒语逼拶，不曾轻许”，后来读了大师《佛学导言》一文，不禁赞许：“还是老兄较些子!”① 昱山禅师主要是根据自身的宗通成就，透过大师文字中显露出来的禅悟境界，而予以肯定的。

当代佛学家陈兵教授认为：“从教理看，应是由参究及经言的机缘触发宿慧所致，可以肯定地说，其所入属于出世间的定，定中直觉现观空性、唯识性，超越了比量智，尤第三此的现观唯识性相，应相当于禅宗所谓破重关境界。”② 现量智的获得，使得大师能从心性体悟的高度，对佛教各种系统、宗派、经典的思想学说，有切实圆彻的决定见，远非由钻研学问而获得的比量智可比。

三 太虚大师的总持智

综观太虚大师三次悟境，第一次由读《大般若经》而入，侧重于对缘起之空性的体悟，与中观学的教理相应；第二次由会和台、贤、禅、净而加以融通抉择的努力中进入，侧重对真心的体悟，对“《起信》、《楞严》的由觉而不觉的缘起相，得了证

① 《太虚自传》，《全书》第31册，第202页。

② 陈兵《佛法真实论》，第258页，宗教文化出版社，2007年版。

明”[①]，与如来藏学的教理相应；第三次，由致力于法相唯识的义理而入，“现观唯识的因果相”，侧重在对唯识性相的体悟，与唯识学的教理相应。这三次悟境，从宗教实践的层面，成为后来大师判摄大乘佛教为中观学、唯识学、如来藏学三宗的基础。也正是因为将此三种悟境先后证于自己身心的经历，所以大师秉持了全部佛教一体融贯的思想立场，将中观、唯识、如来藏三学融会贯通，以建设整全的大乘佛教。

太虚大师在《新与融贯》一文中明确说明自己的融贯思想的由来，是源出于禅悟的境界：

> 关于本人的融贯思想的由来，说起来亦大有因缘。最初，本人亲近的善知识，是禅宗的寄禅老和尚（即八指头陀）等，对于参禅的倾向较深，对台、贤教义稍稍研究。后来自看藏经，于性相经论的得意处，每在离言的禅意，颇契《维摩经》所谓文字性空即解脱性。如天台的离言谛、法相的离言自性、法性的离戏论分别，都融彻到禅宗上的不立文字，如古人所谓“不即文字不离文字而为道用”。放观一切经典文字的佛法，不是摆设在地上的木石，而同渗透虚空中的光影；故于一切佛法，容易成为融会贯通的思想。[②]

太虚大师由禅悟而产生的融贯思想，根本即在总持智的获得。联系前文对总持智语义的分析，可知大师早年未曾禅悟之时，书籍只要用心看一遍就能背诵，应是基于宿慧的“法”、“闻持”陀罗尼；禅悟之后，参禅过程中的疑团一概冰释，曾学过的

① 《我的宗教经验》，《全书》第22册，第307页。
② 《新与融贯》，《全书》第1册，第383页。

台、贤、相宗以及世间文字，都能随心活用，达到非凡的悟解，可知大师已得“分别知”、“义”、“慧”陀罗尼。

太虚大师的总持智，具体体现为对空性、真心、唯识性的现量智。大师对由现量智准确把握佛法、了悟佛心一事，充满自信，承当自己以二十余年的修学、体验，得佛陀妙觉的心境，照彻了大小乘各派的佛学，及一切宗教、哲学、科学的学说①。尤其大师对第三次的悟境，后来每一静心观察，皆能再现，更是说明了这种修慧与基于根本无分别智的后得无分别智相类，可以“起摹仿智——相见道的如量智变相缘真如万法”②，以这种现量智慧来观照世间的一切学问，无不能透其心髓而握其枢纽，识其弊病而知其出路。大师第一次悟境之后即说：“吾本未多读书，至是于世间学说亦多一目了然，文思风发泉涌，益放恣自喜，颇有弘法利生、今世舍我其谁之概。”③ 第三次悟境之后，更是“真不离俗，俗皆彻真”④，其智慧已经决然建立，真俗相彻不二；而且“思想文字等都有改变，从前是空灵活泼的，以后则转入条理深细坚密的一途”⑤。大师重新广泛阅读严复的译作，梁启超、章太炎等时人的著作，以及先秦诸子、宋明儒学、明末顾黄王等人之作，都仅以之“为增上缘”，而“其本因仍在从佛学的心枢，自运机杼，随时变化，不拘故常以适应所宜，巧用文字而不为文字粘缚”⑥，其总持智慧在世俗学问的面向，越来越宽

① 陈兵《佛法真实论》，第258页。
② 《人生观的科学》，《全书》第25册，第25页。
③ 《律禅密净四行论》，《全书》第1册，第303页。
④ 《太虚大师自传》，《全书》第31册，第199页。
⑤ 《我的宗教经验》，《全书》第22册，第306页。
⑥ 《太虚大师自传》，《全书》第31册，第201页。

广而深透。

结合大师将“天台的离言谛，法相的离言自性，法性的离戏论分别，都融彻到禅宗上的不立文字”的境界；于一切佛法，皆能融会贯通的成就，于世间一切思想学说，皆予以批判、融贯、导建的做法，可知大师的总持智已臻于教理所言“一即一切，一切即一”的极致。

由宿慧的“法”、“闻持”陀罗尼到禅悟所得的“分别知”、“义”、“慧”陀罗尼，总持智层次的深入，以及弘扬佛教的实践的开展，使得太虚大师的佛学志趣和弘法抱负先后也产生了质的变化。如前所述，大师出家之初，是为了追求神通；后来参禅求悟，第一次悟境之后，1914 年前，其对佛教的判摄还停留在承袭古人的境地，将佛教判为教下和宗下。此后到 1924 年间，大师将小乘附入大乘，将中国佛教先后出现的十一个大乘宗派归摄为八，有八宗并弘的志向。1924 年后，太虚大师逐渐形成了建设“世界佛教”的理念。1928 年 8 月至 1929 年 4 月共历时 8 个月的前往欧美弘法的历程，大大地开阔了太虚大师的弘法视野，从此，他以更为圆融、宽广的理念，推进佛教教育，推进中国佛教向世界佛教改进和发展。为了这样一个伟大的宏图，“八宗并盛”显然已经不够。在“世界佛教”的理念下，太虚大师表示只要符合佛教的理论，不管哪一系哪一宗的佛教，都应当采取而熔铸，用以振兴中国佛教，乃至建设世界佛教。这种理念，太虚大师把它付诸于实践。1929 年，他把先前在庐山建立的“世界佛学院”改为“世界佛学苑”，明确表示，针对过去“不相通贯融彻……惟有某时某地之佛法”的现状，要打破地域、时代、民族、文字的种种界限，如百川纳海，贯通融摄，“使成世界一味之佛法，以为世界人类之所共尊信者也”[①]。随后，他又对闽南佛学院进行了改造，把闽南佛学院列为世界佛学苑华日文系，改彰州南山佛化学校为闽南佛学院分院，开设赴锡兰留学团，以作为将来建立世界佛学苑巴利文系的准备。

1937年在世界佛学苑研究部所讲的《新与融贯》一文，大师更是系统地阐述了自己的志趣和抱负：

> 本人在佛法中的意趣，则不欲专承一宗之徒裔。以为由佛之无上遍正觉所证明之法界性相，为度生应机而有种种施设，法流多门，体源一味，权巧无量之方便法，无不为度生而兴……所以本人观察佛法之五乘共法、三乘共法及大乘不共法，原为一贯。在教理解释上，教法弘扬上，随机施设而不专承一宗或一派以自碍。发心修学佛法者，应不为空间时间所限，宜超出一切时空，涉入一切时空。[②]

并且，大师还以契理契机为原则，认为要根据佛法的常住真理，适应时代性的思想文化，洗除不合时代性的色彩，随时代以发扬佛法的教化功用——此为时代性的新。这表现在融贯一切佛法之外，对世间各种学问都予以统摄引导。大师1928年对自己学佛二十多年来弘扬佛教的历程进行总结说：

> 适在有五千年历史文化及受全球各国思潮剧变之中国，深感应付之学识工具缺乏不足，乃一方研究佛陀及历代高僧说教化世之学说及方法，一方则研究中国之古学及由各国译来中国之各种新学，以之构成佛学与东方西方各种学说思想

---

① 《世界佛学苑图书馆馆刊发刊词》，《全书》第32册，第380页。
② 《新与融贯》，《全书》第1册，第377—378页。

之体系，以为入世应化之工具，于是乃成为可以自觉觉他之大乘佛子。[①]

大师出家之后，不仅在两次阅读大藏经的过程中大量阅读了佛教诸乘诸宗的经典，还广泛阅读了古今中外的哲学、科学、心理学、宗教等方面的著作，为摄导世间学问奠定了坚实的基础。根据《太虚自传》、《告徒众书》、《我的佛教改进运动略史》、《致吴稚晖先生书》等文章的记载，大师童年时期跟着其小娘舅读书时以《百家姓》、《三字经》、《神童诗》、《千家诗》、《大学》、《中庸》、《论语》、《孟子》、《诗经》等为功课；1906年在西方寺阅读大藏经的时候，读了康有为、梁启超、章炳麟、谭嗣同等人的著作和严复的译著，还有五洲各国地图，中等学校各科教科书等；1908年在祇洹精舍学习期间读了《管子》、《老子》、《庄子》、《列子》、《左传》、《楚辞》、《离骚》、《昭明文选》以及李、杜诗等；1910年在广州所读的书籍大略有：托尔斯泰、巴枯宁、蒲鲁东、克鲁泡特金、马克思、幸德、秋水等人的译著；1914至1917年在普陀山闭关期间，读了《民国经世文编》，严复所译的各种书籍如《天演论》、《群学肄言》、《原富》、《法意》、《穆勒名学》、《耶芳思论理学》等，以及其他哲学纲要、伦理学、心理学诸译著；还由阅《饮冰室文集》而读《墨子》，由阅《章氏丛书》而读《荀子》、《韩非子》，由阅宋明儒学案而及《阳明全集》，此外还读了《易经》、《日知录》、《黄梨洲集》、《龚定盦集》，所余经、史、子、集等都曾略游心目，并订阅了《东方杂志》、《教育杂志》等刊物。另外，大师自叙说对西洋的新译著，

① 《我之学佛经过与宣传佛学》，《全书》第26册，第216页。

常常买来浏览。根据大师的著作，可知大师还对藏传密教、道教、基督教、伊斯兰教等各种宗教都有深刻的了解。在涉猎世间学问的过程中，大师自认“在民三以前，多受谭（谭嗣同）、梁（梁启超）的影响；而民三以后，则受章（章太炎）、严（严复）的影响较深；此后，则说不上更受甚么的影响。但章等亦仅为增上缘，其本因仍在从佛学的心枢”①。由此可见，大师对各种世间学问，都以佛学为心枢而批判性地学习。

此外，大师的志向，弘扬佛教还要实现“佛教中心的新”合“中国佛教本位的新”：

> 本人三十年来宏扬佛法，旁及东西古今文化思想，是抱定以佛教为中心的观念，去观察现代的一切新的经济、政治、教育、文艺及科学、哲学诸文化，无一不可为佛法所批评的对象或发扬的工具，这就是应用佛法的新。②

中国佛教本位的新，是以中国二千年来传演流变的佛法为根据，去吸收采择各时代各方域佛教的特长，以成为复兴中国民族中的中国新佛教，以适应中国目前及将来趋势上的需求③。

在上述三种新的基础之上，太虚大师还从宗、乘、系三个角度，把印度、中国、日本各部各宗各派佛教（宗），五乘共法、三乘共法、大乘不共法（乘），流传于锡兰、缅甸、暹罗等地的巴利文系佛教及中国、高丽、日本等地的华文系佛教，西藏、蒙古、尼泊尔等地的藏文系佛教（系），全部予以融贯，构成整全

---

① 《太虚自传》，《全书》第31册，第201页。
② 《新与融贯》，《全书》第1册，第381页。
③ 同上，第382页。

的世界佛教。大师的目的即在于，以自己的终生努力和后继者的不懈奋斗，“本着这新的融贯的宗旨，勇猛研究，乃能跃进为现在到将来的世界佛教”①。

1942年，太虚大师在汉藏教理院，讲《法性空慧学概论》，更是自觉地以“总持”为准则，概括中国佛教的特色，认为“中国佛学，很注重统摄总持一切法的统持……在中国各宗佛学的趋势上看来，则昌盛的各宗皆说统持”②，以“中道实相”或“介尔一心”（天台宗）、“一真法界”（华严宗）、“自性”或“法身”（禅宗）、“阿赖耶识”（唯识宗）、“如来藏”（《楞伽经》）而总持一切法，而不注重发挥总持法义的各宗派，都不久之后就衰亡了，在教门只剩下天台宗、华严宗和唯识宗三家。

中国佛教之所以必须注重总持之传统，大师进行了具体分析。

首先，从文化传统和民族心理来看，大一统的文化传统，以及国家民族长期统一的政治传统，使得中华民族的文化心理，向来是有统持性、积极性的，“非统贯一切之道不足以尽其情，非圆澈一切之理不足以定其志……必于变中求得其常，偏中求得其圆为满足”③，这都是与“长时分散而未脱离之印度人及局偏自守之缅、藏人等民性相异”④，也是与岛国日本之民族性不一样的。

其次，从时代特征来看，交通的便捷，信息的交流，使得世

---

① 《新与融贯》,《全书》第1册，第386页。

② 《法性空慧学概论》,《全书》第7册，第295页。

③ 《再议〈印度之佛教〉》,《全书》第28册，第62页。

④ 《法性空慧学概论》,《全书》第7册，第296页。

界各国“思想、文化、政治、经济等等相影响之关系，密切深遍”①，这就要求有一种“联贯融化”的文化，来主持世界文化的统一之方向，从而实现世界和平。大师认为，和平的根本在于思想文化，至于政治、经济等，已是枝末，因此，要求得长久的世界和平，如果没有一种主张和平、能容纳总持一切文化、具有高度智慧、与科学等并行不悖的思想文化主持，那是难以实现的。

再次，从人类进化的趋势来看，知识的发达，对物质世界客观规律的认知，科学技术的进步，使人们打破了对“上帝”、“神”的迷信，不断推进人类的进化，提供了人类“演达极真、至善、完美之超人入佛可能性”②，这为具有高度的理性智慧、崇尚人类自主进化而至觉悟的佛教，上升而为“联贯融化”的文化创造了客观条件。

综上所述，可以说，太虚大师的佛学志趣和弘法抱负的成熟，正是以其总持智为基础的。而总持一切佛法和各种世间学问，以建立世界佛教，重建世间新文化，及其救世救人救国救民的实践，不仅使古老的佛教获得重大发展，而且不断加深、提升了其总持智的程度和高度。

四　小　结

综上所述，可见太虚大师的总持智，是体用一如的，即，其自身宗教修行所证得的根本无分别智，是体；以此根本无分别智

① 《再议〈印度之佛教〉》，《全书》第二十八册，第63页。

② 同上。

起后得正分别智，观照三藏十二部佛经而融贯之，观照世间各种学问而摄导之，是用。大师以其总持智，建设中国佛教、世界佛教、世界新文化的努力及其所取得的成果，不仅是佛教的重大发展，而且从整个人类的文化层面来说，也是一个重大贡献。这种贡献的取得，与大师遵循契理、契机的原则，是息息相关的。甚至可以说，总持智本来就包含两个方面，其体即契理，其用即契机。

契理，从表层的意思来看，就是要契合佛教的教理，符合佛教的"三法印"或"一实相印"。这是把佛教看作一种思想学说，从研究、理解的层面上，所对应的"契理"。从深层的内蕴来看，佛教教理所指向的不生不灭的真如，是遍一切事物的体性，它不是对象性的存在，"心行处灭，无复文字，离于一切见闻觉知"[①]，言论、文字、思想等，都无法达到、表述真如。因此，以文字为载体的教理，和以思维、思想为载体的对教理的理解、领悟等，都不是真如本身，都只是指向月亮的指头，而非月亮。真如本身，"本无言说，体性寂静，唯诸圣者，自内所证"[②]，即"以无缘智，缘无相境；无相之境，相无缘之智，智境冥一"[③]，无能缘、所缘的对立，能缘、所缘全为熔融之一体，此中境界，即无知而知，达到对真如的契会。大师的三次悟境，所证得的根本无分别智，即是无缘之智；而所证真如，即是无相之境。智、境一如，冥合无二。这是把佛教看作一种追求彻底真实、亲证本来真相的实践，从身心实践的层面，所对应的"契理"。

---

① 《大乘理趣六波罗蜜经》卷十。
② 《大方广佛华严经》卷三十八。
③ 智顗《摩诃止观》卷一。

契机，从表层的意思来看，就是要使佛教的教理契合民族心理、文化背景、社会风尚等，契合众生的根机，使众生能根据自身的出身、阅历、性格、教育情况、文化程度，理解和接受佛教的教理。显然，这同样只是把佛教作为一种思想学说，从大众层面宣扬佛教文化所对应的“契机”。从深层的内蕴来看，则是针对当下的对象（众生），深知其内在执著之肯綮、妄念之状况，或者三言两语，或者拳打脚踢，或施机锋下转语，或见桃花闻流水，一刹那间，打断众生的妄念、破除众生的执著，使其于石火电光之刹那，突然明见心性，亲证本来真如。这种方法，禅宗用得很多。这是把佛教作为一种身心实践，从佛教的宗教修行的层次，针对具体的修行人所对应的“契机”。

依据《楞伽经》的义理，必须兼具宗通和说通，即自身内证真如，同时通达三藏十二部经教，才能恰如其分地为众生阐述教理，使“契理”和“契机”相统一。具体从太虚大师本人的情况来看，他已兼具宗通和说通，即不仅证得真如，而且通达佛教经教。因此，他的契理，不仅仅是表层意义上理解教理的契理，更是深层内蕴上的内证真如的契理。而他的契机，却是为了拯救奄奄一息的佛教，以及实现救国、救世的目的，针对广大民众所进行的宣扬佛教教理，建设新佛教、新文化的表层意义上的契机。尽管大师以振兴亲证真如的禅宗为己任，接续了沩仰宗之法嗣，又以临济宗传人而自居，并且也曾经印证过净平居士、大勇禅人，并指导过不少佛教徒的修行实践，但是其针对面极为狭窄，而且也不是大师所主要关注的方面。

太虚大师对遵循契理、契机的原则建设新佛教，有着非常的自觉。他说：

> 若不随顺世间巧施言说，以应其时而投其机，则宜于此者或失于彼，合于过去而不合于现在，故佛法有适化时机之必要！夫契应常理者佛法之正体，适化时机者佛法之妙用，综斯二义以为原则，佛法之体用斯备。若应常理而不适化时机，则失佛法之妙用；适化时机而不契应常理，则失佛法之正体。①

即是从体、用相应的角度，强调契理、契机不可偏废。可以说，这正是大师使佛教获得重大发展的原因所在。而如果偏废任何一方，只契理而不契机，则成了个人的修行实践，类于小乘佛教的追求，对整个社会、人类的进步没有意义；只契机而不契理，那么佛教就会变质，成为脱离佛教宗旨的纯粹的思想、学问，对佛教来说，则是退化而非发展。大师曾批评说，近代非常兴盛的日本佛教，思想发达、著作丰富，但是日本没有一个真正的修行人，也没有真正的佛教。这种极为严格的批评，很具代表性，反映了佛教的根源性特征。

然而，现实却常常是对契理、契机的偏废，甚至全废。唐五代以后，佛教走向衰弱。明清以来，佛教更加衰落不堪，面临灭亡的危险。其中的原因，即为对契理、契机的偏废，甚至全废。到了近代，佛教的衰朽已经无以复加。佛教徒的主体方面，大师曾将清末佛教徒分为清高流、坐香流、讲经流、忏焰流及不入流的“守产业者”。其中，清高流侧重契理，而坐香流、讲经流、忏焰流偏在契机，“守产业者”则理、机全废。清高流虽然难能可贵、令人敬佩，却对社会人心之改善、建设以及佛教的发展全

① 《佛法宗要论》，《全书》第1册，第109页。

无用处；后三流则是方便出下流，不仅对佛教无益处，而且隳毁佛教元气，败坏佛教形象，坏处极大；尤其是忏焰流，人数远远超过前面三流，“裨贩佛法，效同俳优，贪图利养”[1]，令人不齿。至于“守产业者”，更是形似佛徒，实则不在佛教之内。

契理、契机的偏废或全废，导致佛教的退化、腐朽乃至灭亡，那么，反过来说，契理、契机的统一，正是佛教发展的根本动力之所在。程恭让博士曾以“中国佛教思想创造自身”的模式来解释“佛教与中国文化”的关系，进而认为中国佛教思想历史发展的原因和规律，在于“佛教化”与“中国化”之间的内在矛盾的张力[2]。李广良博士在此基础之上，认为近代佛教的发展，还有“传统化”和“近代化”之间的内在矛盾的张力[3]。如果说，“佛教化”与“中国化”之间的矛盾，侧重在思想文化的横向关系的话，那么，“传统化”和“近代化”之间的矛盾，则侧重在思想文化的纵向关系。二位先生的观点，立足于辩证法，其内核不出“契理”、“契机”的两面，即“佛教”之“理”和“众生”之“机”[4] 之间的矛盾，有其一定的合理性。

从纯粹理论的角度来说，真如之理体与循业之事用，确为理事不二、体用一如。但是，众生无始以来为无明、烦恼所障蔽，必须将无明、烦恼予以打破，见到真如理体，时时与理体相应，才不会违背理体而有悖理之用。另外，真如理体是不可言说的，

① 《震旦佛教衰落之原因论》，《全书》第 31 册，第 41 页。

② 参见程恭让《抉择于真伪之间——欧阳竟无佛学思想探微》，第 285 页，华东师范大学出版社，2000 年版。

③ 参见李广良《心识的力量》，第 2—3 页，华东师范大学出版社，2004 年版。

④ “众生”之“机”，不仅包括具体众生的心理、智慧、阅历、教育等各方面的内容，而且还包括整体社会的文化、民族的心理、国家的制度等众多方面的内容。

用思想、语言、文字等中介系统，将真如理予以领会、表达，则领会、表达真如的确当的思想、语言、文字，即成为佛教的教理。这种教理能否符合众生的根机，适应众生的需求，在这事实的层面就产生了矛盾，或对立或统一。但是不管是对立还是统一，都是从表达真如的思想、语言、文字（教理）和众生的认识背景、认识能力、认识工具、认识习惯等（根机）之间的关系来说的，是平行的两面，这是辩证法适用的范围。从这个适用的范围来看，“佛教化”与“中国化”、“传统化”与“近代化”之间的矛盾是佛教发展的动力这种说法，就获得了一定的合理性。

其不足之处在于，其辩证法的立场，是以“理”、“机”为事物内部对立统一的两个方面；而事实上，佛教所说的“理”、“机”是体、用的关系，并非对立统一的两面的关系。这是其不足的根本。另外，即使单纯的事实层面（用）来说，在佛教看来，教理的事实和根机的事实也有完全统一、彻底统一的一面。唯识学认为，大乘五地菩萨遍学一切世间学问，以其所证根本无分别智一一透过，达到缘起现象和真如理体的完全相应。这种完全相应，到了八地菩萨位上，前刹那缘缘起，后刹那缘真如，前后交替，任运自然，不加造作，也不会造作。九地的位次，更被称作大法师位，其智慧的程度在契理和契机两方面，时时相应，完全相应。当然，最圆满的状况是成佛的境界，同一刹那即性，同一刹那即相，性相一如的宇宙人生的本来面目，如今全盘开演为活生生的事实。于佛，事事无碍，举足下足皆是妙契，开口闭口无非至法。在佛教看来，这样的状况，除了在诸佛净土之外，一般出现在佛陀出世的时代，而此时的佛教自然也被看作是发达的顶峰。这种情况下，“理机”一如，圆融无碍，辩证法所谓的对立统一的矛盾已然消融，更无所谓推动发展之一说。

在佛教看来，事物的内部矛盾推动事物发展的思想，在整个宇宙范围（三界）内，只在欲界存在，而不存在于色界和无色界。欲界的物质、精神，一粒微尘或《易经》所谓“太极”之类，一个念头或者思想，“都是一团的矛盾性，不调和性，冲突性，不平稳性，不纯粹性，不统一性”。欲界之外，色界、无色界就超越了矛盾对立，“定心成熟了的上界，心的观念统一了，精神界得到和平。所以，定心相应的精神界，是平稳、纯粹、和平、统一之域”①。色界、无色界是从用的层面，相对性地超越了矛盾，而超越三界的涅槃心境、般若智慧的体用，更是从体用一如不二的层面，绝对性地超越了矛盾。

佛陀灭度之后，从印度佛教和中国佛教的历史来看，“理”、“机”相扣，二者统一的时代，正是佛教兴盛，获得重大发展的时代；而“理”、“机”偏废或者全废，即是佛教衰弱、遭到巨大挫折乃至面临危机的时代。太虚大师正处在持续了数百年的佛教衰弱过程中情形最为严重的时代：志在实证真如的禅宗已经灭亡②，注重教理的教下各宗皆已浸微，出家佛教徒被视为社会之害，“庙产兴学”之风更是要从形式上也把佛教给消灭掉。正是在这样的背景之下，太虚大师以其实证真如的智慧为根本，以其救国救世救教的悲愿心为动力，上契妙理，下契时机，改革佛教，重建佛教，在佛教史上，再一次掀起佛教发展的浪潮。

① 《大乘本生心地观经讲记》，《全书》第5册，第45页。

② 太虚大师在《为汉地堪布翻案》（1942）一文中说：“现在真能代表禅宗的善知识，已不可得，故中国无禅宗。”

第一编
佛法的总持

第一章　佛教的综摄

第一节　佛教历史发展的综摄

太虚大师在 1910 年作的《佛教史略》中，把佛教的历史划分为两个时代——“创辟时代”、“流传时代”，而流传时代又根据佛教盛行地域的不同而分为“印度时代”、“亚洲时代”、“世界时代”三个阶段。“创辟时代”指的是释迦牟尼创立佛教并终生弘扬的历史，主要是原始佛教的阶段。“印度时代”指的是释迦牟尼圆寂之后，佛教在印度本土的发展过程，包括“小乘时代”和“大乘时代”两部分。“亚洲时代”指的是佛教由印度弘扬至亚洲各国的历史，其主体是在中国弘传的一千八百多年，可分为“创开到全盛时代”（东汉至唐末）和“变通到衰落时代”（唐末到清末）两个阶段。“世界时代”指的是“最近二十年中”由于日本僧侣四出传教，欧美各洲已有佛教传入，可以视为佛教的“世界时代”之开端。

太虚大师对佛教在印度的产生和发展，以及在中国的弘传和演变，以宏大的气魄、敏锐的目光，将其历史发展中的条理和理论流变中的特质，提其纲而挈其领，破其相而锁其质，作了极为简要而透彻的概括。

一 印度佛教之“三期”、“三系”说

印度佛教的出现，大约在公元前 6 世纪[①]，灭于公元 11 世纪。前后相传 1700 余年。释迦牟尼入灭之后，印度佛教的发展，太虚大师将其历史划分为三个大的阶段，提出了“三期”、“三系”之说。

释迦牟尼入灭之前的佛教，太虚大师称之为“一味佛法”，认为“无论说大说小，说空说有，顿说渐说，显说密说，皆为佛应机巧说教”[②]。大师此语内蕴非常明白，即承认佛陀在世时，不仅有小乘佛法，而且有大乘佛法，空有之宗、顿渐之教、显密之义，都已具备，以契理之精神，以契机之原则，皆为释迦牟尼亲口所说。这就直接肯定了“大乘是佛说”。在近代学术界疑古证伪之风影响之下，中外佛学者大都认为佛陀只说了以《阿含经》为代表的小乘经典，大乘经典等非佛所说。大师坚持大乘经典等皆为佛说，结合前文所述其三次悟境对大乘三宗经典义理的验证，可知对于大乘经典，大师是“通过自己的修行来验证”的。事实上，大乘经典“其中所言佛法的真实性……非往往只能

---

① 关于佛陀的年代，已有七十多种说法，现一般采用佛灭之公元前 544 年为佛教纪元的元年。

② 《般若波罗蜜多心经释义》，《全书》第 7 册，第 60 页。

得出盖然性结论的学术考证所能轻易否定”[①]。

释迦牟尼入灭之后的佛教，太虚大师在《般若波罗蜜多心经释义》、《我怎样判摄一切佛法》等文中，把它分为三个时期。第一个时期，从释迦牟尼入灭之后第一百年到第六百年间，所传教法是以声闻乘为中心的三乘共法，主持佛教的中坚人物，是阿难、大迦叶、优波离等人，大乘不共法则隐没不彰，此一时期被称为“小行大隐时代”。第二个时期，从佛灭度后第六百年到一千一百年间，所弘扬的教法主要是大乘教法，主持佛教的中心人物先后有马鸣、龙树、提婆、无著、世亲等人，小乘佛法附属于大乘而流传，此一时期被称为“大盛小附时代”。第三个时期，从佛灭度后一千二百年之后的时代，佛法向实践修持的方向发展，小乘经论逐渐隐没，大乘的教理已经精深而严密，随从于密咒而流传，佛法专以密咒为主，主持佛教的中心人物先后有龙智、金刚智、阿底峡等人，此一时期被称为“密主显从时代”。从这一时期开始，佛教（密咒）开始传入西藏[②]。

太虚大师的三期说之后，先后有周叔迦、木村泰贤、宇井伯寿等人提出新的三期说，龙山章正提出的四期说，印顺法师提出的五期说，以及吕澂对于印度佛教六种阶段的划分。综观这些对印度佛教历史时期的各种划分新说，大都直接或间受了太虚大师思想的影响，而又各各有所不同，有所发展。其中，尤其以印顺法师1942年提出的五期说，受大师影响很大，其划分理由类于大师，而分析更为繁密，其缺陷也较为明显。太虚大师在《议印

① 陈兵《佛陀的智慧》，第14页，上海古籍出版社，2006年版。

② 具体内容可参见《我怎样判摄一切佛法》，《全书》第1册，第389－394页、437－441页；《般若波罗蜜多心经释义》，《全书》第7册，第60－61页。

度之佛教》(1942年10月)、《再议印度之佛教》(1943年8月)等文中，对印顺法师的五期说予以了严肃的批评。

印顺在1942年完成的《印度之佛教》中，将印度佛教史分为五期。第一期为释尊教化时期，重于出家之声闻，为“声闻为本之解脱同归”。第二期从释尊入灭到佛元四百年，小乘盛而大乘犹隐，为“倾向菩萨之声闻分流”。第三期从佛元四世纪到七世纪，大乘佛教兴盛，说三乘同一解脱，与根本佛教相契，为“菩萨为本之大小兼畅”。第四期从佛元七世纪至十世纪，大乘佛教分为虚妄唯识、真常唯心、性空唯名三系，为“倾向如来之菩萨分流”。第五期即佛元十世纪后，以如来不可思议之三密为重点，本于神秘、唯心、顿入之行解，综合一切学派、内外思想以及秘密、迷信，为“如来为本之梵佛一体”。

太虚大师在只见到《印度之佛教》第一章《印度佛教流变之概观》之时，即撰文《议印度之佛教》，对书中的佛教史之分期提出了很多批评意见。大师洞见印顺因“独尊龙树”，而将“大乘时代糅成支离破碎”，认为应将第一期佛教改为“佛陀为本之声闻解脱”，即佛陀时代的佛教。第二期仍为“菩萨倾向之声闻分流”，从佛灭至马鸣前后约五百年。原著第三、四期统合为第三期，为“佛陀倾向之菩萨分流”，内中分为四节，承前到佛元十二世纪前后。原著第五期即改为第四期“如来为本之佛梵一体”，承前到佛元十七世纪印度佛教灭亡。

在《再议印度之佛教》一文中，大师针对印顺原著的全文，具体地阐述了批评及其原因。其核心在于大师认为，印顺根本的知见为“所见一分之缘起无我”，并依此而立言，没能认识到佛陀知见所见之诸法实相，包含缘起无我之法性，无我缘起之法相，缘起无我、无我缘起之法界三义。这种知见的结果，便以为大乘佛法乃从小乘佛教发展而来，而不是源出于佛陀，近于南传佛教的“大乘非佛说”的立场，附摄大乘于小乘，而不容许有超出小乘的大乘佛教。在分期的表现上，第一期即以声闻为本，而非以佛陀为本；第三期大乘教源于声闻教法，而非佛陀之根本教法。

这里所涉的争论，实际上集中在对整体佛教的根本见解。印顺依据以考证为主的学术方法判定大乘佛教的渊源，以《阿含经》为本，衡量一切；在大乘佛教方面，秉持的龙树中观学派的见解，对法界圆觉一系基本上持否定的态度。太虚大师融贯大乘佛教的三大系为一体，且认为法界圆觉系为佛陀的根本教法，其根据在“华严日照喻，法华穷子喻”，《华严经》为佛陀最先所说经典，小乘经典后于《华严》，而且马鸣《宗地》、《起信》二论也在龙树之前。大师认为印顺并未真正领会龙树的思想，龙树“不可以空、亦不可以《中论》限，即缘起空明空缘起之不二中道……空为无生初门，本含中不空义”。不仅如此，从大师的文章仔细体会，我们会发现他委婉地批评印顺有陷入中观末流偏执“偏空”见的倾向，类于“执空论者，善坏他论，自无可持”。大师本人不仅“尊重果觉之信仰”，而且根源于其内证的经验，显然与印顺纯粹的以考证为主的学术方法有别。太虚大师与印顺之间的判教之争，所涉及的佛教研究方法的差异，“从一个侧面反映了他在近代理性的挑战面前对于佛教理性的思考”[①]。

与以印度佛教历史发展阶段为着眼点的“三期说”相应，是

① 罗同兵《太虚对中国佛教现代化道路的抉择》，第73页。

以承载印度佛教教法的文字语言或者文化系统为着眼点的“三系说”。

太虚大师认为，今天世界上的佛教大体可以分为三大文化系统，对应于印度佛教发展的三个时期之教法。第一系，佛灭后初五百年印度盛行的三乘共教，从阿育王时传入锡兰岛、缅甸等处，其教法偏重于小乘佛法，今表现为锡、缅、暹、巴利文系，就其典范可视为保存原语的巴利文系佛教。第二系，佛灭后第二个五百年时，佛法由印度盛传来中国，系统性地翻译成汉文，渐渐传及于朝鲜、日本等处，其教法偏重于大乘佛法，是华、朝、日、中国文系，就其典范可视为汉文系佛教。第三系，佛灭后第三个五百年时始传入西藏，翻译成为西藏文系，其教法以密宗著称，而蒙古、尼泊尔等地亦承其化，此为藏、蒙、尼、西藏文系，就其典范可视为藏文系佛教①。大师将三期、三系佛教的融贯以图表示：②

	年代	教法	流传地方	文系
印度	第一期五百年——	小彰大隐佛教——	传锡兰暹罗等地——	巴利文
	第二期五百年——	大主小从佛教——	传中国再传高丽日本—	汉文
	第三期五百年——	密王显从佛教——	传西藏再传蒙古等——	藏文

今天要考察印度佛教三个时期佛教的面貌，可以分别从现实的巴利文系佛教、汉文系佛教、藏文系佛教见到。此三系的佛教，各有其特点，也各有其缺陷。巴利文系佛教盛于小乘佛教律仪的形式和实践，但是局限于上座部一派，不足以全具小乘各学

① 具体内容参见《我怎样判摄一切佛法》，《全书》第1册，第440－441页；《佛学之源流及其新运动》，《全书》第2册，第334－335页；《般若波罗蜜多心经释义》，《全书》第7册，第62页。

② 《新与融贯》，《全书》第1册，第384页。

派之学，更遑论大乘佛学，此为其大缺憾。汉文系佛教盛于大乘教法，而且印度第一期的以三乘共法为中心的经、律、论，也有很大部分保存，但是三乘的律仪之形式乃至实践上，却除了传戒之时昙花一现之外，不可多见，此为其缺陷。藏文系佛教盛于密宗教法，大乘的性相教理等也随从其中，但是巴利语系的佛学没有传入，没有《阿含经》等，律藏也不多，而且密咒多混有印度婆罗门教的内容，在西藏又混杂了西藏本来的苯教内容，这导致佛学的真相，未免掩蔽不彰，此为其缺陷①。

太虚大师对于印度佛教的三期、三系的划分，在学术思想史上影响重大，其根底在于他以其总持智为依据，而总摄印度佛教于一体，为今天的世界各种文化系统中的佛教寻得一根本依据，使之稳固安立；同时，他统三期、三系佛教于一体，最重要的目的在于认清历史，立足现实，“以中国佛学元气的充足，及近十年来中国民族对于佛学的觉醒，不难由中国佛学的中心系，融合锡兰及西藏的两个佛学中心系，率归于释迦佛陀的觉源心海，一跃而为世界佛学唯一的中心”②。

中国佛学成为世界佛学的中心，这曾经是历史的事实，盛唐时玄奘大师的回国，即标志着世界佛学的中心已经由印度转入中国。太虚大师之所以希望恢复中国佛学的中心地位，其深层的原因，在于建立世界佛教，使佛教成为世界文化的主流，从而从文化的根基上，来实现其救世救人救国救民的宏愿。

---

① 具体内容可参见《佛学之源流及其新运动》，《全书》第 2 册，第 334－335 页。

② 《佛学之源流及其新运动》，《全书》第 2 册，第 335 页。

二　中国佛教之三大系

中国佛教的发展过程，太虚大师在《佛教史略》一文中将其分为五个时代：

> 自东汉至初唐，为印度、中国之过渡时代。自梁至唐初，为中国各宗派之创辟时代。唐初，为佛教大成时代。自陈、隋至唐末，为中国佛教之全盛时代。过兹以往，即为锁关为守成为渐衰为衰极之时代矣。抑唐代之前，道教徒妒佛教之蒸蒸日上，每兴狂诋；佛教诸大师亦不惜与之明辩折诤，故宜名之曰佛道之竞争时代。从五代而入宋、明，则变为儒释之竞争时代矣。①

太虚大师认为会昌法难是中国佛教盛衰之枢纽，会昌之前，中国佛教之系统已经完具且全盛；会昌之后，行证不出禅、净，教理不出台、贤，渐趋衰败。会昌之前中国佛教系统，可统之为三大系②。

第一系：道安重行系。道安从师以神通化世之佛图澄，并传安世高所传之律、禅；之后，慧远承般若传承，持律修念佛三昧；北齐慧文创一心三观，以修禅为主，后传慧思、智𫖮，修法华三昧，创天台宗；佛陀扇多传大乘禅，道房、慧光继承演化而成禅宗，其中慧光传四分律至光统律师，且弘扬《十地论》及

---

① 《佛教史略》，《全书》第2册，第314页。

② 见《会昌以前中华佛教之三大系》，《全书》第2册，第279—283页；《论中国佛教史》，第284—289页。

《华严》，开华严宗先河。

第二系：传龙树学系。鸠摩罗什译讲龙树大乘般若之学，之后四论宗、成实宗、三论宗先后成立，三论宗经兴皇法朗禅师至嘉祥吉藏大师而大成。

第三系：传世亲学系。此系有三位关键人物，一位是元魏菩提流支，译《十地论》而创立地论宗，经光统、惠顺传讲至隋唐而盛，后融摄于华严宗；一位是陈代真谛三藏，摄论宗、俱舍宗都从而兴起；一位是玄奘法师，糅译《成唯识论》而确立唯识宗，推崇唯识的道宣律师亦从而兴起。

此外，道生、惠观传讲于南方，惠静、昙斌传讲于北方之涅槃一宗，后融摄于天台宗。真言宗由开元三大士传入，一行禅师立足于天台教义以受之，不空三藏立足于华严宗教理而受之，不久失传。三系之图表如下①：

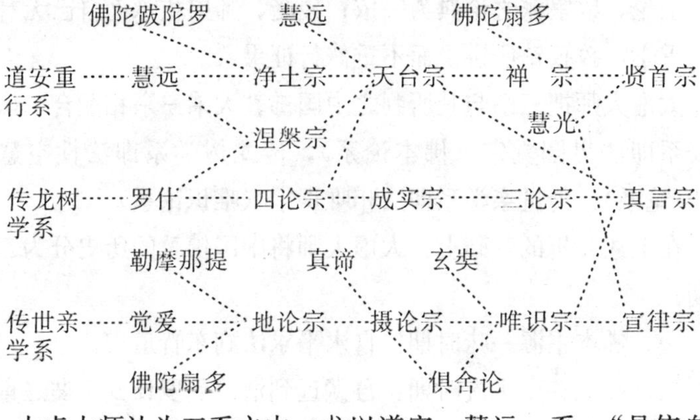

太虚大师认为三系之中，尤以道安、慧远一系，“是依自己修证而宏扬佛法，乃以中国人依佛经律修证之所得为主，根底下

① 《会昌以前中华佛教之三大系》，《全书》第2册，第282页。

潜伏有中国思想之特质，非专传印度之学说者”[1]，可称为“主动流”，另两系为“外入流”。主动流之演化过程可见图表[2]：

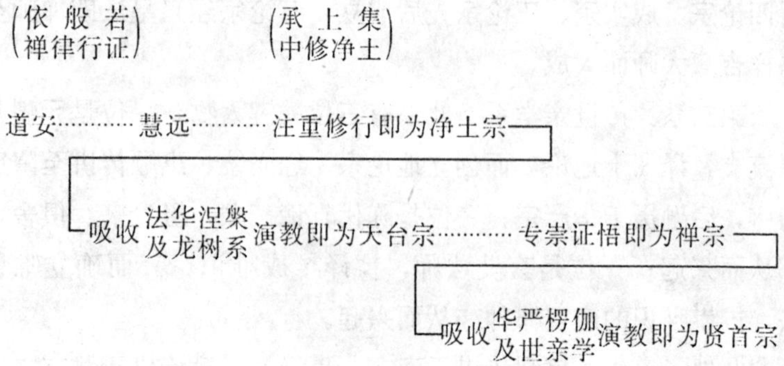

主动流的特质有四：本佛，一切探本于佛；宗经，以佛所说经典为根据；博约，博览全教而约取要旨；重行，提出心要以实践而自行化他。外入流的特质也有四：本理，推本于所宗之宗派见；宗论，以宗派之论典为宗依；授受，师弟相承而自己无有创建；重学，孜孜钻研讲说而不重修行证果。

太虚大师把三系与其所判之中国佛教大乘三宗相配合，认为道安系即法界圆觉宗（佛本论系），传龙树学系即法性空慧宗（性空论系），传世亲学系即法相唯识宗（唯识论系）。

在上述分析的基础上，太虚大师将中国佛教的历史分为三个时期：

一、佛本主源一味时期：自永平求法到东晋道安。

二、空识夹变主流时期：自慧远到清凉受罗什到玄奘之重重扩变。

---

① 《会昌以前中华佛教之三大系》，《全书》第 2 册，第 282 页。

② 同上，第 283 页。

三、主流递演不绝时期：会昌后禅宗下的台贤净律。

这三个时期的划分依据，仍然在于三系的先后确立。“佛本主源一味时期”是主动流确立的时期，代表人物即是道安。“空识夹变主流时期”，是龙树之学和世亲之学传入中国并大大影响了主动流的时期，“自道安以来，有慧远、觉贤、慧思、达摩、智者、杜顺、慧能等，且收且破，而性空论终由智者融摄而为天台宗，唯识论亦由法藏融摄而为贤首宗”①。晚唐以后，佛教之“行证不出禅净，教理不出台贤”②，正是“主流递演不绝时期”，后来禅、净二宗承此重行之绪，走到极端，舍去了经律，孤陋寡闻而导致佛教衰落。

很显然，在三系所从属的主动流和外入流之间，太虚大师更赞同主动流，认为这才是中国佛教的主流、主体，是中国僧人上契妙理下契众机的产物，双具契理与契机的原则。中国僧人的这种做法，在实践层面上将佛教教理与中华民族文化心理结合起来予以发展，从而实现了佛教的中国化。在佛教看来，真如理体具有超越性，不是迁流造作的有为法，因此无所谓发展不发展、中国化不中国化的问题；但是真如理体又不是脱离迁流造作的有为法的悬搁物，而是全体显现为一切有为法，因此，针对不同的民族文化心理，起源于印度的佛教必然有一个顺应中华民族文化心理的发展过程，有一个中国化的过程。如果忽视这个问题，则佛教必然会陷入对契理、契机原则的偏废或全废的陷阱。

在太虚大师对主动流和被动流的特质的概括中，我们就可以发现，主动流的“本佛”、“宗经”的特征，使其从源头上注重了

① 《论中国佛教史》，《全书》第2册，第288页。
② 同上。

理论的纯洁性和至上性，从而保证了契理原则的彻底性；而“博约”、“重行”的特征，又使其在现实层面注重了实践性和个体性，从而保证了契机原则的切实性。相反，被动流的“本理”、“宗论”的特征，就使其在理论的源头上打了折扣，依据的不是佛所说的经而是后来宗派祖师造的论，以宗派祖师的宗派见取代佛之知见，严格来说，此时的佛教应该称为“宗派教”或“祖师教”而不是“佛教”；而“授受”、“重学”的特征，更使其教理、见地缺少了一个实践的环节，而是在从理论到理论的代代授受过程中，没有发展，也谈不上中国化的问题，从而陷入僵化、死板的陷阱之中。

具体来看，主动流中兴起、发展于中国的天台、华严、净土、禅宗等，因为不仅结合中华民族的文化心理，注重了理论的创新，所以长期以来成为中国佛教的主流，尤其是禅宗和净土，特别注重了以“博约”为特征的宗教实践，将高深的佛教教理，以极简括的参究、持名等方式，贯穿于寻常日用之中，落实于身心实践，所以南宋以后，基本上就形成了“非禅即净、非净即禅”的局面。而外入流中的中观和唯识，虽然在中国也并非全无发展，例如三论宗即为中观学与老庄思想在某种程度上的结合，但因为特别注重“授受”和“重学”的特征，没有发明出博约简括的宗教实践的方法，尤其是唯识学更是如此，从而不能适应重现实实践、崇尚简括的中华民族的文化心理，所以都不数传而成绝学。这里，实际上涉及一个重要的问题，即佛教的身心实践问题。可以说，身心实践是佛教的起点（释迦牟尼佛的六年苦行、一朝悟道），也是佛教的终点，不管理论如何高妙，不管说得如何天花乱坠，最终必须落实为身心的证量，否则必然被佛教徒所抛弃，因为佛经归根结底不是一种思想或学说，而是一种始于和终于身心实践的理论。印度佛教的灭亡，以及唯识学、中观学在中国成为绝学，其原因自然很多，但是其自身发展为经院哲学而远离实践、远离佛教徒的生活现实，应该是最重要的原因之一。

当然，主动流与外入流之间，本非水火不容的关系，不应堕入非此即彼、非彼即此的二元对立乃至斗争的泥淖之中，而应该相互结合，扬长避短。具体来说，外入流的“本理”、“宗论”的特征，可以统摄在主动流“本佛”、“宗经”的特征之下，即以后代菩萨、祖师的见地作为佛之知见的参考，以论典的内容作为佛经中教理的补充；而“授受”、“重学”的传统，同样可以贯穿在宗教实践之前的教理学习过程中，最终真正做到“博约”，并且真正落实在“重行”的环节中。也许，只有主动流和被动流结合起来，才能一方面避免被动流“水土不服”数传而绝的结局，另一方面又避免后来禅净二宗抛弃经律论的教理学习，单提参究、持名等行，成为无本之木、无源之水，陷入孤陋寡闻而自取衰败的结局。

三　中国佛学之特质与流归

太虚大师在1943讲于汉藏教理院的《中国佛学》中总结道，“中国佛教特质在禅”①。对比而言，今天主要流传于南洋的巴利语系佛教，其特质在律仪；流传于西藏的藏文系佛教，其特质在密咒；汉文系佛教流传到日本的一支，其特质在于闻慧及通俗应

① 《中国佛学》，《全书》第2册，第13页。

用，研究各种经论的学问大，于身心实际修证的功夫小①。此处所说的禅，指的是意为静虑的禅那，可包括禅宗在内，“以握得佛学的根本精神，亦能发挥印度传来之大乘法性学、法相学，及小乘之成实学、俱舍学，且创为融合大小乘之律学，并以禅宗的精神综合一切佛学，组织为天台学、华严学”②。

中国佛教禅的特质的形成，大师认为原因有二。一是初来中国传教的梵僧教化的风度：他们道德高深，学问渊博，仪态端严，令人肃然起敬；风度渊默，使人觉得深不可测；修禅持咒的神通妙用，令人视佛法为深奥神秘之学，肯死心刻苦探索。二是当时中华士大夫的时尚：受魏晋玄学的影响，在思想学术崇尚简括综合的玄理要旨，以优雅隽朴的语句，要言不烦显示精义；在生活方面，重于自食其力之俭朴淡泊。梵僧的风度和中华士大夫的时尚，二者机教相扣，于是养成了中国佛学在禅之特质。

禅学在中国的发展历史，太虚大师将之分为两大阶段，第一阶段是禅宗之前的禅，大师名之为“依教修心禅”。第二阶段为禅宗之禅，大师按其发展脉络和特色，将它分为“悟心成佛禅”、“超佛祖师禅”、“越祖分灯禅”、“宋元明清禅”。

依教修心禅，即依教解理摄心，相当于密宗初期的杂密，可分为四种：一、安般禅，禅法重在调息，安世高、康僧会、支遁等人是其代表；二、五门禅，近于五停心观，只是将第五门“界分别观”改为了大乘的“念佛观”，玄高、觉贤、佛陀扇多、昙

① 《中国佛学》，《全书》第2册，第13页。
② 《佛学之源流及其新运动》，《全书》第2册，第335页。

摩耶舍、僧稠是其代表；三、念佛禅，以念佛为修习禅定的法门[①]，慧远、昙鸾、道绰以及唐朝的善导是其代表；四、实相禅，以一心三观为法门，慧文、慧思、智顗是其代表。

依教修心禅始于汉魏，到初唐六祖慧能之前一直是禅学的主流，为世人所推崇，指的是广义的禅，即禅那、禅观，即在止中观察思维，以内心对教理的观察思维，而达到智慧的生发，其结果是定慧的双运。之所以禅观受到如此重视，是因为“禅观是佛教最根本的智慧的源泉。佛教是重理性、重实践的宗教，其博大精深的哲学理论来自宗教实践，而禅观是其中最重要的实践方法之一”[②]。第二阶段的禅，无疑应是狭义的禅，专指禅宗之禅，其精神已在不依教理，而在针对完全不知佛教教理的人，三言两语直指心性使之亲见，等而下之则用种种方法逼他拼死参究而忽然亲见心性，见性即成法身之佛。达摩禅于六朝梁代已在北方流传，唐代慧能之后发展而为独尊天下的禅宗之禅。

太虚大师在《天台四教义与中国佛学》（1942 年）中说：“禅宗既重实践修持，中国佛教历史开始后，重禅的精神都收归此宗；所以唐、宋以来，它能特别兴盛，成为中国佛教的正统。”[③]

第一，悟心成佛禅，太虚大师将其宗旨概括为“主张直指人心见性成佛，故亦可名见性成佛禅，或即心是佛禅”[④]，相当于密宗的由杂密、胎藏界发展到独立的密宗阶段，达摩、慧可、僧

① 太虚大师在《天台四教义与中国佛学》中说：“远公时的净土观门，实是其时一般的至高无上禅法。”见《全书》第 16 册，第 332 页。

② 史文《禅观影像论》第 3 页，2006 年，复旦大学博士论文。

③ 《天台四教义与中国佛学》，《全书》第 16 册，第 333 页。

④ 《中国佛学》，《全书》第 2 册，第 27 页。

璨、道信、法融、弘忍、慧能、法海、玄觉是其代表。

第二，超佛祖师禅，六祖之后，“当时凡提问者，都是问祖师西来大意，可见已将佛推过一边，惟以祖师意为中心。又可见六祖之下，宗风大畅，祖师所传的禅已为当时一般参学的所崇仰，祖师西来意尤为学者首应明白的目标，故即成为超佛而以祖师为中心的禅法”①，其特色为“顿悟本然”②，不“落功勋渐次”。当于以密宗之以金刚界为中心的第三级瑜伽密，行思、慧忠、怀让、道一、希迁、百丈、道悟、药山、普愿、归宗、天然、昙晟、崇信、赵州等是其代表。

第三，越祖分灯禅，是五宗分传禅灯，即达摩所预言的“一花开五叶”，太虚大师将其特色概括为“完全是以当代为尊，且智齐于师，减师半德；智过于师，方堪承当。对于问祖师意的，便说何不问自已意，使学参的人，个个超天超地无所覆盖”③，当于密宗的无上密。此后禅宗之演变，终不出此分灯之五宗。沩山、仰山、临济、洞山、曹山、云门、法眼等既是五宗之宗祖，也是分灯禅之代表。

第四，宋元明清禅，是以朝代之名来指代唐朝之后的禅宗，虽然不出分灯五宗之禅的规模，但也有其时代性的特色，太虚大师从公案之拈颂、话头之疑参、禅净之合修、宗教之合会、空默之观照、语录之纂研、坐跑之兼运、僧俗之常套、仙道之傍附、儒理之推演等十个方面概括其特色。

太虚大师对禅宗阶段的划分，无疑有着极为独到之处：即根

① 《中国佛学》，《全书》第2册，第47页。
② 同上，第72页。
③ 同上。

据具体阶段禅宗的宗依和方法的不同，而判定不同发展阶段中的禅宗的特色。“依教修心禅”，以佛陀或菩萨等所说经教为依据，修增上心学（禅定），于禅定中起禅观而开发智慧。“悟心成佛禅”，则以佛陀拈花、迦叶微笑之心心相印、以心传心之涅槃妙心为依据，以顿悟直见心性为目的。“超佛祖师禅”，所谓“超佛”，并非禅宗祖师的智慧境界已经超过佛陀之意，而是不仅不以佛陀所说经教为依据，而且亦不问佛陀所传之妙心，而当下以“祖师西来意”作为学人直接体悟的关窍，由此而直见心性。“越祖分灯禅”，更是将佛陀经教、涅槃妙心、祖师来意都不作为体悟的关口，而是直接反身自照、当下承当，由此而直见心性。“宋元明清禅”，因为人根陋劣，机心日深，所以动用各种方法来打破重重束缚，从而直见心性。

总而言之，禅宗的各个不同阶段，尽管其依据不断变化，从佛陀的经教到佛陀所传妙心、祖师来意、自己心意等，实际上根本就是一回事：心性（真如、空、法界、实相、法性等）。佛陀经教不过是当年释迦牟尼佛明见心性之后的经验之谈，以文字的形式将他修行见性的方法、心态、目的、路途等和盘托出，使后人可以循指而见月。而佛陀所传妙心、祖师来意、自己心意等，则仅仅是换了一种方式，即不以文字所记载的死经验为指示，而以禅师了悟心性的活经验，根据学人的具体情况而随方解缚、随处指示，使人从妙心、来意、己意等各种不同方向，当下见性而已。

此中，印度大乘佛教所追求的成佛，与禅宗所追求的明心见性，名词虽有异，实质则全同。《楞伽经》中说“自宗通”：“自宗通者，谓修行者离自心现种种妄想，谓不堕一异、俱不俱品，超度一切心意意识，自觉圣境界。”“禅之直契佛心，便属此类”①，经中所言与禅宗修行，完全一致。《金刚经》说“如来者，即诸法如义”，即是以遍一切的真如为如来、为佛，见真如即成佛；又说“若见诸相非相，即见如来”，则是从打破一切二元对立、三缘和合之下的虚妄认知，直见“非相”之“实相”（心性），即是成佛。

所以说，从根本上而言，不管是印度佛教和中国禅宗之间，还是禅宗的不同阶段和派别之间，都是一致的，其不同的地方，只在其起手的依据、修行的方法，在不同的文化心理背景之下，在不同的根机之前，有着种种变化而已。慧思《大乘止观法门》在回答十方三世诸佛为何有差别的问题时说：“若离我执证得心体平等之时，实无十方三世之异；但本在因地未离执时，各别发愿，各修净土，各化众生，如是等业差别不同，熏于净心，心性依别熏之力故，现此十方三世诸佛，依、正二报相别，非谓真如之体有此差别之相。以是义故，一切诸佛常同常别。”诸佛所证心体全无不同，所以说“佛佛道同”；同时，诸佛因地修行时，其证前执著、悟后愿力、修行、众生根机等各各不同，所以说“佛佛道异”。禅宗发展过程中的同与异，即与《大乘止观法门》所言相类，佛陀与禅宗诸祖师所证心体全同，但是证前执著、悟后愿力、修行、众生根机等各各不同，所以就有着太虚大师所说的各个不同阶段。而且，也只有从其所异之处着眼，才能清晰地梳理出禅宗的发展脉络。从这点来看，太虚大师无疑是抓住了关键，而且予以了精准的剖析。

---

① 陈兵《教外别传即教内真传》，《佛法真实论》第175页，宗教文化出版社，2007年版。

另外，大师秉持着一以贯之的宗旨来观察、判定禅宗的不同发展阶段：见性成佛——这不仅是禅宗的宗旨，也是佛教其他所有宗派的宗旨[①]。之所以如此，是因为太虚大师自身年轻时有着参禅的经历，并且还先后有三次开悟的经验，从而透彻地领悟了禅宗的宗旨，故而在考察禅宗历史的过程中，能将此宗旨贯彻下去。

很多人认为禅宗深受了儒家、道家（尤其是老庄）思想的影响，甚至根本上就是老庄精神的世俗化。太虚大师虽然没有直接批判过这些说法，但是在其思想逻辑里，对这种观点的批判，显然是题中应有之义。在《人生观的科学》一文中，谈到宗教的本质的时候，大师说宗教家自心信解、修持所获得的超乎常人见闻觉知之上的不可思议的证验，是一切宗教最重要的本质。宗教家从自己的特殊经验出发，将当时社会的种种思想学说进行改造，作为其宗教实践的证据，“解决其所信仰之事”[②]，作为度化众生的方法和技能。这种做法，在佛教发展史上是极为普遍、常见的，正是遵循了佛教教理发展的“契机”、“契理”相结合的精神。由此可见，禅宗典籍中，随处可见的结合老庄文字、孔孟文字来指点心性，无非是针对当时的封建士大夫大都有老庄、孔孟的文化背景的实际情况，而展开的亲切实在的教育而已。反之，如果因为其文字的相似，而抹煞其实质的不同，混淆儒释道三家文化的精神，将三家文化搅成一团、放进一锅、烧做一糊，显然是被表面形式给迷惑了。因此，可以说，太虚大师根据自身的参禅开悟的证验，坚持用“见性成佛”的佛教宗旨来阐释禅宗，就

① 《楞严经》云“归元性无二，方便有多门”，说的正是这个道理。

② 《人生观的科学》，《全书》第25册，第8页。

把自己跟纯粹的佛学者区别了开来。

前文所述，是从宗教实践（行）的角度来分析禅学的，那么从宗教理论（理）的角度，太虚大师认为，禅观之行，从教理的路数展开而演化为天台宗、贤首宗。

太虚大师的分析，天台宗的创始者为慧文禅师，表面上其思想出于《大般若经》、《大智度论》、《中观论》，实则是“由其自修禅观功力之所得，而印证于《智度》、《中观》耳”①！贤首宗之开创者杜顺大师，其思想学说依据《华严经》，“亦是以自证得华严三昧创建华严宗，而并无传承之学统”②。大师《天台四教义与中国佛学》说：“天台的初祖慧文，和华严的初祖杜顺，因为都是修禅定的……若以禅观为宗，当然应以慧文、杜顺为宗主……他们的根底，还是由禅定而来，如天台的一心三观，华严的法界观是。”③

两宗的思想学说都完全是由于自修禅观内证三昧以后，各自引大乘经论为印证以开发出来的。大师认为，两宗学说都由初祖的禅定为基础建立，而第二代第三代的传承者，转向教理方向予以发展，故被称为教下，否则，沿袭初祖方向，必然归为广义的禅宗。

天台宗教理由实相禅演成。慧文禅师创立的一心三观，是根据《大智度论》所说的三智一心中得，又依据《中观论》观一境真、俗、中三谛，其实质都是依一心而观诸法实相。之前，平常修禅定的人，或依《坐禅要法经》等修习禅观，未有一心三观之

---

① 《中国佛学》，《全书》第 2 册，第 126 页。
② 同上，第 127 页。
③ 《天台四教义与中国佛学》，《全书》第 16 册，第 333 页。

禅，可见这是为慧文禅师所悟而印证于《大智度论》等的。其次，一境三谛之说，发展到慧思和智者根据《法华经》诸法实相的十如是义，广为发挥，妙理重重，这种的悟境，多出于禅观而得的自证境界。例如，慧思禅师初依慧文禅师修学，“发八触而得初禅，后放身倚壁未至壁倾，忽然悟入法华三昧，深达实相”[①]。实际上，他以禅为根本修法华禅，并因此证得六根清净位。智𫖮依慧思禅师修学，慧思指示他修法华三昧，后智𫖮读《法华经》至《药王品》的“是真精进，是名真法供养”处，亲见灵山一会俨然未散，证得法华三昧前方便。依据此证德，智𫖮将天台教理发展到了极致，成为天台一宗事实上的开创者。

贤首宗（华严宗）教理由如来禅演成。此宗的初祖杜顺和尚和二祖智俨和尚，都依据《华严经》修观。太虚大师说，“佛的自证境界到最圆满者，实为《华严》”[②]。此经即是佛依海印三昧而说，故华严宗的根本在如来之禅。杜顺和尚在其著作《法界观门》中建立三观：真空绝相观、理事无碍观、周遍含容观。每一观门中有十门，其周遍含容观中的十门，即有名的十玄门。二祖智俨阐扬十玄门无尽之理外，建立五教之判教学说及六相圆融学说，五教说中判顿教就是专为摄入禅宗。后来四祖清凉亦习禅宗，至五祖圭峰则本出于禅宗，所以后来贤首学者亦近禅宗。四祖和五祖的思想容纳或者接近禅宗，这也从另外一个角度说明了贤首宗与禅的密切关系：二者在教理乃至修行上可以互通。

天台宗教观盛于陈、隋，华严宗教观盛丁初唐，宋、元之后，禅、天台、华严都衰落，余流汇归净土一宗而转盛。太虚大

① 《中国佛学》，《全书》第 2 册，第 24 页。
② 同上，第 154 页。

师说："根据中国佛学分占的时代先后，次序为禅台贤净。"[①] 这种分占的时代，实际上是指其兴盛的时代，若追溯其源流，大师将净土分为四个阶段。

第一，依教律修禅之净。联系前文所述之依教修心禅，其中的念佛禅，是净土宗的根源，念佛即是修禅，也就是此处所言的净土形式。根据其念佛对象的不同，大师将其分为三种。一是念无量佛刹，诸佛净土随愿往生，《般舟三昧经》所说的念佛法门即是代表；二是念弥勒佛，欲往生兜率天弥勒净土，道安、玄奘、窥基等都以此为期；三是念阿弥陀佛以弥陀净土为期的法门，创始于庐山莲社慧远法师。其特点是：

> 以念佛观为诸禅观中之最高者，所以念佛即是修习最上禅观。修持者都精依教义，严遵戒律，如慧远法师至死不饮蜜浆等，与后来脱离教义戒律之达摩禅不同，所以说为"依教律"。又既以念佛为最高之禅观，故不同于后人以修禅为难行道，别重持名念佛的净土为易行，所以说是"修禅之净"。[②]

这种法门后来普遍于全国，而且远播高丽、日本、安南等地，"是汉文佛教区的特殊标帜"。

第二，尊教律别禅之净。达摩之禅宗流行之后，禅宗行者不重教理和律仪，修净土的行者则正相反对，发展为尊重教理和律仪而不同于禅的净土行（主要指弥陀净土），而且力斥禅宗和各种禅观之非，以之为依靠自力的难行道，而独以净土法门为易行

---

① 《中国佛学》，《全书》第 2 册，第 155 页。

② 同上，第 160 页。

道。其代表人物有昙鸾、道绰、怀感、善导、少康、承远、慈愍、法照等。

第三，透禅融教律之净。五代之后的净土，是透过当时盛行的宗门禅而修净土行，同时融摄了一切的教理和律仪，是代表中国佛法的净土宗时代。“透禅”是“别禅”的长远发展，从力斥禅宗以及禅观行，到透其心髓而融摄之，显然更为圆融和深彻。

大师把这种透禅融教律之净土又分为三类。一、禅宗之净，其始创者是永明延寿，他是禅门法眼宗最后一人，因为透禅而归于净土行，导致法眼宗失传。之后有宗赜、清了、明本、惟则、梵琦、德清、彻悟等禅师，以及文彦博、杨杰次、王虚中、袁宏道等居士为代表人物。二、台教之净，始创者为省常，知礼、遵式、圆照、传灯、蕅益、截流等人为代表。三、贤教之净，莲池、彭际清、杨文会等为代表人物。

大师说禅宗之净、台教之净、贤教之净，并非划然分界，“以均透禅而兼明台贤教律，特就其较偏显者略疏别耳”①。

第四，夺禅超教律之净。禅宗衰落之后，净土宗亦陷入衰败之势，夺禅而为“仅存孤零的念弥陀名号之势”②。太虚大师对此一脉净土行做了源流上的梳理，以其“泛源”于道绰、善导之高唱一切佛法自力难行，只有净土一门为他力易行，已萌其芽，后来优昙、妙叶、天如、莲池、蕅益、行策、彻悟等人也时有这类提倡。其“切因”为坚密法师的“废万行、废参禅、废学解”的三要，后来古崑、沈善登等人都持其说。其“硕果”则为近代

① 《中国佛学》，《全书》第2册，第183页。
② 同上，第184页。

印光法师，其人“本身虽是一大通家，而却教人不学通家”①，对一般人的指导，“力敦伦常，精修净业”八字，已尽其范围。其“专切”之原因，大师认为在其“今世人根陋劣”一语，对于佛法只存真信切愿念弥陀佛一句。其“转流”，很有以日本“纯信弥陀他力”之净土真宗为归宿的趋势，而在见地和行持上却又远不及真宗之“信成已生，还化利他”之透彻。

大师对净土宗史极其凝练的阐述，完全结合了禅宗进行，可以说净土宗是在与禅宗关系的发展变化的过程中前进的：融禅、别禅、透禅、超禅。禅、净二宗如此密切的关系，可以说，极为恰切地体现了佛教的特点：是一门实践的宗教，禅宗追求今生见性成佛，净土宗追求来生往生净土成佛——佛教徒进行具体的宗教实践的过程，恰恰构成了中国佛教的主流，是中国佛教史的主体部分。

四 小结

太虚大师对中国佛教的特质与流归的阐述，不仅从佛教史的层面提纲挈领，而且紧紧扣住了佛教作为身心实践之宗教的本质特征，对佛教徒的修行实践有着重要的指导意义。尤其值得注意的是，贯穿于其中的“现实主义”精神，是推动佛教得以结合时代精神不断向前发展的根本原因。

所谓“现实主义”精神，即太虚大师的不朽巨著《真现实论》中提出来的“佛陀现实主义”或“真现实主义”，其内容极

① 《中国佛学》，《全书》第2册，第187页。

为深广，如果以一句话来概括，则是从现量上把握现实的真实存在，即如实认知宇宙人生的现实。这种精神，实际上是整个佛教三藏十二部的精髓，是佛教的教理和修证的最终指向，《大日经》即云："云何菩提？谓如实知自心。"从佛教史层面看，"现实主义"精神正是中国佛教的特质为"禅"，而流归在"净"的根本原因。

"现实主义"精神的核心是如实认知，应包括如实认知"理"和如实认知"事"的一体两面。从其"一体"的方面来看，应表现为理事不二；从其"两面"的方面看，应表现为前文所述的"契理"、"契机"的两点。

中国佛教"禅"之特质的形成，尤其是后来禅的各部都汇归为禅宗（主要是南宗）而成为独领风骚的佛教主流，遵循的是由先"契理"而后"契机"，或因能"契机"而成"契理"的路向。太虚大师所概括的禅，从"禅那"之意来说，禅那是戒、定、慧三学中的定学，是证得般若智慧的方法；从"禅观"之意来说，则因即止观，果即定慧，天台宗由实相禅演成、华严宗由如来禅演成，其"禅"即"禅观"；从"禅宗"之意来说，即直指心性，见性即成佛（得根本无分别真智，全同清净法身如来）。这三者所包含的内容非常广泛，可以说，将中国佛教最具本土特色的所有宗派乃至宗教实践特点都包含进去了。"禅那"、"禅观"、"禅宗"的根本目的都在证得般若智慧，见到真如实相；见到真如实相则位登祖师，师徒相授，以心印心，佛心得以传续，佛教得以传播。从其先后来看，表面上应是先"契理"而后"契机"。但是太虚大师分析"禅"之特质的成因的时候，无疑还体现了当时的文化背景的作用：魏晋玄学的影响，农耕社会自食其力的生活习惯——这即是简括综合、俭朴淡泊的“禅”风得以形成的“机”，即因能“契机”故成“契理”的路向。

我们同时也看到，太虚大师所论的“禅”太过宽泛，包括了禅定、禅观、禅宗三个方面，所以作为中国佛教之特质的“禅”就显得有点界定不清。当然，从圆融的角度来看，禅定、禅观、禅宗并非彼此划然为三的关系，而是彼此相互联系、相互渗透；但是，从区别的角度来看，禅定为定学，禅观为慧学，禅宗则是定慧等持的“不二法”，彼此的侧重各有不同，仅以“禅”之一字作为总体的指代，似乎有含混之嫌。

究实而言，禅定之定学，并非中国佛教之特色，印度佛教对此也不是非常重视，当时释迦牟尼佛座下证得小乘阿罗汉果的，大部分是慧解脱阿罗汉，只有少部分是定、慧俱解脱阿罗汉。而印度、中国等地某些外道对此的重视，不仅超过了印度佛教，而且超过了中国佛教。定学，是为内道、外道之共学，而且中国佛教在这方面的开展，并非突出之重点，不具开拓之新意。尤其禅宗的主流南宗，其根本经典《坛经》更是“不论禅定解脱”，认为禅定“为是二法，不是佛法，佛法是不二之法”①。而查《坛经》之中，批判禅定之文竟有九处之多②。禅观之学，则有所不同，尽管印度佛教也对此非常重视，《大般若经》等众多经典中，都有从一异、来出、常断、生灭等各个角度以观空的内容，但是后来中国佛教天台宗、华严宗等宗派开出的观法，例如“四法界观”、“一心三观”等，显然不为印度佛教所具有，都是中国佛教

① 慧能《六祖法宝坛经》，《大正藏》第48册，第349页。

② 《坛经》中也有对自宗禅定的描述，但指的是“定慧一体不二，定是慧体，慧是定用”的自性定，乃悟道者的心灵境界，与一般意义上的禅定不同。

的特色。而禅宗，虽然可溯源而上至于释迦牟尼佛，但是在印度并没有形成独立的宗派，甚至其宗旨和方法，都隐而不彰，而在中国却恰好相反，是最契合中华民族文化心理、最受欢迎、最是得到发展的，甚至成为中国佛教的代表。因此，如果说中国佛教的特质在“禅”的话，那么“禅”所指代的内容包括天台、华严等所开出的具有中华文化特色的禅观，而最重要的，是后来占据了中国佛教主流的禅宗。

中国佛教“净”之流归的完成，则遵循的是由“契机”以求“契理”，或求“契理”终为“契机”的路向。太虚大师曾把佛教发展分为三大阶段，即正法时期的佛教立足于声闻乘，像法时期的佛教立足于天乘，末法时期的佛教立足于人乘，其原因在于众生根机的不断退化。众所周知的“正法戒成就，像法定成就，末法净成就”，说的即是在众生根机的不断退化之下，佛法侧重的修行方法的变化。中国佛教“净”之流归的完成，经历了漫长的过程，其融禅、别禅、透禅、超禅的不同阶段，不仅反映了禅净关系的变化，而且反映了由众生根机的退化所带来的修行方法的变化。

禅宗衰落之后的中国佛教以净土宗为流归，因为贯穿着佛教宗教实践的内在逻辑，所以可以说：禅宗必然以净土宗为流归，禅宗衰落之后是如此，禅宗兴盛之时也是如此。太虚大师在《佛法导言》一文中，对禅宗参禅开悟所证得的果位境界做了一个很具体的判定，引用永明延寿禅师的“夫宗门者真唯识量，但入信心便登祖位”，即开悟之人入了十信位，堪为祖师，然而“教中位次皆就此论，故亦回向安养、兜率。虽然，此正所谓方便行也”[①]，

① 《佛法导言》，《全书》第1册，第85页。

入了信位成了祖师，正是往生净土的方便之行；而以成佛度众生而言，则此往生法门也是方便之行。“回向安养、兜率”，安养是西方阿弥陀佛净土，兜率是弥勒净土——净土是最终归宿。《大乘起信论》卷终恐初学菩萨信心不坚，“背弃善道习行恶法……心生怯弱生疑欲退”，所以劝导初学菩萨往生净土，“渐次修行得入正位”，于彼处修学成功究竟成佛之后，再到十方世界广度众生。而净土宗的净土法门，无非是为了往生极乐，以求来生明心见性，恰能承担继续完成禅宗使命至于圆满境地的任务。

另外，结合中华民族文化心理可知，西周初期周公旦创建了以“德”、“孝”为基本特征的礼乐文化，并将这种文化与现实社会和政治密切结合起来[①]，从而扭转了夏商以来的中华文化的方向：由重鬼神而为重人事，由重玄虚而为重现实。这种方向后来由孔子而进一步得以发展和完善，董仲舒之后更是以政治力量为保证而得以在人民日常生活中落实。追求现实人生的最大价值，便成为了中华民族文化心理的最重要特征之一，这与印度佛教消除生命缺陷而消灭现实痛苦，追求“现法安乐”、“现世乐”[②]，现世证得“涅槃乐”的精神可谓一致。这种精神，贯穿了佛教的诸乘、诸宗，是佛教的基本特征。但是这种特征，在印度佛教之时，由于顺应印度出世文化心理而有出家的形式，极易被只重外在形式而不究内里实质的人所误解。佛教传入中国之后，极其重

---

① 参见北京大学哲学系中国哲学教研室《中国哲学史》（第二版），第9－10页，2003年版。

② 参见《杂阿含经》卷三十九，众比丘对魔所化的婆罗门说，佛教是追求“现世乐”而不是追求“他世非时之乐”的，因为“离诸炽然，不待时节，能自通达，于此观察，缘自觉知。婆罗门，是名现世乐”，即如实觉知通达自心，消灭烦恼，即得到现世乐；这也是小乘佛教所追求的涅槃之乐，现实生活中灭除内在的烦恼而获得的身心安乐。

视社会政治之功的儒者们，正是大都只看外在形式而不究内里实质，即认为佛教排斥现实人生。当然，印度佛教与儒家文化的重视现实人生的内容，确实有所不同：前者侧重对内在心理缺陷（无明、烦恼）的解除，而达到对生命缺陷（众苦）的消除，以及对无苦之乐（涅槃）的获得；后者侧重在对外在的社会缺陷（政治混乱）的解除，而达到人际的和谐和社会的和谐①。

禅宗被公认为中国化最彻底的佛教宗派，但实际上其精神实质与印度佛教尤其是大乘佛教并无差别：所强调的道不离寻常日用，“搬柴运水皆是妙道”，认为今生明心见性，更可谓获得了人生的最大价值，实现了成佛途中的关键一步等，这些都是印度大乘佛教经典中的老生常谈，无非是印度佛教大乘经典中一再强调的“一行三昧”、“一相三昧”在生活中的落实。不过因为形式上自由活泼、简括综合、优雅隽永、淡泊俭朴等，而大受中华民族的欢迎，是“契机”原则的完美实现。

但是，因为佛教的“现实主义”立足于“三世”、“十方”，遍于时间空间而又超出时间空间，所以并不以今生的现实人际的和谐、社会的和谐为终极目的，而是以生命的彻底觉悟为终极目的，这才是真正的、圆满的现实。今生的人生价值的最大实现，并不妨碍来生的价值追求以及最彻底的价值追求。在此基础上，净土宗的方法就很自然地为佛教徒所接受，而且仍然是以现实主义为宗旨。

① 这里要注意的是，佛教虽然也有不少经典讲治理国家的王法政论，有注重社会政治建设的层面，但是显然这不是其重点所在。同样，儒家文化虽然也有“正心”、“诚意”之内圣的设计，但是因为没有系统地解决内在心理缺陷的实践方法，所以说其重点实际上是在外王（社会政治）的层面。

在净土宗看来，来生投生到优良的环境（西方极乐世界），得到最优秀的老师（阿弥陀佛）指导、最优秀的同学（观世音菩萨、大势至菩萨等）帮助，不断进步，达到彻底的觉悟（自觉），实现生命全体的最大价值，获得帮助其他一切生命实现同样目标（觉他）的完满条件，然后到十方世界、永无止息地帮助众生获得彻底觉悟（觉行圆满）。这一道路，对于初发心的菩萨、钝根的众生，尤其显得切实和重要。

禅宗和净土宗的结合，可谓“真现实主义”的完整实现。由禅而净土，这中间正是贯穿了“真现实主义”的内在逻辑。印度大乘佛教《华严经》中，善财童子五十三参，最初德云比丘授以念佛法门，最后普贤菩萨劝生极乐，也正是体现的由禅入净的这种内在逻辑。

综上所述，可将“净”之流归概括为由“契机”以求“契理”。如果再进一步可知，往生净土明心见性仍然只是方法、手段，而回到十方世界以度化众生才是根本宗旨，此即求“契理”终为“契机”。

第二节　佛教教法次第的判摄

一　诸乘次第的安立

佛教三藏经典浩如烟海，教理繁复而且渊深，法门千差万别，是释迦牟尼以及后来的佛教僧俗依据契理和契机的准则，展开的身心思想体系。如何把层次错综不一、内容千变万化的数以万卷的佛教经典，组织成眉目清楚、操作性强的理论和实践体系，一直是佛教经典以及诸宗诸派的一大任务，这即是后来盛行于中国佛教的判教工作。

这种判教工作可以溯源于释迦牟尼佛，在佛陀所讲的《华严经》、《楞伽经》、《解深密经》、《法华经》、《大般涅槃经》等大乘经中，即有一乘、二乘、三乘、三时、三车、五味等分类分期之说，开“教判”、“判教”、“教相判释”之端。但是印度多种宗教并存、众多宗教中存在多神信仰的文化背景之下，佛教的判教工作也显得争论多于统摄，批判多于圆融，常常以后出之义理批判前出之义理，自立门户的意味很重①。

中国佛学的判教工作与印度有很大不同，其宗旨深受中国文化精神的影响。《老子》说：“昔之得一者，天得一以清，地得一以宁，谷得一以盈，万物得一以生，侯得一以为天下贞。”《庄子·天下篇》首次对当时的各种思想学说进行全面的批判总结，以“道通为一”的原则予以会通。先秦诸子“百家争鸣”之后，大一统的文化建构于汉武帝时通过“罢黜百家，独尊儒术”而完成，司马迁所撰《史记》载司马谈《论六家要旨》一文，就明确地体现了这种文化精神：“《易·大传》：‘天下一致而百虑，同归而殊途。’夫阴阳、儒、墨、名、法、道德，此务为治者也。宜所从言之异路，有省不省耳。”② 这种大一统精神之下文化批判的自觉，至此已经开始成熟。

受到这种百虑一致、殊途同归的文化背景的影响，中国佛学的判教活动从一开始，便是统摄多于争论，圆融多于批判，或者

① 见霍韬晦《佛教的现代智慧》，中国佛教协会，1990年版，第116页。
② 司马迁《史记》卷一百三十。

说，统摄与圆融是目的，即前文所述之“融贯”倾向，“要形成一总持的智慧，以总持一切经典的价值”①。

中国佛学的判教工作，最初开始于鸠摩罗什门下的慧观，他把全体经教分为顿教和渐教两大类。此后，出现了很多种判教方法，而直到天台宗和华严宗，判教思想才真正成熟，形成了严密而深刻的思想体系②。天台宗智颛依据“一念无明法性心”立“五时八教”说；三论宗吉藏依据“无所得”的宗旨立“二藏三轮”说；唯识宗窥基依据其“行佛性”的思想立“三时八宗”说；律宗道宣依据其“戒体”思想立“化制二教”说；华严宗法藏依据“性起说”或“自性清净圆明体”立“五教十宗”说，法藏的弟子慧苑批判其师之说而立“四教”说，华严四祖澄观批判慧苑而继承法藏之说又略有调整，李通玄更立“十宗、十法、十教”说，华严五祖宗密依据其“本觉真心”思想立“教三种会禅三种”说；信行依据其“普法”思想而立三阶教说；一行依据其“四心”说而立“一道二乘”或“一道四乘”说；密宗东密立六乘说，西密立九乘说，红教立十二乘或十五乘③说，如此等等，同异互见，各有千秋。

这种种判教思想之中，太虚大师最关注的是五乘、三乘和一乘的三种方法。其中，五乘之说，有多种安立方法。《楞伽多罗宝经》卷二、《大乘入楞伽经》卷四立五无间种性：声闻乘、缘觉乘、如来乘、不定、各别（外道）。华严宗立五乘为：别教一

① 霍韬晦《佛教的现代智慧》，中国佛教协会，1990年版，第116页。

② 王仲则《隋唐佛教判教思想研究》，巴蜀书社，2000年版，第30页。

③ 陈建民《汉译佛法精要原理实修之体系表》附表，《曲肱斋全集》第6册，中国社会科学院出版社，2002年版。

乘（专指华严一宗）、菩萨乘、缘觉乘、声闻乘、小乘（人天乘）。密宗以五大配五乘为：人乘（地大）、天乘（水大）、声闻乘（火大）、缘觉乘（风大）、菩萨乘（空大）。天台宗立五乘：人乘、天乘、声闻乘、缘觉乘、菩萨乘。净土宗则提出“五乘齐入”的思想：人、天、声闻、缘觉、菩萨等五乘，皆得蒙受阿弥陀佛广大之愿力，而往生净土，以净土为最终归宿。

三乘的安立，即略除五乘共法的人乘和天乘，以破除人我执、得寂静涅槃为目的的出世法则，取代因缘生法的义理。一共可分为四种：一是大乘教下安立的三乘，分声闻、缘觉、大乘三乘，以羊鹿牛三车、兔马象三兽喻之，以说明此三乘所得涅槃、所度众生、所见空性的究竟与否、众寡之别、深浅之殊；二是小乘教下的三乘，也分声闻（愚法）、缘觉、菩萨三乘，都以灰身灭智、入无余涅槃为归宿；三是大乘教与小乘教相结合的三乘，其中的大乘即一乘，声闻和缘觉乘含摄愚法和不愚法二种；四是分佛教为一乘（《华严经》、《法华经》所明）、三乘（《解深密经》、《大般若经》所明）、小乘（《阿含经》所明）三种。

一乘的思想，更略除三乘共法的声闻、缘觉乘，以双破人我执、法我执、得无住涅槃和四智菩提的大乘义理，取代偏空出世的小乘义理。《法华经》专说此理：“十方佛土中，唯有一乘法，无二亦无三，除佛方便说。”三乘之说皆为佛陀的方便，只有一乘才是真实。《胜鬘经》说：“一乘即是第一义乘。”华严宗《华严五十要问答》更立两种一乘教：共教和不共教；《华严经内章门等杂孔目章》则说为正乘、方便乘这两种一乘。由此，一乘教可分为三种：一、存三之一乘，不破三乘之说，也不融会二乘，从空性之平等的角度说一乘。二、遮三之一乘，破除三乘之说，融会二乘，引摄而说一乘。三、为直显之一乘，即华严宗所立的别教一乘。

关于三乘与一乘之说的究竟之别，法相宗立五种性之说，其中定性声闻、定性缘觉与定性菩萨信受三乘教，只有不定性二乘可引导而入大乘，不定性菩萨才能任持一乘教，持三乘真实、一乘方便的立场。天台宗、华严宗则认为一乘是真佛教，故取一乘真实、三乘方便之立场。三论宗以三乘中之菩萨乘为真实，二乘为方便；天台宗与华严宗则于三乘之外另立佛乘。华严四祖澄观在《华严经疏》卷二、《华严经随疏演义钞》卷九指出法性宗（包括空宗和性宗）与法相宗对三乘、一乘之究竟的不同判定。

天台宗光宅和华严宗贤首于三乘之外，别立一乘，显示其不仅有别于声闻乘、缘觉乘，而且也不同于大乘。太虚大师在《对辨大乘一乘》一文中，对此展开了批驳，其基本观点和结论是：大乘之大有遮诠和表诠两义，遮诠之大乘为相对大乘，即三乘和五乘中的大乘，相对于其余诸乘，此乘为大；表诠之大乘为绝对大乘，即一乘无量乘皆圆融于其中之大乘。相对大乘凸显引导之用，可引摄人、天、声闻、缘觉诸乘向上至于究竟；绝对大乘凸显圆融之体，三乘、五乘乃至无量诸乘，皆以究竟佛智之大乘为体为归。

关于三乘、一乘之究竟的问题，太虚大师对欧阳竟无所持的“教一乘三”的观点予以了批驳。大师说：“欧阳竟无居士，宗护法等立论，故于瑜伽真实品叙略云：‘托质圆音，教则唯一，闻者识上，乘则有三。’”[①] 教，侧重在佛陀对众生的教化层面；

① 《唯识讲要》，《全书》第9册，第266页。

乘，侧重在众生依教而运载自身得度的层面。欧阳竟无先生的观点即佛陀依一理而开演其教，众生因其识上差别，故于一教上展开为三乘。

大师在《唯识讲要》、《佛法之分宗判教》等文中认为这种分判不能作为定准。他从三个方面展开了批评。一、如果从龙军等中观义理出发，那么佛陀说法本无能所，于佛果境上，本无质可托，所以无可言“教”。如果从护法等唯识义理出发，那么众生心识层面根机不同，能感既然不同，所感也相应而不同，即大机感大教，中机感中教，小机感小教——教可分三；而顿机则感顿教——教可为一。因此，“教”可三可一。二、《维摩诘所说经》中说“佛以一音演说法，众生随类各得解”，以及《法华经》等说“以一乘平等济度众生，终不以二乘、三乘相度”，都是从佛陀的平等意愿出发而说的。如果从众生的根机的角度出发，根机不同，能感不同，则“乘”可分三；根机为顿机或者不定机，能感之机直趋大乘，则“乘”可为一。因此，“乘”可三可一。三、众生之机与佛陀之教，二者彼此相应，而不是彼此割裂，离开众生之机，则无佛陀之教；离开佛陀之教，则无众生之机，如果没有机、佛之感应，则教和乘都无从安立；若从彼此相感而言，则“应机三则乘三教亦三；感佛一则教一乘亦一”①。总之，结论是，“教”可一可三，“乘”亦可一可三。

欧阳竟无先生所立“教一乘三”，我们也可以发现其局限处有两点：一、把佛陀的意愿、“教”与众生的根机、“乘”割裂开来，教是教，乘是乘，理是理，机是机，纯然两张皮，二者没能

---

① 《佛法之分宗判教》，《全书》第1册，第271页。

统一；二、在佛陀教、理层面只看到了其统一性，没有看到其层次性，而在众生乘、机层面只看到了其层次性，没有看到其统一性，或者说，只看到了差别之机的不同层次，没有看到顿机和不定机这两种圆融之机的情况。如果从逻辑思维的角度上来说，欧阳竟无比较侧重于形式逻辑，注重了形式的分判，没有注重内在的统一。

相反，太虚大师正是抓住并克服了欧阳竟无先生的核心问题，从教乘相统一、契理契机相结合的角度展开批评，从胜义谛、世俗谛的不同角度进行了论述，以辩证的逻辑，自然得出了“教乘皆可一可三”的结论。

另外，欧阳竟无先生在《唯识抉择谈》一文中也说：“佛虽三时说法，分乘为三，然教唯是一，即一切众生，我皆令入无余涅槃而灭度之也……故说四说五，以义言则可，以教言则不可。”[①] 先生此处的立论基础在于，他认为佛教教理之体用全备于涅槃，而大乘四种涅槃根本在无余涅槃，依据此理体或者说目的，所以有佛陀三时说法引导众生之妙用，理体是一，而妙用可分为一为三为四为五等等。结合上文太虚大师对欧阳竟无先生的批评，可见其批评在此处仍然适用，因为欧阳先生的观点中，尽管指向的目的——无余涅槃似乎有变，而其以佛陀所说法之理体绝对统一、众生受法之根机层次不一，二者划然割裂的思维方式仍然没变。

---

① 欧阳竟无《唯识抉择谈》，黄夏年主编《欧阳竟无集》，第 95 页，中国社会科学院出版社，1995 年版。

二　诸乘的差别与融贯

太虚大师的诸乘判教学说，是以非常自觉的判教思想为基础的。大师说，佛陀教法，皆是应机而说，众生根据具体的法门而悟入，根机千差，佛法必然万别，所以佛法的统一应是互涉互通的统一，而不是呆板的统一。统一佛法的方法，正是要祛除偏执自宗、自法的错误，而同尊佛陀所说之经典教法，百川汇海，同为一味。在理论上的有力方法，即是要以判教而统摄诸乘诸宗，“批判教藏，探寻宗教，乃为从许多遗教传说中理出一系统来之必经途径。昔人所判分者，即其研究所得结论表示于人者，初学可资为研求先导，但不应墨守祖言，当直探佛说、圣众说，自成一条贯秩然之圆解耳”①。大师在充分继承先贤思想的基础之上，结合时代的特色予以发挥和发展，建设条贯秩然的整全之佛教。而太虚大师的这种建设，目的非常明确，即令初学者能从中自得对于佛教的圆解——没有偏执、圆融一体、领悟生佛一如的见解。可以说，古来的各种判教思想，除了引导学人产生对本宗的信心之外，更重要的都是使学人能通过对判教思想的了解，以本宗的见地，建立起对整体佛教的圆满认知。

太虚大师在写于1941年的《我怎样判摄一切佛法》一文中，将自己的判教思想的发展分为三个时期。

1914年之前的第一期判教，是“承袭古德的”，分佛教为“宗下”和“教下”。努力参究以求悟证的，是为“宗下”；语言

① 《评佛学抉择论》，《全书》第28册，第43页。

文字为载体的教理教义，是为“教下”。

之后到1924年间的第二期判教，太虚大师注意到了小乘和大乘的关系，认为小乘是大乘的阶梯、大乘的方便，小乘可附属于大乘，所谓“附小于大”。他认为“佛法的根本宗旨，唯在大乘”①，并将中国佛教先后出现的十一个大乘宗派归摄为八，而这八宗，在理论和追求的目标上都是平等的，只是在其宗教实践——“在‘行’上，诸宗各有差别的施设。”②

1924年之后，太虚大师的判教思想发展到第三阶段，主要是为了面对整个的世界佛教，“应国际文化交流之世”，提出“教之本及三期三系”、“理之实际及三级三宗”说。“三期三系”，前文已述。“三级”说即将佛教整体分为三个阶梯，第一级是五乘共法，包含人乘、天乘、声闻乘、缘觉乘、菩萨乘，讲的是“最普遍的佛法要义，就是因缘所生法的原理，也即是因果法的原理”③；第二级是三乘共法，只包含声闻乘、缘觉乘、菩萨乘，宗旨在厌离世间而求出世之乐；第三级是大乘不共法，专指菩萨乘，“以大悲菩提心，法空般若智，遍学一切法门，普度一切众生，严净无量国土，求成无上佛果，为其唯一的誓愿、唯一的事业”④。前前乃后后的阶梯，后后是前前的目标，最终的目标即是大乘。“三宗”指的是大师以“法性空慧宗”、“法相唯识宗”、“法界圆觉宗”概括大乘，以圆融含摄大乘的一切教法。

第三期的判教，是太虚大师思想成熟的结果，承袭了前两期

---

① 《我怎样判摄一切佛法》，《全书》第1册，第435页。
② 同上。
③ 同上，第443页。
④ 同上，第444页。

的基本思路，教、宗相分，附小于大，进而结合印度佛教的“三期”发展，来整体判摄世界佛教的三个语系，以横（三系）附纵（三期），即把现实世界上三个不同语系的佛教统一于历史上印度佛教发展的三个阶段，使之获得了根源性的依据。同时，“三级”说将佛教的整体教法设置为由低而高、由浅而深的阶梯，不仅具有广泛的融摄性，以五乘融摄世间一切的优秀思想和学说，而且突出了不同乘级的次第性和大乘的归宿性。以“五乘”说融摄古今中外各种思想学说，“摄持一切世间善法”①；进而以“三乘”“摄持一切出世的三乘经论”②，最终全部导入于大乘的理论和实践，这是太虚大师判教思想的一个重要目的。而“三宗”说则是对目的地——大乘思想的整体性的融贯，同时又是对其三个不同面向的具体展开和组织。

五乘共法的建立动机，太虚大师认为是佛陀依据其自内所证的真理，根据众生的种性而随机施教建立的教化体系。“一、人天乘以济无姓，二、小乘以济声闻姓，三、中乘以济缘觉姓，四、大乘以济如来姓，五、一乘以济不定姓”③，这里的五乘提法略有不同，实际上是在人乘、天乘、声闻乘、缘觉乘、大乘的基础之上，加上了“一乘”，指的是天台宗的“一佛乘”或华严宗的“别教一乘”。总之，契理——自内所证，契机——融摄导入，是五乘之建立的根本原则。

五乘共法根本阐述的是“因缘生法”，一切法从因缘而生，

---

① 《法性空慧学概论》，《全书》第7册，第308页。

② 同上。

③ 《佛教各宗派源流》，《全书》第2册，第196页。

这是“佛法建立的唯一之根本”[①]，含摄了一切世间法和出世间法，“法界内四圣、六凡，莫不由修因而感果”[②]。其中人乘是以三皈、五戒之行，运载而超越三恶道，生于人间，所重为戒善。天乘是以上品十善、禅定之行，运载而超越人间到达三界天人——这是因缘所生之世间善法，所重为基于戒之定。声闻乘、缘觉乘以四谛观行、十二因缘观行，运载而超越三界到有余、无余涅槃；大乘则是以悲智六度万行，运载而超越三界、二乘到达无上菩提大般涅槃——都是因缘所生之出世间善法[③]，所重皆为基于戒、定之慧。五乘共法、三乘共法和大乘不共法的相互关系，大师以图表示[④]：

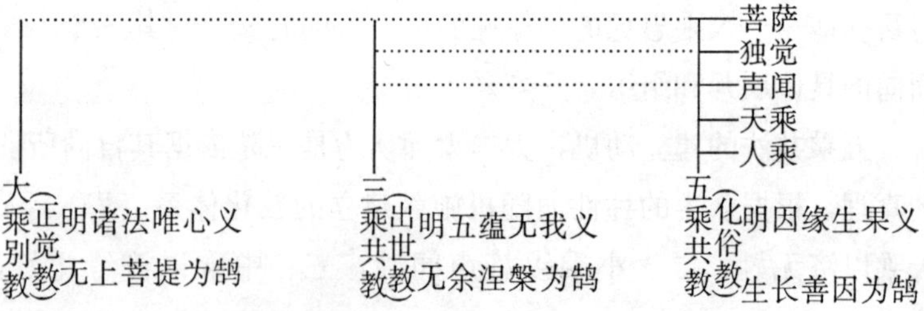

五乘所引发的积极心理，是为“向上增上心”。依此五乘共法之“增上心”，进而发三乘共法之“出离流转心”，最终发大乘不共法之“普度成佛心”。大师说“此三心次第相依，若无前二必无后心”[⑤]。三心的依次产生，实际上是融摄一切世间善法，一步步导入于大乘佛法的心路历程，也是指引其步步升进的

① 《佛理要略》，《全书》第1册，第61页。
② 《大乘理趣六波罗蜜多经发菩提心品》，《全书》第4册，第59页。
③ 《大乘入楞伽经释题》，《全书》第14册，第37页。
④ 《佛法之分宗判教》，《全书》第1册，第272页。
⑤ 《佛理要略》，《全书》第1册，第74页。

步骤。

五乘共法中，人乘、天乘法的根本在五戒、十善乃至禅定，因此并不是佛教所独有的，而是世间共有之道。即印度、中国、泰西各国皆有之，如佛法未来中国之际，儒教教人由士希贤，由贤希圣，由圣希天；道家老庄之徒使人得仙入天；西洋的基督教说生天；印度之婆罗门教说由人道而生梵天等①。佛教之所以能含摄儒家、道家、基督教、印度婆罗门教等，因为这些思想学说都相当于人乘、天乘。大师说："盖佛教之正旨，在乎上契道真，下益民生。"② 而佛教建立人乘、天乘的目的，大师认为是：

> 佛教则以此为出世之阶梯，化他之方便。盖立此人天教法有二种意：一则保持人天之道，由人天道而至小乘或至大乘；一则立此人天之教，示其迷谬之处，使其知非究竟而求出世究竟了义。③

人乘、天乘的建立，对世间一切善法的意义有二：一是引导其向上，一是批判其不足。批判的目的在于引导，引导之前须予以批判。

批判人乘、天乘的不彻底，引导人乘、天乘向上的第一步，就是小乘（声闻乘、缘觉乘）。在小乘看来，人乘、天乘以其世间善法而得超过三恶道，得到人天善趣的福报，但是仍然是有漏法，"皆是无常，不能永久安住，生而变异，变坏而灭，最后有仍归于无"④ ——以欲界五戒十善超过三恶道而入人道以及欲界

---

① 《佛法大系》，《全书》第1册，第277页。
② 《整理僧伽制度论》，《全书》第17册，第13页。
③ 《佛法大系》，《全书》第1册，第277页。
④ 《般若波罗蜜多心经释义》，《全书》第7册，第58页。

天，以禅定离欲而超过欲界到达色界、无色界——最终必须以证得人我空而超过三界，若依佛陀说法音声而悟证人我空则为声闻乘，若依自己观察因缘而悟证人我空则为缘觉乘。太虚大师说"一则以善度恶，二则以禅度欲，三则以无生而度三界生灭；能行其一可保善根，一二兼行常居天界，三者圆满了脱死生。而小乘之体用备。故小乘兼有人天善法也"①。

小乘的宗要，在于先了知世间之法，然后打破，从而获得解脱，即"了生死为因，离贪爱为根本，灭尽为究竟"②。小乘虽然证得了人我空，但是"其法之计执转更牢固"③，尤其部派佛教阶段，对于构成人我的五蕴、十二处、十八界之实有，各执其是，琐碎繁复，争执不休。佛灭七百年后，龙树针对当时极其兴盛的小乘说一切有部的"三世一切有"的义理，发挥大乘法空之义理，尽扫一切执著，荡涤无遗，丝毫不存，"可知龙树之提倡毕竟空，全在打破有部之执为实有也"④！佛灭九百年中，无著"既知龙树所提倡之空义未为究竟，为欲安立大乘非空非有中道了义之教"⑤，建立法相唯识之学。大乘法性空宗与法相有宗，二者各有其特色，"龙猛提婆，渐偏重阐扬大乘毕竟空义，以治外小之增益执；无著世亲，渐偏重阐扬大乘之如幻有义，以治外小之损减执"⑥，都是针对小乘的执著而建立的。

批判小乘（声闻乘、缘觉乘）的不彻底，目的是引导其进入

① 《佛法宗要论》，《全书》第1册，第142页。
② 《佛法导言》，《全书》第1册，第76页。
③ 《瑜伽真实义品讲要》，《全书》第8册，第113页。
④ 同上。
⑤ 同上，第114页。
⑥ 《佛学概论》，《全书》第1册，第13页。

彻底的大乘之学。而这不彻底的小乘乃至人乘、天乘，反过来说又正是走入大乘的阶梯和方便。

太虚大师认为，悟入大乘之前修行人乘、天乘、声闻乘、缘觉乘法，即是天台宗所判藏教、通教以及别教的地前菩萨。此四乘都有生不知其始、死不知其终的无明之苦，故可策励起其怀疑，从此参究，从而离妄念证得真心，悟得“一切诸法皆涅槃相，一切众生皆菩提相”，即为“了生死苦，发菩提心”[①]。而进趣大乘平等大慈、同体大悲，须先离贪爱证得人空无我；欲离系缚得自由起无边方便解脱行，须先灭尽生死烦恼，所以说，“小乘正是入大乘之方便行，小乘究竟之涅槃即大乘方便净涅槃也”[②]。但是，小乘获得了大乘的基础之后，“但趣取灭尽，违背圆通”[③]，没有向前更进，法华会上佛陀授记一切声闻无不成佛，正是引导其向前进趣大乘。

从实际修行情况来看，大乘从初发心修行到证得登地菩萨，必须经过十信、十住、十行、十回向、四加行等很多位次，其中十信位菩萨是修菩萨行的初阶，其主要修行内容即皈依三宝、实践十善，此即为人乘、天乘善法，反过来说人乘、天乘即是菩萨乘的方便。从第十信到第七住，所修行的内容与声闻乘、缘觉乘的内容相通，反过来说声闻乘、缘觉乘即是大乘的方便。而第七住以上的位次，则是人、天、声闻、缘觉四乘所不能及的，所必须向前更进方能到达的[④]。

---

① 《佛法导言》，《全书》第1册，第86页。
② 同上，第87页。
③ 同上。
④ 《佛法宗要论》，《全书》第1册，第156页。

从人、天、声闻、缘觉四乘都是大乘的基础和方便的角度，可以得出结论："凡一切乘的教法，都可统归于其中。"[①]

大乘的宗要，太虚大师概括为："菩提心为因，大慈悲为根本，方便为究竟。"[②] 根据其所针对的对象，大乘可分为三种。一、特胜大乘，专破外道、小乘以及世俗之相，阐发甚深空义，特显大乘法不共的特质。二、普为大乘，含摄一切，人、天、声闻、缘觉四乘全都包含在内，为利益一切众生而设，不是专为一类大乘根性。三、适应大乘，依据一即一切、一切即一的圆教义理，随拈一法即全法界，所以任何一种法都可以看作最高最胜，不是其他法所能及的，从而使学人能生起决定的信心而得受用，这种情况显然不是以自我观念为基础的自赞毁他之类。例如专门弘扬净土者，即尊净土为第一而斥除其他一切宗派；专门弘扬禅宗者，即以禅宗为最胜而呵弃一切；乃至持一咒、修一行者各各皆可如此。其原因在于，任何一法实际上都具有无上最胜功德，只要契机，都可以成为其所宗，因此这也可称为圆融大乘。[③]

太虚大师将自己的五乘共法、三乘共法、大乘不共法的判定系统，与西藏宗喀巴大师《菩提道次第广论》中的下士道、中士道、上士道的判定系统予以对比[④]：

宗喀巴——	下士道——五乘共法	——本人
	中士道——三乘共法	
	上士道——大乘不共法	

① 《我怎样判摄一切佛法》，《全书》第1册，第397页。
② 《佛法导言》，《全书》第1册，第79页。
③ 《般若波罗蜜多心经释义》，《全书》第7册，第60页。
④ 《新与融贯》，《全书》第1册，第384页。

这种对比，将太虚大师的判定系统的层次性体现得更为清晰，由下而上，由共而不共，由浅入深，由低到高，把佛教的各个宗派、各个层次的教理汇为一个整体，与《菩提道次第广论》一样具有了“通达一切圣教无违殊胜，一切圣言现为教授殊胜”[①] 的特点，理论乃至实践更显系统性。

如果从不同的地方来看，那么宗喀巴大师的三士道，用的是“加法”。从“道前基础”开始，进入“下士道”，“念死无常”、观“三恶趣苦”，进而“皈依三宝”、“深信业果”，获得增上心，践行五戒十善，以增上生为目的；之后，进入“中士道”，“希求解脱”，“思维苦谛”、“思维集谛”、“除邪分别”、入“解脱正道”，以增上生为不究竟而发起出世心，修出世观行，以出三界为目的；之后“入大乘门”，知“菩提心次第”、“仪轨受法”，“学菩萨行”，实践“六波罗蜜”和“四摄法”，以得自身出世解脱为不究竟而发大乘心，起菩萨六度万行，以圆成菩提道为目的[②]。其教理和践行的特点，都是一步步观行成就，其心相续，才可开始下一步的学修，不断地累加，同时也不断地放舍，从其理论和实践的不断展开的历程来看，可以说体现为“加法”的模式。

而太虚大师的判定系统，用的是“减法”。“五乘共法”包括人、天、声闻、缘觉、大乘五乘，以因缘生法为根本；减去人、天两乘，就是三乘共法，以出世法为根本；再减去声闻、缘觉两乘，剩下的就是大乘不共法，以普度众生共成佛道为根本。

这种“减法”模式，比“加法”模式，在两个方面更显

---

① 宗喀巴《菩提道次第广论》卷一，第 8 页，福建莆田广化寺印行。

② 详见宗喀巴《菩提道次第广论》全书。

特色。

一、更为圆融，具有更为强大的包容性，适应性更为宽广。“五乘共法”中就已把“三乘共法”和“大乘不共法”的内容含摄其中，因此在起点处就不仅能容纳世间一切善法，而且把出世法等都含摄其中，能最大程度地满足下、中、上等不同根机的需要，让学人能根据自己的根机各择所需。而《菩提道次第广论》“三士道”的安排，在回答上乘、大乘根机为何要修学“下士道”、“中士道”的时候，其答案是可以使学修更为增上、而且学修的速度更快。可以说，这种回答实际上是否定了学人的大乘根机的真实性，或者是换一种说法否定了众生根机的多样性，显得不够契机。事实上，如果学人是大乘根机，却也必须按此次第修学的话，那就如同《维摩诘所说经》中大目犍连为诸居士说法、富楼那为新学比丘说法，而被维摩诘居士所呵斥的一样——“无得发起以小乘法，彼自无疮，勿伤之也”[①]、“未观察听法之众是何根性，贸然为说人天业果之法，转令起执人、我、众生、寿命之相，障其大乘善根，不能发心”[②]，以小乘法而障碍大乘众生的大乘善根，令其堕入小乘巢窟，其结果是很严重的。当年迦腻吒迦王支持胁尊者结集有部经典，集中了得三明六通的大阿罗汉499人，世友尊者欲参与其中，大阿罗汉们不允许，“方期佛果，次补弥勒，三界特尊，四生攸赖”[③] 的世友尊者，几乎因此小缘而立证阿罗汉果，幸亏诸多护法天人现身阻拦，最终没有舍大取小。而《妙法莲华经》卷二中，舍利弗尊者就因为昔日闻佛说小

① 《维摩诘所说经》。

② 《维摩诘所说不可思议解脱经释会纪闻》，《全书》第12册，第250页。

③ 圆晖《俱舍论颂疏》卷一，第6页，福建莆田广化寺印。

乘法，“不解方便随宜所说，初闻佛法，遇便信受、思惟、取证”，证了阿罗汉果，导致在成佛道路上走了弯路，而“终日竟夜，每自克责”，后悔莫及。如果不分根机，都依照“三士道”的修学次第去观修、实践，那么可以想见，这种舍大取小、后悔莫及的人，将会是很多的。

二、更加清晰地体现了大乘法的殊胜和圆融。在“五乘”、“三乘”、“大乘”三个层次中，都有大乘法的存在，同时“大乘者具一切乘，人天之机随得人天之益，二乘之机随得二乘之益，大乘之机即可因之得入大乘”①，而且可使人、天、声闻、缘觉乘众生“依以展转增上，皆通达大乘”②，以共法的形式引导众生走向不共法的归宿，贯穿在了全部佛法之中。同时，又能灵活自由地为太虚大师“人间佛教”的思想服务，直接由人乘而到大乘，超越天、声闻、缘觉这三乘。其判教系统既为这种超越提供了空间，而且又能清楚地引导天、声闻、缘觉这三种根机的众生直趋大乘。而“三士道”的系统，就很难实现这种超越，尤其是其严格的不可僭越的修学程序，更加使之显得次第分明有余，而灵活运用不足。

三　小　结

太虚大师对佛教诸乘次第的判摄，与古人显然有所不同。古人众多不同的判教思想，虽然也以圆摄各乘、各宗为基础，但是圆融的归宿主要是为了论证己宗的殊胜，从而引导学人死尽偷

① 《维摩诘所说不可思议解脱经释会纪闻》，《全书》第12册，第250页。

② 《我怎样判摄一切佛法》，《全书》第1册，第396页。

心、死心塌地认真修学，实现其宗教实践的目的。太虚大师虽然最终也以大乘诸宗为归宿，但是突破了古人的窠臼，不为凸显己宗之殊胜，其原因，当在于大师不做一宗一派的徒裔，而要弘扬佛法全体的宏愿。这一点，我们将会在大师并弘八宗乃至建设世界佛教的宏构中看得很清楚。

大师对诸乘次第的“减法”模式之设计，在具体的宗教实践中，便体现为由人乘直入大乘的“人间佛教”思想，这种设计具有很强的时代性、现实针对性，也体现了大师判摄诸乘次第的目的之所在：统摄各乘，而为宗教实践指出方向，引导学人修学。

第三节 大乘佛教宗派的融摄

一 三唯论的视角

太虚大师从富于哲学意义的三唯论的角度，对大乘从三个角度予以判摄。

太虚大师在发表于 1921 年的《佛学大系》一文中分析说，三唯论要解决的问题是一切宗教、哲学所关注以及必须解决的问题：一、宇宙万法的“本来”是什么？二、宇宙万法的“现行”是什么？三、宇宙万法“究极”是什么？佛教的解答，便最终构成了大乘的三宗。

一、宇宙万法都处在“无而忽有，有而即无，变时极速疾”的运动变化之中，但是遍于这一切事物之中，“确实是有未尝异未尝变、永不异永不变之性的”。这不异不变的性，勉强命名为

"如"，因为它是事物的体性，是唯一的真实，所以"如"即是"真"，合而称为"真如"。真如就是宇宙万法的本体，解答了第一个问题。

二、真如作为宇宙万法的本体，是无形对、无识别的，所以不曾自知（无明）；又是虚豁圆活的，所以有欲知之心。由欲知之心的动，生所知之境的变，宇宙万法于此产生而真如不得呈现，真如虽不呈现，宇宙万法本即真如。作为心之发生力的"意"，贯持了宇宙万法；作为心之了别力的"识"，变现了宇宙万法。依据意、识，真如显现为宇宙的一切具体事物。意、识就是宇宙万法的现象，解答了第二个问题。

三、因为相信不由意、识而生起存在的不变不异的真如觉性，"一旦契会，便得透脱名名色色，自在遍照"①。其步骤是：首先观察万法唯识，由此贯持宇宙万法的"意"的力量消减了；其次观察意、识即真如，真如即意、识，由此意、识不生幻梦质碍，真如圆成了"妙觉明知"，其结果便是意、识随缘普现宇宙万法而当相融映无尽，真如彻体圆照万法而自性虚灵不昧，此即无上正等觉。"妙觉"就是宇宙万法的究极，解答了第三个问题。

由此，大乘三宗便最终得以成立，一、说明"实在"的是"真如"的"唯性论"；二、说明"现有"的是"意、识"的"唯心论"；三、说明"究极"的是"妙觉"的"唯智论"。大师认为"唯性论"对应哲学上的本体论，哲学上对本体的论述，必以佛学的真如之"唯性论"为极则，因为此真如离过绝非、毕竟平等、不可破坏、遣无可遣、立无可立。"唯心论"对应哲学上的

① 《佛学大系》，《全书》第1册，第266页。

现象论，哲学上对于宇宙的物质现象、精神现象、生命现象的论述，以佛学的“唯心论”能总集其成。“唯智论”对应哲学上的认识论，理正一切错误的知识而成正确的知识，正是佛学之妙觉的“唯智论”的独擅。

三唯论依据“心佛及众生，无差别而三；众生及心佛，三而无差别”的原理，彼此可以互相含摄[①]：

心——唯性论—┌迷……染……苦……凡……生……唯心论
　　　　　　　└悟……净……乐……圣……佛……唯智论

众生——唯心论—┌体——唯心论
　　　　　　　　└用——唯智论

佛——唯智论—┌性——唯性论
　　　　　　　└相——唯心论

我们发现，太虚大师这一图表，从心、佛、众生的层面充分显示了三唯论的相融相摄的关系：以心之体展开而为唯性论，向众生方面可摄唯心论，向佛果方面可摄唯智论，众生与佛统一于心体而不二；以众生之相展开而为唯心论，就其体而言即可摄唯性论，就其用而言即可摄唯智论，真如之体和佛果之智全备于众生而不二；以佛果之用展开而为唯智论，若就其性而言可摄唯性论，若就其相而言可摄唯心论，真如之体和心之相和合于佛果而不二。

此三唯论，大师在写于 1923 年的《三唯论图释》一文中，依据“一即一切，一切即一”、“一色一香，无非中道”的圆教义理，从六根、六境、六识三者的角度，立为唯识论、唯境论、唯

① 《佛学大系》，《全书》第 1 册，第 268 页。

根论三种，其中唯识论当于唯心论，唯根论当于唯性论，唯境论当于唯智论。

此三唯论中，唯识论早已确立无疑，唯境论见于《成唯识论述记》中，窥基认为与护法同时的中观宗清辨所立的即是唯境论，此唯境论与后来出现的唯性论是一致的。最富于创意的，是唯根论的安立。太虚大师依据《楞严经》中“汝欲识知俱生无明，使汝轮转生死结根，唯汝六根更无他物；汝复欲知无上菩提，令汝速证安乐解脱寂静妙常，亦汝六根更无他物”之佛语，而安立唯根论；而且此经中在地水火风空识六大之外，更立根大为第七大，也是唯根论的特点；从所观之境来看，“可谓之‘唯六根论’，所谓十八界摄一切法尽；六尘是六根之影，六识是六尘之影，识发乎尘，尘出乎根，故六根摄一切法尽”①，从而，以根摄识、境，即成立唯根论。具体言之，唯根论，以能唯之前五根摄所唯之前五境，能唯之意根，摄所唯之法境，同时又可摄所唯之六识心法，所以以六根摄六境及六识的唯根论便确然安立。唯识、唯境的安立，也是根据各自所侧重的六识、六境，含摄其余，从而建立起来的。

二　大乘三宗的判摄

太虚大师于 1922 年春，作《对辨唯识圆觉宗》，认为华严三祖贤首大师的五教说，以及华严五祖圭峰宗密的三宗说，皆有所不当，所以把大乘佛教判分为二宗：“无生法性宗”和“唯识圆

---

① 《大佛顶首楞严经研究》，《全书》第 14 册，第 241 页。

觉宗”。以无生法性之根本智境，可淘融二乘法执令入大乘般若，为三乘共教；以唯识圆教之后得智境，可含摄天台、华严、唯识三宗，为大乘不共教。大师认为，这种分判，对比华严五教、三宗说都为允当，与诸经教理，也没有违难之处。

本年12月，大师在《佛法总抉择谈》一文中，提出了自己的三宗判教说。太虚大师引窥基法师《大乘法苑义林章》中的文字为依据：

> 摄法归无为之体，故言一切法皆如也；摄法归有为之主，故言诸法皆唯识；摄法归简择之主，故言一切皆般若。①

大乘佛教，依“无为主”之真如，即立法界圆觉宗；依“有为主”之唯识，即立法相唯识宗；依“简择主”之般若，即立法性空慧宗。

后太虚大师又在《再论大乘三宗》中，引无著《瑜伽师地论》的文字为依据：

> “如世尊言：‘是诸缘起非我所作，亦非余作。所以者何？若佛出世若不出世，安住法性、法住、法界。’云何法性？云何法住？云何法界？”答：“是诸缘起，无始时来理成就性，是名法性；如成就性以无颠倒文句安立，是名法住；由此法住以彼法性为因，是故说彼名为法界。”②

对比而言，法性空慧所宗在诸法毕竟空，以众生平常的心境

① 窥基《大乘法苑义林章》卷三。
② 弥勒《瑜伽师地论》卷十。

经验为出发点，重点在破除悟道证根本智之前的法执，而对悟道之后后得智的法相比较忽略。法相唯识宗所宗在诸法唯识有，以悟道之后依后得智所见持业受报的阿赖耶识为出发点，重点在建立诸法依他起之法相。法界圆觉宗所宗在诸法当体全具，以佛智所见即众生心内的真性为出发点，重点在依佛果境界明一切法，“双遮双照，遮照同时”[①]，所以与法性空慧宗、法相唯识宗都不同。就其所安立法相而言，真净圆融，变动不居，与法相唯识宗所立之分别明了也不同。

根据大乘因果地位的不同，太虚大师在1925年所讲的《佛法大系》一文中将其分为二种：行因趣果之因位称菩萨乘，彰果化因之果位称如来乘。因乘可分为两类：“一者由加行入根本，一者由根本起后得；此二类中，初者如法性空慧宗摄，后者属法相唯识宗摄。”[②] 即菩萨因乘可分为法性空慧宗和法相唯识宗两种，前者主要是讲悟道前由加行智入根本智的义理，后者主要是讲悟道后由后得智所建立的义理。果乘的建立，其依据是如来所得大圆镜智：“如来既圆满根本后得二智而成正遍知海，理量同时，性相不二，无一刹那心不遍知诸法。”[③] 天台宗一念三千、华严宗六相十玄等教理，都依据如来同一刹那所圆证之性相不二圆满法界。因此，如来果乘即可曰法界圆觉宗。

对于三宗的命名，太虚大师先后用了多种名称，实质是一：空慧宗、唯识宗、真如宗；法性般若宗、法相唯识宗、法界真净

---

① 《释会觉质疑》，《全书》第10册，第461页。

② 《佛法大系》，《全书》第1册，第279页。

③ 同上，第280页。

宗①；唯性论、唯心论、唯智论②；法性空慧宗、法相唯识宗、法界净智宗③；无漏般若宗、有为唯识宗、无为真如宗④等等。

（一）三宗的圆融

法性空慧、法相唯识、法界圆觉三宗的建立，是太虚大师对大乘十宗或八宗的进一步概括和分类。以三宗来概括十宗或八宗，始于华严五祖宗密，他在《禅源诸诠集都序》中，"判佛教总为三种者，一密意依性说相教……二密意破相显性教……三显示真心即性教"⑤，此后，三宗之说成为汉地佛教共识。然而对比宗密所立三宗与太虚大师所立，同异互见。宗密所立"密意依性说相教"包括"人天因果教"、"说断惑灭苦乐教"、"将识破境教"三种，即人乘、天乘、声闻乘、缘觉乘以及大乘的唯识宗；"密意破相显性教"则略同于"法性空慧宗"，"显示真心即性教"略同于"法界圆觉宗"。

虽然此三宗所宗不同，各有其特色，但是"由彼宗主所统摄之一切法则罄无不同，故三宗摄法莫不周尽也"⑥，又"统诸法而集中于识，既可名唯识宗；统诸法集中于二空观慧，亦可名空慧宗；统诸法集中于真如，亦可名真如宗"⑦，每一宗都能将全部佛法含摄其中。对此，大师从不同角度展开阐述。

首先，从教理及其功用的角度，阐明三宗之侧重不同而又融会贯通的关系：

---

① 《大乘法苑义林唯识章讲录》，《全书》第10册，第8页。
② 《佛学大系》，《全书》第1册，第268页。
③ 《能知的地位差别上之所知诸法》，《全书》第10册，第285页。
④ 《再论大乘三宗》，《全书》第5册，第325页。
⑤ 宗密《禅源诸诠集都序》。
⑥ 《佛法总抉择谈》，《全书》第10册，第376页。
⑦ 《佛法之分宗判教》，《全书》第1册，第275页。

从缘起而无性、而悟空、而证圣的这四点，是法性空慧宗所着重说明的。从证圣而如来、而颠倒、而惑业，这四点是法界圆觉宗所侧重的。从惑业到生死、到缘起、到无性的这四点，是法相唯识宗所偏重的。从三宗各自的偏重点看，各有差别，从诸法全体上看，则又都融贯会通的。①

法性空慧重在明缘起、无性之教理而得悟空理、证圣果之功果；法界圆觉重在明证圣、如来之境界而启发缠缚于颠倒、惑业之众生的信心；法相唯识重在明惑业、生死之相状而得悟缘起、无性之理体。三宗又都首尾相连，此之终即是彼之始，正是形象而直观地诠释了三宗在教理上互相融通、无有隔碍的内在关系。

其次，从体性论的角度，论述了三宗的相互含摄：

法界即真如别名，即无分别智相应之真如……诸法中无论任何一法，皆诸法之总相，以皆能摄一切法故。此总相即

① 《法性空慧学概论》，《全书》第 7 册，第 304 页。

为法界，故曰随举一法皆为法界。如铅笔可统一切法，以依众缘成故，众缘之众缘展转无尽故，故一摄一切，一入一切，此法界义也。又界者因义，法界者、即诸法之因。法法虽互入，然不失其自相，此不失自相者，以一一法有不同种子为之因，此因种各各不相杂乱，故现行亦各各差别。然此因种虽各各差别而又交互相遍，故一一因种，一遍一切，以阿赖耶识中之能力，无方所边际故，明此诸法各别种因，谓之法界……然即诸法众缘生无自性故，是法界无障碍义。①

如果深入分析，我们可以发现，法界指的是无分别智相应的真如，是诸法的总相，诸法中任何一法，其体性即真如，皆是诸法的总相，所以说，随举一法皆为法界，这是从体性上而言的。如果从事相上来说，那么任何一法，其所依据的因缘，辗转无尽，无限展开即为整个法界，一即一切，一切即一，便是自然的结论。这里说的是法界圆觉宗的义理。诸法虽然相摄相入，但是同时法法不乱，各各皆具自相，因为一一法皆有其不同之种子，种子各各不同，所以现行必然法法不乱。这是由法界圆觉宗的义理转入法相唯识宗的义理。诸法一一因种，因为阿赖耶识之无方所边际，故一遍一切，一切遍一，此即法界。这是由唯识法相宗的义理回返法界圆觉宗的义理。诸法从因种、现行上来说，都是因缘而成，所以无自性，无自性即是空。这是从法界圆觉宗义理进入法性空慧宗的义理。因为无自性故空，空故无障碍，无障碍故从事相上彼此可以相摄相入，从体性上彼此一切皆如，此即当体圆具义。这是从法性空慧宗的义理回返法界圆觉宗的义理。三

① 《佛学概论》,《全书》第1册，第51页。

宗的义理，在大师看来，相辅相成，相即相入，彼此圆融，一体不二。

第三，从认识论的角度论述了三宗的相互含摄。从广义上而言，“所知诸法，不离能知故，能知即心心所故”①，所以一切言说安立的法，都是唯识而现的，都可归到法相唯识宗。依能知而现所知诸法，彼此相对才得以成立，故所知诸法从体性上来说，都无可安立，诸法皆空、皆无所得，所以都可归为法性空慧宗。又，除却能知的地位差别，所知的宇宙五趣和三乘诸蕴，皆是佛智之圆融法界，也皆是我人现前所知的天地人物，“一切皆是而同时一切皆非”②，所以都可归到法界圆觉宗。三宗彼此皆可相互统摄，而不是彼此割裂、对立，这充分说明了佛法义理的圆融。

由三宗的互相含摄，圆融一体，便自然可得出结论：“三宗皆了义，皆究竟也。”从宗教实践之观行门而言，三宗的观门虽然各各不同，但是殊途同归：“空宗由一切法即空而达即空假中(佛慧实相)；识宗由一切法唯识而达即空假中；实相宗直观一切法即空假中而达即空假中。”③

太虚大师强调三宗互相融摄，除了按其义理进行如实论述，遵循中国佛学一贯的圆融思想之外，还有着很强的现实针对性。当时的唯识学者欧阳竟无作《唯识抉择谈》，认为禅宗为“盲者”所误用，“徒拾禅家一二公案为口头禅，作野狐参”，导致“佛法真义浸以微矣”；后来“天台、贤首等宗兴盛而后，佛法之光愈

① 《能知的地位差别上之所知诸法》，《全书》第10册，第285页。
② 同上，第286页。
③ 《阅辩法相与唯识》，《全书》第10册，第472页。

晦”；今人则“漫无简择，随拾即是”，“非视学佛为一大难途，即执一行一门以为究竟”，所以独标法相唯识学为“方便善巧，道理究竟”①，后来王恩洋以及吕澂等人扬其波而助其澜，进而对法相唯识以外诸宗及其宗依之经典《大乘起信论》、《圆觉经》、《楞严经》等予以排斥，掀起了一股影响不小的颠覆思潮。而太虚大师首举圆融的大旗，强调诸宗的圆融互摄，后来的印顺法师、巨赞法师等人亦依其方向，各自从不同的角度展开圆融的论证。

（二）三宗的各胜

太虚大师建立三宗的依据很明确，是遍计所执、依他起、圆成实三自性。大师在《佛法总抉择谈》、《释会觉质疑》、《能知的地位差别上之所知诸法》、《大乘法苑义林唯识章讲录》等文中，详论依据三自性而建立三宗的思想。他认为“三性虽唯识宗之大矩，实五乘法之通依”②，可用来抉择整个佛教以建立思想体系：

> 依此三性以抉择佛法藏，其略说依他起之浅相而未遣遍计执者，则人乘天乘之罪福因果教也，亦世出世五乘之共佛法也。其依据遍计之法我执，以破除遍计之人我执而弃舍依他起者，则声闻乘之苦集灭道教也；亦出世三乘之共佛法也。至于不共之大乘佛法，则皆圆说三性而无不周尽者也。③

大乘中，依据遍计所执性，唯破无立，遣荡一切遍计所执，

① 欧阳竟无《唯识抉择谈》，黄夏年编《欧阳竟无集》，第90—91页。
② 《佛法总抉择谈》，《全书》第10册，第373页。
③ 同上，第374页。

从而证得圆成实性，明了依他起性，此为法性空慧宗；依据依他起性，有破有立，如实明了一切依他起法皆唯识所变，则遍计所执自然遣除而圆成实自然证得，此为法相唯识宗；依据圆成实性，唯立无破，开示果地之圆成实令起因地之信、因地之行，则遍计所执自然远离而依他起自然了达，此为法界圆觉宗。

大乘三宗，对三自性都有扩大和缩小的不同。法性空慧宗最扩大遍计所执性，依他起性和圆成实性也摄入其中，只以绝言说、无所得为依他起、圆成实。法相唯识宗最扩大依他起性，遍计所执和圆成实也摄入其中，只以由能遍计而起之能执、所执为遍计所执，以无漏无为为圆成实。法界圆觉宗最扩大圆成实性，遍计所执和依他起也摄入其中，只以无明杂染法为依他起、遍计所执。

依据三自性的扩大或缩小，而有三宗的安立，太虚大师在《大乘法之三种异门表》一文中，更以三种不同的门类进行阐述。第一，执无执门，或名我无我门、自性无自性门等，当于法相唯识宗。若于似我似法上虚妄执有，故为有执；若离妄执即名无执，无执所显的有为、无为之世俗、胜义法，都谛实是有，所以所宗为“执空谛有”。此中依他起包括染污依他起和清净依他起，都被视为谛有的。第二，漏无漏门，或名染离染门、系离系门等，当于法界圆觉宗。有漏法即世间染污法，无漏法即出世清净法，前者为应断之依他起妄法，后者为应证之圆成实真法，于依他起妄法而显圆成实真法，或者依圆成实真法而遣除依他起妄法，所以所宗为“妄空真有”。此中圆成实在执无执门的基础上，还包括了清净依他起法。第三，为无为门，或名生无生门、作无作门等，当于法性空慧宗。有为法指种种因缘对待假立而有的一切世俗法，无为法指有为法之毕竟空，前者是有，后者是空，故成“俗有真空”。此中有为法含摄内容最为广阔，包括前执无执门的“谛有”法以及漏无漏门的“真有”法，只有无为法性是胜义真空。其三自性的缩小与扩大，可见于图表①：

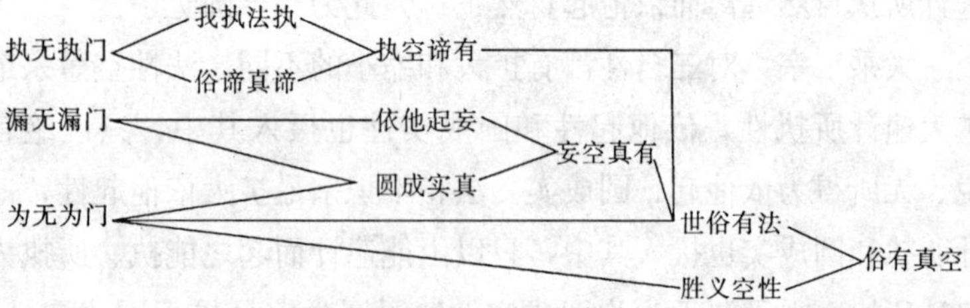

此三宗的宗教实践的针对性也各有不同。法性空慧宗义理最为浅近，却因为遍破一切遍计所执，所以最利于初学者策发观行而伏断妄执。法相唯识宗义理适中，若能如实了解万法唯识，即使不能策发观行，但是容易建立学理印持胜解，所以对于初学者的利益也是处中。法界圆觉宗义理最为高明，但是所言都是佛果境界，对初学者只能激发其仰信，既不能产生对学理的胜解，更无法言及有所策发和证得了，所以其利益最低。

因为这种义理深浅和得益多少的特征，所以太虚大师在《大乘法之三种异门表》、《无生法忍总摄十二门义》、《佛法总抉择谈》、《十二门论讲录》等文中，认为修学大乘佛法有其循序渐进的次第：

> 在实证，由加行位入通达位，宗在通达法性之空慧；由通达位入修习位，宗在贯持法相之唯识；由修习位入究竟

① 《大乘法之三种异门表》，《全书》第5册，第343页。

位，宗在印证法界之圆觉。在初心，则依法界圆觉以生信，依法相唯识以成解，依法性空慧以修行。故为两重次第。初心，依圣教量起比现量；实证，依真现量成圣比量。[1]

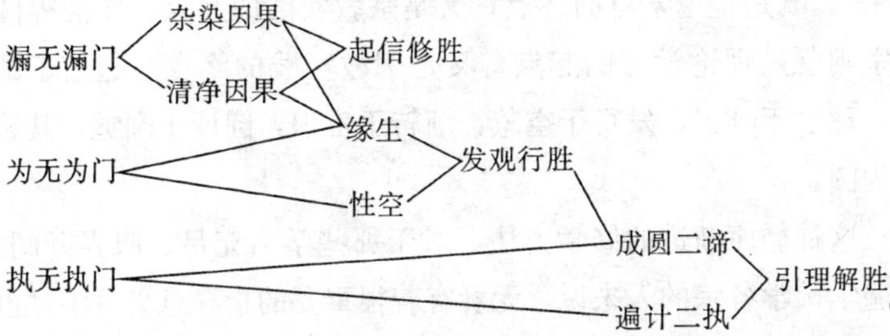

[2]

太虚大师所说的这种修学次第，其内在的一致性，大概在于“高处着眼，低处入手”这个理论和实践相结合的原则上。我们学习法界圆觉宗，了解佛菩萨清净心、究竟智的境界，可以激发宗教信仰，产生究竟的宗教理想；学习法相唯识宗，了解凡夫众生染污心的缘起法则，可以对万法唯识、识亦无识的道理产生切实的理解；学习法性空慧宗，了解凡夫众生的一切认知皆为执著，皆是虚妄戏论，可以引发修行的实践。这是学“圣教量”起“比现量”的阶段，走的是“学圣”而后“行凡”的方向。修行实践，则必然是先依意识的理性，否定现实的一切实执，起种种观行，斩断虚妄分别，于虚妄分别见其体性，得根本智（空慧）；再依后得智观照缘起，依净分依他起，净除杂染种子，增长清净种了至于圆满，而证得圆满清净心、究竟无碍智、无量清净功德，则全在法界。这是依“真现量”成“圣比量”的阶段，走的

① 《再论大乘三宗》，《全书》第 5 册，第 326 页。
② 《大乘法之三种异门表》，《全书》第 5 册，第 347 页。

是“行凡”而后“证圣”的方向。如作一图，则为：

法界圆觉—法相唯识—法性空慧—法相唯识—法界圆觉

前半截为理论学习，后半截为宗教实践，接合处是“法性空慧宗”，既是理论学习的终点，又是宗教实践的起点；而法界圆觉宗则既是理论学习的起点，又是宗教实践的终点。起信于圆觉，理解于唯识，发行于空慧，渐转于唯识，圆证于圆觉，其轨迹为圆。

这种循序渐进的修学方法，对于那些学力充足、眼界开阔、欲遍学佛学各宗的人来说，无疑有着很重要的指导意义。不过也正像大师评价欧阳竟无的“教一乘三”思想不可执定一样，这种修学次第对于学力不足、多凭兴趣、根性已定的人来说，则难以遵循。客观事实是，大部分修学佛法的人，终身只学一个宗派，或者只学少数几种经典。但是，无论是从理论的角度还是从实践的角度，“此三门各有殊胜，虽或专习一门而不可执此斥余也”①，从自己所学修的一门深入下去，并不意味着可以排斥其余各门，三门都是度生的方便；而且，一旦自己学力充沛起来，眼界开阔起来，福德、智慧渐渐增长起来，三门必然都在学修过程中渐渐圆满，才可能最后圆证圆觉。

三　大乘八宗的判摄

太虚大师在讲于 1922 年的《佛教各宗派源流》一文中，总结说中国大乘佛教曾先后出现十一宗，后来在发展过程中，地论

① 《大乘法之三种异门表》，《全书》第 5 册，第 347 页。

宗归入华严宗，摄论宗归入唯识宗，涅槃宗归入天台宗，故而剩下八宗：南山（律宗）、少室（禅宗）、开元（密宗，即真言宗）、庐山（莲宗，即净土宗）、嘉祥（三论宗）、慈恩（唯识宗）、天台、清凉（华严宗）。太虚大师认为："这大乘八宗，其'境'是平等的；其'果'都以成佛为究竟，也是平等的；不过在'行'上，诸宗各有差别的施设"①，这就从境、行、果三个方面，对大乘八宗的平等与差别做了一个综合的判定。

太虚大师在《佛法宗要》一文中，从境（教、理）、行、果三个方面，即教、理、行、果四个方面，对大乘八宗进行了分类。

教门派，即依据经论阐发学说，显明义理。三论宗、唯识宗、华严宗、天台宗属于教门派，而在此教门派中，又各各侧重不同。"三论宗依言教破相以显性（破法相显平等无相真如法性），唯识宗明理以起行，华严宗从行以证果；至本项天台宗则明佛果上应化之妙用"②，这样，教门派中，三论、唯识、华严、天台又分别侧重在教、理、行、果四门，从而于教门派中自成一完整体系。理门派在于直显真理，以参悟一心真如体性为根本，禅宗独属此门。行门派重在行持，不注重明教悟理，律宗和莲宗属于此门。莲宗之内，日本盛行的融通念佛宗、时宗也是以行持为主。果门派重在依靠佛果的身、土以加持自己的身、土，真言宗以及日本人所倡的净土真宗、日莲宗都属于此门。

八宗又可从教法和证法两个角度予以划分，其中教法即指"教"，含三论宗、唯识宗、华严宗、天台宗四宗；证法则包括

① 《我怎样判摄一切佛法》，《全书》，第1册，第第435页。

② 《佛法宗要论》，《全书》第1册，第149页。

“理”、“行”、“证”，含禅宗、密宗、律宗、净土宗。教、证二法，功用侧重有所不同，“性、相、台、贤，讲明诸法实相；净、密、律、禅，证明诸法实相”①。

（一）八宗产生的条件

大乘八宗中，在印度形成并成熟的只有中观和唯识，如来藏学虽然有相关的重要人物、经典，对后世有深刻的影响，但是没能最终形成一个正式的宗派。并且，在释迦牟尼时代，所有的大乘经典都若隐若现，没有得到广泛的传播和发展，一直到释迦牟尼灭度六百年之后，才由马鸣的弘扬，逐渐走向佛教的主流。大乘中的唯识学到了中国进一步发展，以《成唯识论》的出现为标志，而发展到巅峰。中观宗则由鸠摩罗什、僧肇等传播，到吉藏创三论宗达到巅峰。其余六宗，都是在中国承印度如来藏学发展而来，它们出现的时代，弘扬的程度，传承的断续等，都各各不同。究其原因，太虚大师从四个方面予以了挖掘。

大师认为，每个宗派的宗义之建立，需要四个方面的条件，只有这些条件都具备了，此一宗派才能产生、发展和传播。这四个条件是：疏缘、亲缘、正因、成果②。每一个条件又都可从两个方面分析。疏缘包括“所处环境”和“所依教法”，一是历史时代、文化背景、地域特点和民族心理等条件；一是所宗依的教法依据，不同的宗派依据不同的一些经典，所依或经或律或论。亲缘包括“所承师授”和“所具根性”，一是创宗者的师承条件，一是创宗者自身的条件。正因包括“所得自证”和“所对机宜”，一是创宗者自内心所达的境界，一是所传授、教化的学人条件。

① 《佛法无边》，《全书》第26册，第390页。
② 《大乘宗地图释》，《全书》第5册，第461—462页。

成果包括“所施言行”和“所传徒属”，一是所建立的思想学说，一是徒属的传播情况。

大师所分析的条件，分为四对八种，极为全面。从客观条件（所处环境）到主观条件（所依教法），从思想渊源（所承师授）到自身思想（所具根性），从内心证得（所得自证）到外在对象（所对机宜），从思想学说（所施言行）到传播情况（所传徒属），都是一个宗派产生的必要条件。然而在这些条件之中，大师最重视的是创宗者的“所得自证”。

创宗者的“所得自证”，在佛教宗派宗义的安立中，之所以显得特别重要，是因为佛教归根结底是一种关于身心实践的理论，佛教的经典实质上是佛陀、祖师们根据自身的身心实践所达到的境界，而后借助语言文字，以思想学说的形式予以展开。

太虚大师根据创宗者的“所得自证”的不同情况，把创宗者分为三类：地前菩萨、地上菩萨、佛。其中，地前菩萨创立宗义，因为自己偶尔所能发现的相似的现量智慧，不足以成为宗义的依据，所以只能依据地上菩萨或者佛的现量智慧而立义，形成“我注诸经”的格局。如果依据地上菩萨的证得，那么立论与地上菩萨同；如果依据佛的证得，那么立论反而高于地上菩萨，譬如华严宗、天台宗的创造者，自证皆远不及八地菩萨马鸣，而义理高过马鸣，原因即在此。而地上菩萨创立宗义，“虽亦不离于佛陀所说之契经而取圣言为依止，但其注重所在之点为自证境，一切契经或反为造论之注脚”①，自证之境界为主，佛陀所说教义为辅；佛陀所说的一切经典均为其所用，形成“诸经注我”的

① 《大乘位与大乘各宗》，《全书》第5册，第331页。

格局。譬如，八地菩萨马鸣，“其现行之心境，有漏无漏无间引发，故一方面代表四圣之无漏境，一方面代表六凡之有漏境”[①]，“所造之论（《大乘亲信论》等）皆依自证现量智境为准据”[②]。至于佛陀，已经彻底了知诸法的实相，纯粹现行无漏心境，超绝言思，本无可说。其思想言论的出现，纯粹依赖于众生根机的要求；而针对不同根机，佛陀因材施教，对机说法，义理千差万别，“为凡夫说贤位境，为地前菩萨说地上境，为地上菩萨辗转说上地境，乃至说自所证之智境”[③]。

根据创宗者的“所得自证”和“所依果境”，以及所创思想学说的针对性（根机），大师对大乘八宗进行了具体细致的分析。

中观宗，其创立者龙树为初地菩萨，依据自己“所证的法空理上，说一切法皆不可得”[④]，即依其自证之“遍行真如”，纯以遮诠的方法而建立宗义。所针对的根机，为地前四加行中的“世第一法”位菩萨。中土三论宗即承袭此宗发展而来，其宗义和方法皆同于中观宗。

唯识宗，其创立者无著为三地菩萨，依据与所得“大乘光明定”相应的智慧，观察地前、地上乃至佛果的教法，明了诸法的法相，双用遮诠和表诠的方法而建立宗义。所针对的根机，为地前胜解行位菩萨、四加行中暖位、顶位、忍位菩萨。

华严宗，其创立者杜顺等，为地前菩萨，依据《华严经》中含藏一切三摩地门的普贤三昧境界，阐述普贤三昧所感受的不可

---

① 《大乘位与大乘各宗》，《全书》第5册，第332页。
② 同上，第330页。
③ 同上，第332页。
④ 同上，第333页。

说的毗卢遮那佛果境界，属法界圆觉系，与天台宗、净土宗等，纯以表诠的方法立义。所针对的根机为十地菩萨，十地菩萨以下则只能以此培养仰信之心而已。

天台宗，创立者慧思禅师，为只证到十信位的菩萨，依据《法华经》的佛之知见，为二乘圣者回小向大，开示悟入佛之知见而立义。所针对的根机，为证得生空真如同于大乘初地、八地菩萨，而所积累福慧、所证得法空真如仅同于大乘七信的二乘圣者阿罗汉，引之进入大乘初发心住位，从而进入三大阿僧祇劫的范围。

净土宗，创立者慧远大师，亦为地前菩萨，依据佛陀智慧所等流出的净土经教，以及彻底的悲心，阐述佛陀的受用境界——依正庄严。所针对的根机，为初心易退转的凡夫，加持之、引摄之往生净土，使之“一生证得无上菩提”①。

密宗，创立者金刚萨埵即普贤菩萨，依据自证之法云地含藏一切陀罗尼门，而立圆极之法，因为“不诠显理”，只有行法。所针对的根机，为十地菩萨。

禅宗，初祖摩诃迦叶，佛所咐嘱，可视为创立者，乃二乘圣者大阿罗汉，依据佛陀所传心印，即依据佛智所证之境为境，全为遮诠，而建立的纯粹行法。所针对的根机，为第七信菩萨（发心即入初发心住），或曾修习大乘法已发菩提心而退失者（回心即入初发心住），或曾经备修福智资粮中道而废者（回心即入初地），一念回心皆可契证佛心而传佛心印。

律宗，中土创立者为道宣律师，乃地前菩萨，依据佛陀所制

① 《大乘位与大乘各宗》，《全书》第5册，第336页。

定的律典，向上体察佛的本怀，向下观察众生的根机，而传佛戒。所针对的根机，为初心新进之学人。

太虚大师从创宗者的自证和创立宗义的所依，进行的具体分析，来判摄大乘八宗，对于解决佛教与判教相联系的几个重大问题，有着不同寻常的意义。

首先，对各宗派的思想基础的论证问题。佛教是一门以身心实践为源头和指向的特殊宗教，其大乘的各宗各派，从根底而言，无一不是依据佛陀的心境及由此等流而来的教法，以觉悟成佛为最终目的，而建立起来的不同路子。然而具体而言，不同的宗派其各自的具体理论基础仍然各有其特点，由此而设计的实践方法自然千差万别，所能达到的切近的阶段性成果也是不同的。太虚大师正是依据其自身宗教实践的悟境，结合佛教的教理，而对大乘八宗展开具体细致的分析。其分析不仅给予八宗以清晰、可信的分判，而使佛教徒整体地、系统地认知佛教的教理框架和层次，进而根据自身的实际情况选择具体的宗教实践方法，有着重要的指导意义，而且对于学术的研究，也不无值得认真思考和参考的价值。

其次，对马鸣《大乘起信论》的判定问题。1922 年，欧阳竟无在南京支那内学院讲《唯识抉择谈》，对马鸣的《大乘起信论》的根本宗义“真如缘起”说予以拣择，以真如不可缘起，认为马鸣思想渊源于小乘，所创之大乘义理，立论粗疏，远逊后世之唯识学①。后来其弟子吕澂、王恩洋等除了否定真如缘起说之外，进一步认为《大乘起信论》是中土伪作。太虚大师作论多篇

① 黄夏年主编《欧阳竟无集》，第 105 页。

予以回应，维护马鸣造《大乘起信论》的真实性，以及真如缘起的合理性。这里，通过对地上菩萨创立思想学说的依据的分析，所立之真如缘起即为地上菩萨“现行之心境，有漏无漏无间引发”的阐述，正是从理论的源头上解决了真如缘起的合理性问题，从而肯定了《大乘起信论》义理的正确性。

第三，天台、华严、禅宗等法界圆觉系思想的合理性问题。中土创立的天台、华严，以及盛弘于中土的禅宗，都深受《大乘起信论》等经典的影响，欧阳竟无或其弟子由对《大乘起信论》真如缘起说的否定，进一步扩张到对禅宗、天台、华严等法界圆觉一系的整体否定。太虚大师对地前菩萨创立宗义的依据的分析，从宗教实践的层面，指出自证不及地上菩萨而所立思想学说却高于地上菩萨的原因，既解释了其义理超越《大乘起信论》的原理，又维护了法界圆觉一系的思想的合理性。

可以说，太虚大师从系统分析大乘八宗创立的主、客观条件的角度，尤其注重从宗教实践的角度，对八宗义理的可靠性和可信性，给予了严密的论证。

（二）八宗的相互关系及各自的核心义理

大师在《佛教各宗派源流》和《整理僧伽制度论》中，将大乘八宗之间的相互关系进行了梳理[①]：

① 《佛教各宗派源流》，《全书》第2册，第264页；《整理僧伽制度论》，《全书》第17册，第31页。

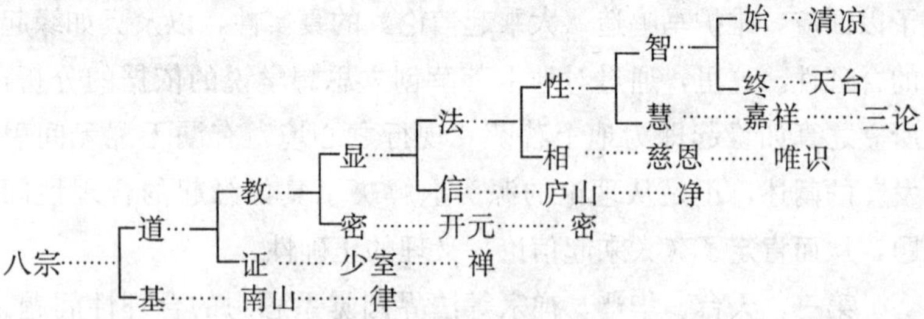

大乘八宗，根据各宗之侧重，可与其他各宗区别开来而独显其特点。律宗，为“道”之“基”，佛道之修行必以戒律为基础；禅宗，为教外别传，“全超阿含，直显证智”①，是佛道之证明；密宗，为言教中的秘密教，其余为显教；净土宗，为随信行者相应之法门，其余为随法行者相应之法门；唯识宗，为对法相“分别深细，秩然不容假借”的相教，其余为“融摄圆通，浑然无所间隔”的性教；三论宗，重在遮诠根本无分别慧，故为慧教，其余重在表诠后得善分别智，故为智教；最后，华严宗为根本法轮之始教，天台宗为终极法轮之终教。

以上是倾向于从大乘八宗各自的不同侧重点，来梳理彼此的关系。此外，太虚大师在 1931 年 8 月讲于柏林教理院的《大乘宗地图释》一文中，进一步探索了八宗各自的核心义理及其之间的关系，使大乘八宗纵横贯通，既突出了它们各自特殊的教理和实践方法，又突出了它们本来平等而一体圆融的特点。

性宗，即般若宗、三论宗，“由异熟报主直向一真法界”。此宗的中心点在第六意识，由六识之闻慧成文字般若，依文字般若成六识相应的二空胜解，由胜解起观照般若，照达诸法空相，而

① 《佛教各宗派源流》，《全书》第 2 册，第 265 页。

证得真如理性。这只是三论宗的阶段性成果，因为无始以来的二执二障并未断尽，所以“更须重重上进，修二空观，破二我执，断惑业苦，深显真如理性”①。此宗重在以与第六意识相应的般若空慧，直显诸法的毕竟空，遣除我法二执以达一真法界。

相宗，即唯识宗，“由阿赖耶直向庵摩罗识”。此宗的中心点在第八阿赖耶识，依所闻唯识之理，观唯识相三能变之第一能变阿赖耶识，“从阿赖耶识上建立染依他起，遣二执，净二障，至究竟位转为庵摩罗识以建立清净依他起，是为此宗之主点”②。此宗重在“转依”，依据依他起阿赖耶识上的转染成净，而实现阿赖耶识到庵摩罗识的质变。

律宗，即南山宗，“从一切种识直向密严实佛”。此宗吸收唯识宗教理，而重在阿赖耶识的因位一切种识，因意识的净信，结合前五识的综合作用，而接受得到佛智所证之清净法界所等流出的戒法，起清净行，直趋清净佛果。此宗纯为宗教实践的法门，所说大乘戒法，本为地上菩萨所说，为地上菩萨所能行，地前菩萨都只能随分修学。

禅宗，应名为佛心宗，必须先具有三慧三学，于佛法中修学已有成就者，“由第六参究为增上缘击发一切种识中行佛性之种子……使本净种（行佛性）发生现行，根本正智现前正是明行佛性，心明而见到一真法界的理佛性”③。这是将心即是佛性心的一面全部肯定，即所谓“直下承当”；“心”的另一面，当体根本推翻而否决，即所谓“打破无明壳”。以行佛性的现行而如实见

① 《大乘宗地图释》，《全书》第5册，第418页。
② 同上，第422页。
③ 同上，第431页。

到本来的理佛性，如如不二，便是禅宗极为独特的“明心见性，见性成佛”的要旨。

天台宗，其出发点是一真法界，从一真法界倒转到异熟报主，由异熟报主再转进至一真法界。即以惟佛与佛才能穷尽的、不可言宣的一真法界（又名佛智所观境，或三谛境，或两重三谛境）为所观境，依此境界而起能观，“不须遣我法执，只要此观成就时即证一真法界……由闻生佛不二之境而起能观智而证佛果一真法界”①。其基本程序是，众生本来具足此两重三千之理体，为理即佛；由六识听闻此教而解此理，成名字即佛；依此名字所解理性，修观行而得相应，则成观行即佛；观境深入，现身成就佛果相似功德，即为相似即佛；再进而证得真如法身，是名分证即佛；分分圆满法身，至于成就大圆觉，证得一真法界是为法身佛，亦即为究竟即佛。

华严宗，其出发点是庵摩罗识，以之与阿赖耶识复合为一，连成总一切法之心，通摄有漏无漏诸法，“依此阿赖耶与庵摩罗融合为一之根本心，即为贤首宗宗本之所在。故在众生心阿赖耶底下即是佛心庵摩罗，佛心庵摩罗上亦即是众生心阿赖耶，此心自他一体融通，本无差异，故云‘众生本来是佛’……由此染净不二之第八识，明自他生佛等皆无差别，是为贤首宗之一真法界”②，众生阿赖耶识与佛果庵摩罗识，从众生的角度看是因该果海，从佛的角度看是果彻因源，生佛相藏。虽然一切众生本来具有如来智慧德相，但因妄想执著故不能证得，所以必须破除之，以求契证如来智德，即由庵摩罗识与阿赖耶识不二之一真法

① 《大乘宗地图释》，《全书》第5册，第438页。

② 同上，第439页。

界，历经四重法界，观至庵摩罗识事事无碍法界。具体程序，为由佛果功德而起众生信心，众生心领佛境及庵摩罗所现而成信心，从十信起三慧三学，经十住、十行、十回向、四加行，修二空般若而破二执，到十地总修或别修，到十地菩萨圆满境界，成就佛陀之圆满果海，究竟成就庵摩罗识。

真言宗，即密宗，此宗“以密严实佛为出发点，一真法界为佛境，庵摩罗为佛心，密严实佛为佛身”①，无论凡夫还是圣者，都是密严实佛“大日如来”的全体，一切众生的一切种识中有无漏种子。胎藏界重在此本有不新生的一切无漏种，渐渐增加积累圆满而成大日如来；金刚界则重在众生与密严实佛六大无碍的六大缘起，以六大为体为缘起而平等平等的四曼荼罗，以及众生与密严实佛交加相持的三业相应。密宗的修行，即是由行者的有漏五六七识和变化佛或他受用佛的无漏五六七识交加相持，进而在行者身上现起佛果的无漏净用，即以大日如来之悲智融化行者的一切障碍，使行者也成为大日如来。

净土宗，“以土与心合而成一”为宗本，重在阐明佛土的依正庄严，而含摄正报从属于依报，所以只详述净土之依报庄严。众生修行以“是心是佛，是心作佛”为原理而得往生佛土成佛之果。“是心是佛”，即将佛的身土功德庄严含摄在即心自性的法身佛，此法身佛于佛众生皆平等无高下；“是心作佛”，即众生由六识等明了生佛心性不二之理，生起对净土的决定信心，发愿往生佛土，由愿而起行，从而感得化佛接引得生净土，一生得证佛果。

---

① 《大乘宗地图释》，《全书》第5册，第444页。

综上所述，我们可以发现太虚大师对此八宗的分析是紧紧围绕心、佛、众生而展开的，其分析极为简捷，直透心髓！三论宗，众生依六识心的观行，而至佛之体性（一真法界）；唯识宗，众生由阿赖耶识心渐转，而至佛之净心（庵摩罗识）；律宗，众生由阿赖耶识心之因相一切种识心，直至佛果之自受用身（密严实佛）；禅宗，众生由六识心参悟打破无明壳，而直至佛之体性。这四宗，大师归纳为四单门，只是单观单往。天台宗，依佛之体性开示众生佛之知见（两重三千境），众生观此佛之知见至于佛之体性；华严宗，依佛之净心与众生心和合为一，引发众生信心而起行，终至于证得不二之佛果净心；真言宗，依佛之自受用身与众生一切种识心和合为一，众生从一切种识心出发，与佛交加相持而破障显德，即成佛之自受用身。净土宗，佛之身心含摄于佛之国土，众生依靠决定信心求生佛土而起行，得佛愿力摄持而得生佛土一生成佛。这四宗，大师归纳为四复门，为复观复往。

大师在《略说贤首义》一文中以极其简练透彻的文字，将八宗对于心、佛、众生的阐述，做了一个概括：

以佛心（或曰真心、或曰净识、或曰真界）融摄众生法而大明佛心者，固推贤首为胜。以其众生心（或曰赖耶、或曰异熟、或曰陀那）融摄佛法而大明众生心者，又推唯识为胜。由是例推及之，则禅宗者，明无佛无众生，众生与佛皆心者也。密宗者也，明无心无众生，众生与心皆佛者也。天台宗者，明即佛即众生，众生与佛即心者也。净土宗者，明唯佛唯众生，心只佛与众生者也。三论宗者，明非心非佛非众生，而照达一心者也。律宗者，明即心即佛即众生，而净治众生者也。盖心与佛及众生为一事之三方面，方面虽三而实事一，故无差别。[①]

以心、佛、众生为基点，将八宗统一起来，既区分之以体现各自不同的立义角度和义理特点，又和合之以体现各宗共同的基础——一切不离此心、此佛、此众生。

（三）八宗的平等

大师将八宗归纳为相夺互成一门：相夺指每宗皆可以根据自宗之宗点而判摄其余各宗，批判和统摄一切，使他宗成为自宗之一分，自宗外别无佛法；互成门指每宗之成立，都以他宗为其所破所摄而得成立，而得丰富，若无他宗，自宗也无可成立。这种归纳明显地体现了大乘八宗特殊而平等的特色。从特殊门看，大乘八宗“在大乘教理上取其一部分为所宗，各站在其自宗地位上以发挥其偏胜之玄诠，显其特殊之理境”[②]。从平等门看，大乘八宗“无一不从同一原则上，引共同依据的教理去说明去发挥”[③]。二者结合起来看，则“殊胜不离平等，平等不离殊胜”[④]。大师曾明确地说：“某十年来所持论旨，在并宏大乘各宗，以通达其平等而标显其殊胜，平等达则障蔽除，殊胜显则信行起，义若相反，事固相成，言之间有抑扬，亦明其短长互见，无可高下而已。”[⑤] 强调八宗的平等、殊胜的互不能离，有着自觉的目的：八宗并弘。

太虚大师特别强调八宗的平等，其依据可以概括为以下几个

---

① 《略说贤首义》，《全书》第16册，第342页。
② 《大乘位与大乘各宗》，《全书》第5册，第328页。
③ 同上。
④ 同上，第341页。
⑤ 《答某师书》，《全书》第29册，第44页。

方面。

第一，八宗在教理上根本是一致的。首先，八宗的理论起点和终点完全一致。“无不以净佛国土为本修行，万善同归；无不以密严果海为因地心，三业相应。”① 以果海为因心，即以听闻佛果心境所等流的教法而发心起行；以因行向果地，即以不同的具体修行实践方法而趋向相同的佛果境界。其次，从各宗的究竟教理来看，大乘八宗都能通至圆教，所谈的究竟教理实际上是一个，“如台宗谓之一心三观，贤宗谓之一真法界，相宗谓之胜义唯识，禅宗谓之向上一着，未始少异也……南山宗曰圆教戒体，嘉祥宗曰无得正观，开元宗曰本不生菩提心，庐山宗曰是心是佛、是心作佛，则亦一而已矣”，八宗都有其彻底、究竟的见地。最后，大乘八宗与三宗彼此之间往往相互贯通，难以有划然的分界，“禅宗直证圆觉，兼用空慧；律宗教遵唯识，亦兼天台；而天台、贤首、净土、真言，宗在法界圆满，各标其胜。而此性相与法界三宗，又统属佛教之大乘法”②。义理的贯通，使得八宗形成了一种内在的联系，彼此错综复杂，共同构成有机的大乘整体。

第二，八宗在修行实践上，都具备戒、定、慧三学，都能彻法源底、究竟菩提。学人遵循某一宗而一门深入，皆可达到最终目的而成佛。大师认为天台宗、华严宗将佛教分判为四教五教，甚是不妥，而只应该把佛教分判为小乘、大乘，其中不同宗派皆可侧重在修行的某一具体阶段、位次：“未登地菩萨可看成通教、始教，七地前菩萨可看成别教、终教，八地菩萨可看成顿教，八

① 《佛教各宗派源流》，《全书》第2册，第268页。

② 《佛法大系》，《全书》第1册，第282页。

地以上菩萨可看成圆教，其实只一大乘教法。"[①] 这样，就从纵向的角度把八宗组织成了一个完整的修行程序。

第三，从历史上看，执八宗不平等，往往造成了宗派的衰落、经典的隐没乃至佛教整体的衰败。不同宗派的祖师往往高扬自宗而贬抑他宗，其实仅仅是一种度生的方便法门，无非是顺应众生的我慢等情执，"令学者死尽偷心，以起行趣证等"[②]。而学人却往往将祖师言语执实、执死，不断增强我慢等情执，"尊崇自己门庭，以为我宗为大乘上特殊之一乘或佛乘或最上乘，而抑他宗为三乘中普通大乘"[③]。大师在《论中国佛教史》一文中考查了中国佛教发展的脉络，说："最初的佛本论（法界圆觉系），不但重行，而且能宗经博教，教证本末都很圆满健全。后来的禅净，承这个重行之绪，走到极端，专重要行而舍去了经律，孤陋寡闻而致佛教衰落。"[④] 禅宗、净土偏于"行门"，隐没了义学，从而导致佛教的总体衰落。

第四，从现实层面来看，当时国势衰颓，人们普遍失去了民族文化的自信心。汉地佛教也衰朽已极，在外来文化的冲击之下，佛教徒也纷纷向外探寻，东密和藏密因而盛行一时。密宗分佛教为"显"、"密"二教，"自称为果乘，余俱为因乘"，以此睥睨汉地大乘诸宗，横兴是非之争，大有裂佛教为二、全盘否定汉地佛教的趋势。太虚大师对此明确说道："彼等所执者，仅大乘全体中之一部分耳……因乘果乘皆通因果。此是因乘，因之所向

① 《听讲五教仪拾零》，《全书》第16册，第358页。
② 《佛教各宗派源流》，《全书》第2册，第267页。
③ 《大乘位与大乘各宗》，《全书》第5册，第341页。
④ 《论中国佛教史》，《全书》第2册，第289页。

为果；彼是果乘，果之所由为因；故因果互通，平等平等！”①而要复兴中国佛教，仍然应该回到传统佛教的三系八宗，“继承佛本论的主动流，力戒孤陋的弊病，直探佛经，博搜教理，精简以取其要，见之实行”②，把修行实践导源于佛经之教理，精简教理而指导修行实践，“教门”、“理门”和“行门”、“果门”配合，佛教才能完整，才可能从佛教自身上准备复兴的条件。

这种高屋建瓴、眉目清楚的分析，是太虚大师总持大乘佛法之智慧的具体应用。大师根据自身的宗教经验，对八宗的核心之教理和实践之关键进行了具体的分析，认为不同的宗派无不是以其创宗者的“所得自证”为前提，而这种“所得自证”的深浅、高低，又是围绕着共同的佛典教法，为了一个共同的终极目的，而在不同层面具体展开的。太虚大师就是这样站在一个当时无人可以企及的高度，以其广阔的视野、深度的智慧、精练的概括，将大乘八宗束在一起，形成了一个圆融、统一的整体。

四 小 结

太虚大师对大乘佛教诸宗的判摄中，三唯论是着眼于哲学的角度，试图将大乘佛教中哲学的内容予以阐发，从而解决一些最根本、最重要的哲学问题，其概况、分判、分析，是梗概性、轮廓性的。对于大乘三宗和八宗的判摄，显然要细致得多，而这种细致的分析，主要是依据唯识学的理论。

如前文所述，太虚大师第三次悟境是与唯识学理论相应的，

① 《大乘位与大乘各宗》，《全书》第5册，第341页。
② 《论中国佛教史》，《全书》第2册，第289页。

与前两次悟境相比，此次悟境更加深入、透彻，其特点在于“真不离俗，俗皆彻真”，显然与后得无分别智相应。这次悟境对大师的影响是很深刻的，具体表现在判教思想上就把法相唯识、法性空慧、法界圆觉并列为三，这种“从佛法根本义理上融汇一切教理的判教体系，摆脱了历史上一切判教体系的宗派色彩，严格地说，这只是对不同主题的经论的划分，很难把它视为宗派的划分”①。同时，我们还应注意到，太虚大师如此判摄大乘是根据唯识学大师无著、窥基的思想，也就是说，早期唯识学大师的判教思想深刻地影响了太虚大师。陈兵教授说：“太虚大师他早年精研唯识，颇有心得。虽然统观全体佛学，融会贯通，主张八宗平等，不专承某宗某派，但从应机弘法的角度，特别强调法相唯识学的重要性……太虚对佛教义学的讲述，明显侧重唯识。”②

太虚大师侧重依据唯识学而对大乘诸宗予以判摄，特别注重了从心的角度进行阐述，显得非常清晰、明白，各宗的特点、差异、针对性等让人一目了然、颇觉酣畅淋漓。大师根据唯识学教理和自身修行的经验，对各宗创宗者的智慧境界、各宗所相应的根机等都有明晰的判定，一方面使佛教学人能对各宗的特色有比较确切的认识，同时根据自身的具体情况有比较得当的选择，另一方面又从各个不同的层面，将各宗组合成了一个完整的佛教全体，使其在差别的层面更具针对性、操作性，又在平等的层面更具圆融性、全体性。

大师所依据的唯识学虽然有其清晰、明了的特性，但是也有

① 李广良《心识的力量——太虚唯识学思想研究》，第 77 页，华东师范大学出版社，2004 年版。

② 陈兵《法相唯识学复兴的回顾》，《法音》，1997 年第 5 期，第 11 页。

其局限性。唯识学对心性的理论侧重在众生的妄心，对描述圣者的清净心并不擅长，因此用来解释如来藏学，其有效性难免受到怀疑。例如，大师认为禅宗针对的根机是第七信菩萨，或曾修习大乘法已发菩提心而退失者等，显然很难得到禅宗学人的认同。《坛经》说："若识自性，一悟即至佛地。"又说："前念迷即凡夫，后念悟即佛。"否认一切阶级功勋，并不承认学人悟前乃至悟后的等级阶次。还有，大师认为华严宗针对的根机是十地菩萨，而其创宗者华严初祖及其后继者们，都是地前菩萨，尚未登地，那么他们除了依据《华严经》中佛陀的圆满见地外，他们自己的宗教实践能否够得上成为修学华严宗的根机呢？同样，大师认为密宗针对的根机也是十地菩萨，然而大师又认为密宗的"即身成佛"大多是"相似即"佛，格鲁派"宗喀巴大师所最崇之阿底峡尊者，密部判位，亦只顺抉择分忍位菩萨"①，"宗喀巴命达赖、班禅之转世西藏，亦在护教，恰同十信位中所修护法心也"②，既然密宗祖师尚且远未登地，更遑论其他一般学人。由此可见，大师根据唯识学对各宗创宗者智慧、各宗针对的根机的判定，无意中大大局限了各宗的针对性，甚至将一些宗派的现实针对性悬空，这大概是各宗都不能接受的。同时，大师的这种判定，无意之中也给各宗的学人做了高低判定，对于随言成执的众生来说，无疑会成为争讼的因缘，从实践上可能造成佛教各宗的裂痕。

---

① 《阅〈餐石日记〉》，《全书》第28册，第160页。

② 《阅〈藏密或问〉》，《全书》第28册，第156—157页。

第二章　佛教义理的融贯

前文所述，为太虚大师以总持智将佛教诸系、诸宗判摄为一体；此外，太虚大师的总持智，更体现在将整体佛教的教理，以及各系统、各宗派的教理融贯为一体：别其异而知其同，存其偏而握其全，引其浅而致其深，就其卑而达其顶。在太虚大师总持智的观照下，佛教教理的呈现，便成了高低参差不齐、轩邈互势争上而又彼此圆融贯通的一个整体。

第一节　基本教理的融贯

一　缘起义理的融贯

缘起，亦译为“缘生”、“因缘生”、“缘集”，说的是一切事物的产生、存在、发展和灭亡都依赖各种条件，一切事物都无法离开具体的条件，即四《阿含经》中上百次宣说的“此有故彼有，此生故彼生，此无故彼无，此灭故彼灭”。缘起义理是佛教最根本的义理，佛教义理的准横“三法印”、“一实相印”、“佛陀心印”无不以此为基础，所以佛说“诸法因缘生，我说是因缘，因缘尽故灭，我作如是说”之一偈义，“名佛法身……若有众生解了如是因缘之义，当知是人即为见佛”①。又说：“若人见一切法从众缘生，是人即能见佛法身，增益智慧，能见四圣谛苦集灭道。”② 由此可见，在大、小乘佛教中，缘起义理都被视为佛的法身，见此义理即为见佛法身，了此义理即能总握佛教各种理论的基点。

《本事经》、说一切有部等诸论、大乘诸宗，都说一切有为法的生起，必需因缘、所缘缘、等无间缘、增上缘四种缘，即所谓“四缘生诸法”。

从四缘生诸法的基本立场出发，华严宗祖师曾将大小乘诸家的缘起思想归纳为四种：业感缘起论、赖耶缘起论、如来藏缘起论、法界缘起论。近代日本学者在此基础之上，再加六大缘起。东密认为，前四种缘起是显教的思想，从因乘立论，浅显而不彻底；而六大缘起是密教的特殊思想，从果乘立论，深刻而且彻底。

太虚大师将缘起分为六种：六大缘起、业感缘起、空慧缘起、无明缘起、真心缘起、藏识缘起。并从四缘生诸法的基本立场出发，对六种缘起说进行来分类和分析。

唯识学的阿赖耶缘起，是为因缘缘起，也称一切种缘起，阿

---

① 《佛说造塔功德经》，《大正藏》第 16 册，第 801 页。

② 龙树《中论》卷四，《大正藏》第 30 册，第 34 页。

赖耶识中所储藏的“各各种子，亲办各各现行自体”[①]。这是各种缘起思想中唯一真正的因缘缘起。

如来藏学的真如缘起，是为所缘缘缘起。真如是无为无漏，不能产生诸法，也不能为诸法所生，却因为能为根本无分别智所缘，所以是应可知境。众生迷真如则为二种障与诸染法，悟真如则为二种无分别智与诸净法，由此所缘缘的角度成立真如缘起。

真如缘起，同时也可视为等无间缘起，因为菩萨登地之后，有漏、无漏法彼此无间生起，“有漏无间无漏生，无漏无间有漏生，世间无间出世生，出世无间世间生”[②]。此外，凡夫的心理状态，前一刹那心、心所是后一刹那心、心所的开辟引导的条件，同样是等无间缘缘起。

增上缘缘起，包含小乘盛说的十二因缘缘起，密宗（东密）的六大缘起，以及华严宗的法界缘起三种缘起。

六大缘起中，地、水、火、风四大并非色法的生因，而是色法的增上缘；空大以无碍的特性成就了色法的生灭变化，也是增上缘；识大与五大并列，是诸法的能了和能变，也是从增上缘的角度来说的。因此，六大缘起即为增上缘缘起。

十二因缘，无明为根本，但是“并非无明为亲因缘而产生于行，乃是以无明增上缘而资发行耳”[③]，而识缘名色，名色缘六入，六入缘触，乃至触缘受、爱、取、有、生、老、死，都是从增上缘的角度阐述的。

---

① 《大方广佛华严经入不思议解脱境界普贤行愿品讲录》，《全书》第 13 册，第 84 页。

② 弥勒《瑜伽师地论》卷五十一，《大正藏》第 30 册，第 579 页。

③ 《大方广佛华严经入不思议解脱境界普贤行愿品讲录》，《全书》第 13 册，第 86 页。

法界缘起，又称“无尽缘起”，有“尽一切法之量界无不为能起缘”，而在四缘中，增上缘所摄最广，从现行的层面来说，法界缘起恰好与增上缘缘起义相当。如果从现行、种子、体性、相状的角度来说，那么法界缘起就总摄四种缘起了。

太虚大师的这种分类，依据的是不同缘起思想对四缘侧重的不同，其中富于创造性的要数所缘缘缘起和等无间缘缘起二种。这两种缘起对于大师所认定的菩萨心境来说，是极为重要的理论支持，尤其是等无间缘缘起，可以说是大师维护《起信论》的臂膀。

在太虚大师看来，六种缘起思想，还可以以八种心识之缘起而融贯之。

由第六意识和第七末那识不知缘起无我的真实，即为无明，“执内实我，执外实物”[①]，产生种种善恶业行，心识被拘牵而流转生死，这就是“十二因缘缘起”。从起业感果的角度看，又称“业感缘起”；从其根源为无明的角度看，即为“无明缘起”。

要择灭无明而出流转生死，则必须以洞达身等缘生无我的人我空和法我空的智慧，明了择灭无明等烦恼业苦，进而生起清净的业行果报，这就是“空慧缘起”。

而空慧所缘的是真如，不了真如性就是“无明”，了达真如性就是“空慧”；了与不了，所缘皆是真如，由此前后对真如的或迷或悟，无漏、有漏无间而生，即为“真如缘起”；或“法性缘起”——这是从根本无分别智所缘的角度说；又可称为“如来藏缘起”——这是从后得无分别智所缘的变相真如的角度说。

① 《真现实论宗依论》，《全书》第21册，第31页。

以上缘起，可总称为“意识缘起”，包含了“第六意识”（意之识）和“第七末那识”（意即识）。

由第八识在凡夫及菩萨位，因第八识中所藏的染净种子而起现行，现行而熏种子，此即“藏识缘起”，可通于佛位之外的九法界，这主要是唯识学所明。由第八识的清净状态即无漏庵摩罗识，即大圆镜智相应心品、海印三昧相应心品，而现行一切法，此一切法莫非佛法，即是“真心缘起”，或“法界缘起”，或“称性缘起”，这只是佛法界所明。对比而言，“真心缘起”是佛自证的境界，而“藏识缘起”是佛宣说自己境界以使他人得悟。这两种缘起，都是“从一切种子亲因缘，以明其缘起者”①。

对于这六种缘起思想的深浅、权实，太虚大师认为，从胜义谛的角度来说，四缘生诸法，本来没有能缘、所缘的分别，能、所的相对性，在胜义谛层面本来就不能成立，所以，六种缘起思想本来就无法成立，自然也就无从谈及深浅、权实之别。但是，从世俗谛的角度来说，从“发行得果”的立场出发，就有各种不同缘起思想的成立，而且也就有浅深权实的区别。华严宗将本宗所谈法界缘起列在其他三种缘起思想之上，认为只有法界缘起为彻底；而日本真言宗之东密派，又将自派所立的六大缘起列在其他四种缘起之上。他们对于缘起思想深浅、权实的分判，可列表如下：②

① 《真现实论宗依论》，《全书》第21册，第94页。
② 同上，86页。

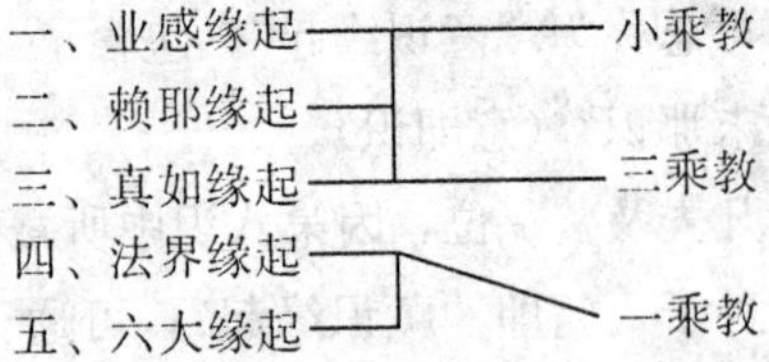

对这种判定，太虚大师的观点是："虽亦不无片面之理，按其实则不能尽然"①。

大师认为，东密高推第一的六大缘起，实际上只是一种心物二元论思想：

> 盖六大者，乃依坚、湿、暖、动、无碍、了知之六性，所立地、水、火、风、空、识之六相。前四色法，后一心法，第五则由非"色有质"非"心能虑"之非二法，从非色以反显出者。色非色为五，而心总为一，是为六大，指此六大为情与无情为缘能起之根本，只是心物二元论耳。此心物二元论，实为凡情外道共易知者。②

大师认为，这种思想与古希腊的哲学思想和古印度的胜论派思想，本质上没有什么区别，只是在构成宇宙的基本元素上开合有所不同而已。其思想源于对自然界的感官观察和思考，从有形的具体事物，推理而认识其各自的不同特性，以此特性作为世界的起源。因此，可以说，六大缘起，在所认识的现象层面也好，能认识的观察者层面也好，都是最浅近的。

究实而言，为东密弘法大师所特别提倡的六大缘起说，与古希腊、古印度胜论派思想，还是有其本质区别的。六大缘起说分

---

① 《真现实论宗依论》，《全书》第21册，第86页。
② 同上，第87页。

为法然缘起和随缘缘起两个层面，随缘六大即众生之烦恼业，假托于法然六大，在单论六大的时候，专指法然六大而非随缘六大。东密以法然六大为能生，统摄一切万有的四曼三密为所生，而这种能生所生的关系，并非如母生子的事实关系，“虽称为六大缘起，并不以诸法万有，自六大缘起而来，盖缘起当体之如实，即有六大，六大之如实，即成诸法万有”[①]。六大、四曼、三密之间，是一种立体的体相用关系，六大为体大，四曼为相大，三密为用大，体相用三者为即一而三、即三而一的关系，其思想原则与天台“一心三观”略同。而古希腊哲学以水、无限（不定）、气、数、原子等为世界万物的实体[②]，其思路大体为“万物所由之而生的东西，万物消灭后复归于它”[③]，即万物都由此实体而出生，可例同于母生子的关系，与东密的六大缘起显然有本质的不同。而胜论派所说的地、水、火、风，按照吉藏《百论疏》卷三、《成实论》卷三等的解释，也是实体之义，是万物的物质性实体，其与万物的关系也是能生与所生的事实性关系。

而太虚大师将六大缘起看作是与古希腊、古印度胜论派哲学有着相同的本质，可能有一层故意压低东密的意思，这一点我们在后文专讲大师对显密关系的处理的时候会涉及，故此不赘。

比六大缘起深一层的，大师认为当属业感缘起，因为已能在心物二元的基础上，在心的一面，以行蕴中的一部分作为能缘起，以身心五蕴作为所缘起，从众生的心灵层面来思考众生的生死流转，虽然仍不脱心物二元的窠臼，但显然比六大缘起要稍显

① （日）神林隆净《密宗要旨》，38页，中华书局，1939年版。
② 参见（美）梯利《西方哲学史》，第12—39页，商务印书馆，1995年版。
③ （英）罗素《西方哲学史》上册，第52页，商务印书馆，1981年版。

深细。

实际上，严格来说，六大缘起和业感缘起都遵循着佛教最根本的义理“缘起性空”，可表述为“此有故彼有，此无故彼无”，否定实体的存在，不管这种实体是心或物的一元性实体，还是心和物的二元性实体。因此，不能把六大缘起和业感缘起看成是二元论，就如同不能将藏识缘起看成是一元论一样。而太虚大师视六大缘起和业感缘起为二元论，其原因可能在于欲契合哲学的视角，同时也更贴切地赋予佛教以哲学的色彩。

至于空慧缘起、无明缘起，则更从身心五蕴中提取最深的识蕴中最强有力的意识心、心所的一部分，作为能缘起，则更为深细。而真心缘起和藏识缘起，则从识蕴中的第八识来进行分析，则到达最为深细的程度。

华严宗高推第一的法界缘起，以真心、法界为万法之因，“虽如证而显，说亦未了”①，没能把真心与万法之间的因果关系说明白。

只有藏识缘起，一方面破除了六大缘起、业感缘起、真如缘起、无明缘起以六大、诸业、真如、无明为因的过谬，另一方面避免了法界缘起的囫囵不清的缺点，而能彻体明了，所以最为高妙。

以图表表示如下。

一、以所知所得法判浅深之程序②：

① 《真现实论宗依论》，《全书》第21册，第97页。
② 同上，第87页。

前五属色
六大缘起
后一属心
——色心——五蕴
能感是行蕴心
业感缘起
所感通于心色

二空所显真
空智缘起
如证智相应
——意识——第六识/第七识
无明相应执
无明缘起
二分为我法

庵摩罗清净法
真心缘起
界之如来本体
——第八识——阿赖耶识——一切种识
阿赖耶真异熟
藏识缘起
识之众生本体

这六种缘起思想，从顿、渐的角度来分析的话，那么心物二元缘起中，六大缘起因为是同时因果，是顿，是浅；业感缘起因为是异时因果，是渐，是深。意识缘起中，空慧缘起因为悟我法本空之理须顿悟，是顿，是主；无明缘起因为清除习气须从事上渐除，是渐，是伴。八识缘起中，真心缘起因为佛观众生以及众生观自性，都须顿观众生齐于诸佛，是顿，是始；藏识缘起因为众生观众生，虽然具备如来种姓而须渐修方成佛道，是渐，是终。

二、以能知人判浅深之程序：

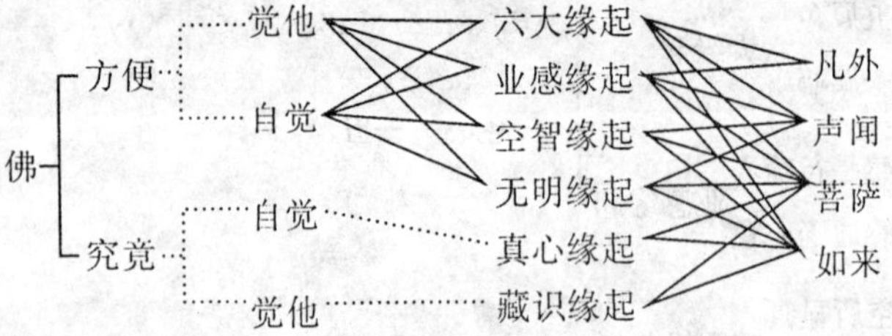

方便是诸佛菩萨度化众生的方法和技巧，体现的是缘起思想的层次性，以适应、满足各种根性众生的需求为第一义；能知之人，即为当机之众生。究竟是诸佛自证真实的境界，体现的是缘起思想的彻底性，以根究万法的本来面目至于圆满的境地为第一义；能知之人，即为觉悟之诸佛菩萨。

三、以能得人判浅深之程度①：

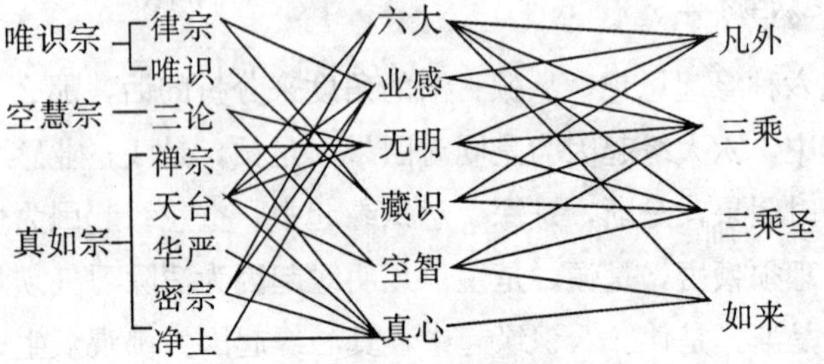

大乘三系和八宗，归根结底是以缘起思想为其理论根基，而所明则各有侧重，根据侧重的不同，故有其不同的思想针对性。作为度化众生的教法体系，三系、八宗，无疑可以根据其思想的侧重、理论的层次，组织而为一缘起的体系。

综观大师对诸种缘起思想的论述，我们可有以下发现。

① 《真现实论宗依论》，《全书》第21册，第87—88页。

第一，对各种缘起思想，大师拈出“因”、“缘”二字，以之为剖析的脉络。六大、业感、空慧、无明四种缘起，分属增上缘、所缘缘、等无间缘，只是“缘”而非因，故不能透彻缘起思想的宗旨；真心、藏识二种缘起，追索的是诸法之因，是真因缘，故与前四种在角度和深度上皆有所不同。六种缘起思想，各各不同，而终究归结于亲因疏缘，大师以“因”“缘”二字，提纲挈领，不仅将六种缘起思想进行分类梳理和深浅区分，而且将大乘三系八宗，都以此而组织为缘起的系统，不仅可见脉络之清楚明白，而且尤显立论之高屋建瓴。

第二，对各种缘起思想，大师抓住“自”、“他”二端，以之为分判的标准。佛陀的教法，不出“自证”和“化他”的两端，“自证”是起点也是终点，是教法的起点，是证法的终点；“化他”是终点也是起点，是教法的终点，也是证法的起点。

以自证而言，真心缘起和藏识缘起，最为彻底，非佛不能知。而二者之中，以所证之境分判，则真心缘起为高；以证入之次第分判，则藏识超过自觉之行的真心缘起而达到觉他之行的终极；以能证之智体分判，则二者平等。此二种缘起之外，空慧、无明二种缘起，初地菩萨可证得；业感缘起，小乘可知；六大缘起，则更是世间凡外皆知，最为浅显。

以化他而言，业感缘起、六大缘起最为有力，其中业感缘起虽然侧重在小乘，实际上贯穿大乘密、净、律三宗；而六大缘起更是诸佛“殊胜之利他方便”，“摄法界缘起，而以地、水、火、风、空、识最浅之六大缘起上证之”①。其次，真如、无明缘起，

① 《太虚大师法师语集》，《全书》第30册，第273页。

可为凡夫破除我执直证无生的方便，可收现实证取的效果。最后，则是藏识缘起和真心缘起，一则可从教理上予众生以引导，一则只能令众生生起对于诸佛境界的向上仰信之心而已。

第三，对各种缘起思想，大师着眼“心”之一脉，以之为贯通的线索。“心”，有着种种的层次，从意识，经末那识，到阿赖耶识乃至真心，隐显浅深，彼此不同。六大、业感二种缘起，立足于心物二元，一则侧重万法的构成、宇宙的起源，一则侧重能感所感而缘起的生死流转现象。动静纵横，略有不同，但是都不出主客二元对立的框架，如果从哲学层面上来看，也不是那么高明。空慧、无明二种缘起，侧重在意识（意之识和意即识二种），一为能治，一为所治；一为从凡入圣的关键，一为圣所对治的凡情；一则在意识（意之识）相应的智慧，一则在意识和末那识（意即识）所相应的无明、我执；然而皆不出意识的范围。藏识、真心二种缘起，则最为深入，前者着眼于第八阿赖耶识，后者着眼于阿赖耶识的体性阿摩罗识（也有将阿摩罗识立为第九识的）；前者着眼于万法生起的亲因——种子所寄托的仓库识，或者万法的依因，后者着眼于万法之依因的体性；体用似二，实则不二，达到了“心”的最深程度。

在此基础上，大师将藏识缘起的地位抬高到前所未有的高度，其根本原因，大致有三点：一、藏识缘起是真正从因缘的角度进行阐发的，与其他假名因缘的缘起有着本质的不同；二、藏识缘起，比起心物二元层面的缘起和意识层面的缘起来说，进到心的最深层次而观察缘起，所以最为深细；三、藏识缘起，比起真心缘起来说，理论更为细致而透彻。这是大师的创见，而这种创见，又正是建立在洞察“心”的缘起之种种差别上的。

此外，大师将藏识缘起推为最高，显然还跟他自己的宗教经验有关，他的第三次悟境，是在第一、第二次悟境的基础上的更进一步深入。第一次悟境，侧重在对缘起性空的体悟，与“无明缘起”、“空慧缘起”相应；第二次悟境，侧重对如来藏、真心的体悟，与“真如缘起”、“法界缘起”相应；第三次悟境，侧重对唯识性相的体悟，“现观唯识的因果相”，与“藏识缘起”相应。大师在第三次悟境中，如前文所述，“真觉无量情器、尘根识法，皆别别彻见始终条理，精微严密，森然秩然，有万非昔悟的空灵幻化，及从不觉而觉心渐现身器堪及者”，便明白地阐明了此次悟境非两次“昔悟”所能及的。大师根据自己的宗教经验判定唯识缘起的彻底性，这显然不同于一般佛学者的结论。

综上所述，以“因”、“缘”，“自”、“他”，“心”为线索，从不同角度分析缘起思想，正是体现了太虚大师的总持之智。

二　自性义理的融贯

自性，是佛教最为重大、核心的问题。前文所言的缘起论的结论是性空，即缘起而性空。性空即是对自性的否定，万法皆无自性即是“空”；空的义理，贯穿佛教声闻、缘觉、菩萨三乘。佛教的“三法印”和“一实相印”，乃至禅宗的“心印”，无不以对自性的否定为根本，无不以“空”为宗旨。有近人依据缘起性空的义理而批判如来藏学，认为如来藏学承认了自性的存在，与佛教根本义理相悖。这种批判本身尽管不一定正确，但至少反映了自性的问题是区分佛教与其他思想学说的分水岭。

太虚大师对于自性的问题，有着非常系统的论述，不仅勾勒出了贯穿大小诸乘诸宗的一条关键的线索，而且对于一些重大的理论问题：缘起性空的义理与如来藏学是否矛盾、众生的佛性之有无都予以了回答。

大师在《性释》一文中将佛教以及世间思想学说所言的自性分为十种。一、“诸法离言自性”，即非安立谛；二、诸法空理以为性，为三论宗所阐发；三、诸法不增益不损减之如实相以为性，为唯识宗所阐发，包含唯识三自性。四、心、心所之自性以为性，即作为生命体的觉知之性。五、各各有情之自体以为性，即第八阿赖耶识。六、诸现行法亲能生之种子因以为性，即一切有为法的因种。七、亲能生起无漏佛智之无漏种以为性，专指有为无漏法的因种。八、异生之分别二执所具生之二障种子以为性，即凡夫性的因种，是佛法所应断除的对象。九、诸法相似不相似之差别分位以为性，即通常所说的同类性，在人而言即是儒家所说的人性。十、所谬计妄执之一个实在质体以为性，即人我、法我二种执著所执之人我、法我的实体，是佛教诸乘诸宗共同破除的妄执。

大师认为，从严格的意义上来说，自性应有三义：本现成义、不变坏义、遍一切义[①]。按照这一定义进行衡量，十种自性中，只有第一、第二种才是真正的自性，唯识学所说的唯识性即是指此，其余则是唯识学所说的唯识相而已，谈不上是自性。

其中，第十种自性，大师又称之为“各独定实”性，即“诸法各自独立固定不变的实在性”，古印度数论师所说的神我、胜论师所说的我等九法、基督教所说的上帝、道教所说的道、宋明

① 《性释》，《全书》第1册，第306页。

儒学所说的理和心等等，都属于这种自性。这种自性“决不是因缘和合生灭相续的，它与佛法的缘起真理，正站在不相容的对立地位”，所以为佛教诸乘诸宗所共同破除，“因为佛法普遍否认这种自性，所以都说空‘无自性’”①。而对于自性的阐述，在通达了诸法的离言自性的圣者来说，无非是种种的方便施设，度化众生的需要；在未悟一切缘生皆如幻的凡夫来说，所言自性无非遍计所执的人我、法我。

通过大师的分析，我们不难发现，作为佛教基本原理的缘起性空，并非否定一切的自性，而只是否定遍计所执的人我、法我二执，而对于离言自性、诸法空理、圆成实性、依他起性并未否定——因为这些离言自性，都是以“空”为基本特性的，与“缘起”义理完全一致。因此，如来藏学所安立的如来藏、佛性等，在佛法正理上就有成立的空间。

太虚大师在《诸法有无自性问题》一文中，在否定“各独定实”性的基础之上，进一步勾勒了佛教小乘直至大乘圆教所各自安立的种种“自性”。

小乘部派佛教中，说一切有部所主张的“有为恒实”性，认为诸法皆因缘所生，而诸法由种种基本的、单纯的原素所组成；这种种的原素，在过去、现在、未来都有其实体。尽管有部承认恒常存在的原素实体，“虽是恒续实存的，但还是因缘和合生灭的有为法，与外道所计执的各独定实自性，迥然不同”②。犊子部尽管在理论的某些方面与有部不同，但所说的我法实有的思想，与有部的“有为恒实”性大体一致。

① 《诸法有无自性问题》，《全书》第1册，第331页。
② 同上，第332页。

经量部等，主张“有为现实”性，认为有为法的实体性并非如有部一样，而是过去、未来无体，只有现在有体。至于现通假实论者，虽然认为法的实体性部分有彼此通局的不同，但是理论的根本仍然是一致的。

说出世部等所主张的无为胜义，即“无为真常”性，是遍通一切有为法的理性，或是遣除一切有为有漏所证的常住涅槃，是真而不妄、常而不变的理性。这种理性，虽然在理论上，有的部派如经量部并不承认，但是在观行实践上，却是被各部派所共同接受的。

说假部，在上述的小乘各种自性义的基础之上，认为一切法无论有为、无为，无非假名，都无自性。

大乘空宗，进一步认为诸法皆是缘起，故毕竟空，绝无自性。有为无为、世间出世间，彻底都是缘起的空无自性，同时都是空无自性的缘起。后期月称的应成派和清辨的自续派，在胜义谛上都主张没有自性；在世俗谛上各执一端，实际上，“月称所说的假名，与清辨说的实有，不过名词上的差别而已”[①]，说但是假名或说可有自性皆可。

大乘唯识宗，立三自性。其中遍计所执性，皆是名言所假立，离名言之外绝无自性，所以说它无自性。依他起性中的染污分，依据虚妄分别习气而生起，有其世间现量的自相，所以说它有自性；依他起性中的清净分，依据无漏因缘而生起，有其净智现量的自相，所以说它有自性。圆成实性，是净智所显的真理，表诠之则“无有差别相状”，为根本无分别智所证，所以说它

---

① 《诸法有无自性问题》，《全书》第1册，第336页。

“离言有无相性”。总之，唯识宗说遍计所执无自性，而依他起性离言有自相性，圆成实性离言有无相性，是依据离言有体无体而说的；如果武断地认为诸法皆是离言无自性，必然会否定染净因果的存在，陷入减损之执。

中国佛学的天台宗、华严宗、禅宗、净土宗等，主要是发展了印度的如来藏学，被太虚大师判为法界圆觉一系，主张的是“即有真空即空妙有”的圆中自性。这圆中自性，因为是净智远离妄执，所以是“空”；因为是净智所显胜义，所以是“有”。真空即妙有，妙有即真空。圆中自性，遍一切法，一一法即是法界全体，法法具足而统一切法性，一即一切，一切即一。

此圆中自性，是佛果境智上的事事无碍法界全体性，“在佛而佛，在人而人。所以通俗点说，不妨叫它做宇宙性；切近点说，也就是人生性；再切近说，就是当人自心性”[①]。既然当前的一念心，就是圆中自性，就是本来天真自在佛，所以成佛不必外求，当人即是，自心即是。从自心上去成佛，中国佛学有两个特点：“一、在理趣上，从即有真空即空妙有的圆中性，阐明一一法莫不是统一切法的‘法界全体性’，本来圆满，无欠无余……二、在行门上，从统一切法的现前一念心成为‘摄归自心性’，所以在用功修行时，都从现前一念心为着手处”[②]。

然而于自心求证圆中自性，容易陷入反求诸己、反本归真的模式，而忽视具体的大乘实践，所以大师强调说：“须一方面举扬中国佛法的特胜点，一方面为对治现行意言分别，无始虚妄习

---

① 《诸法有无自性问题》，《全书》第1册，第344页。

② 同上，第345页。

气，要修习种种教理行门的方便，方可以本末融贯，妙契圆中”①。只有一方面于自心求证圆中自性，另一方面针对现行意识的颠倒分别，和无始虚妄习气的种种障执，修习种种的方便解行，于具体大菩萨道实践层面，为实证圆中自性的道路，扫除中国佛学长期以来的一大误区、偏执。

净智所证的自性，在如来藏学中往往被表述为“一心”、“心”、“心性”、“法界”、“佛性”、“如来藏”等，因为在表面形式上与佛教诸乘诸宗所共同否定的“各独定实”性有近似处，所以被一些佛学者所质疑。

20世纪80年代由日本驹泽大学跨谷宪昭和松本史朗两位教授带头掀起的“批判佛教”风潮，其义理批判的部分主要集中在对“如来藏”思想的批判。其中，松本史朗的《缘起与空——如来藏思想批判》中共收录论文六篇，主要的观点是如来藏思想确立了一个单数的实体，作为复数“万法”的“基体”或“界”，而基体论或界论是释迦牟尼所批判的对象，是与缘起学说相违背的；当今的日本佛教或者说整个佛教，必须否定如来藏思想，才是真正的佛教。

日本“批判佛教”的风潮引起了北美学术界的关注。1993年召开的“美国宗教年会”中，特别举办了一场有关“批判佛教”的分组讨论会，1997年更出版了一本论文集《修剪菩提树——“批判佛教”的风暴》。文集中，高崎直道认为松本史朗所批判的“界论”中的“界”至少有两种含义：“领域”或“场所”和“原因”，而印度人最初的意思比较接近“原因”，即“法性”。

① 《诸法有无自性问题》，《全书》第1册，第345页。

他引用了立川武藏的观点论证说，“龙树认定缘起就是诸法的法性，而将其表现为空。龙树不使用作为因的‘法界’一词，因为他不想承认独立的‘法性’与现象本身的分离。在此意义上，龙树的立场可称为非界论，不过他既不否认缘起或虚空意义上的法性，也不否认涅槃为佛教修行的最终目的”①。这样，也就肯定了如来藏思想和缘起性空思想的相通，二者并无矛盾。另外，莎丽·B·金从文本诠释学角度指出，如来藏学所说的“佛性不是一个静态的实体……而是一个过程……它的功能才是可能的”②，由此可知，缘起与佛性思想之间并没有任何冲突。

2001年发表的台湾释恒清的《“批判佛教”驳议》一文，认为如来藏典籍中的“肯定概念”，是用来对治因误解空义而引生的虚无主义；而且如来藏特别着重它在解脱轮上肯定性的宗义，由此呈现其动力的特性，是积极的求证过程，而不是静止不变的一元实体③。

总而言之，“批判佛教”对于如来藏思想的质疑，归根结底落在对“自性”义的质疑上，即认为如来藏思想最终肯定了“自性”，违背了缘起性空的根本义理，所以不是佛教。结合太虚大师对“自性”义理的系统分析，我们就会发现，实际上“批判佛教”是立足于字面的理解，立足于“恶取空”的见地，而产生的对于如来藏思想的误解。“如果仅从字面上去解析，很容易得出‘批判佛教’的结论；但是，佛教空义思想一开始就体现了层层

---

① 高崎直道《界论思想与佛学研究的新近趋势》，龚隽等译《修剪菩提树——“批判佛教”的风暴》，第317页，上海古籍出版社，2004年版。

② 莎丽·B·金《佛性论是地道的佛教》，龚隽等译《修剪菩提树——“批判佛教”的风暴》，第176页。

③ 释恒清《“批判佛教”驳议》，台湾《哲学研究》第24期，2001年。

否定的逻辑，所以从般若空义去解释‘如来藏义’，则‘如来藏义’并非是‘基体论’（实体论），它只是一种‘虚说’”①。确实，如果没有弄明白缘起义和佛性义的究竟意蕴，而仅仅是从文字表面去看，那就会在浩瀚的佛典中钻得一头雾水，忍不住闭眼发出“佛教思想到处充满矛盾”② 的感慨，甚至还会以为佛教的缘起真空说把“自性”的宇宙本原从前门赶走，而佛性妙有说又把“自性”的救世主从后门给请了回来③。

中观学所主张的法性或空性，唯识学所主张的三无二有的种性，与如来藏学所主张的佛性，因为各自的理论立场有异，阐发的角度不同，所以对众生成佛的根据问题，长期以来有着非常激烈的争论。大乘三系对于佛性的争论，以唯识学与如来藏学之间的争论最为繁复，而太虚大师对其间的不同予以会通，融贯之而成立统一的佛性思想。

大师在《中国佛学》、《优婆塞戒经讲录》、《法华讲演录》、《大乘宗地图释》、《大乘法苑义林唯识章讲录》等文中，认为佛性可以从三个角度进行区分，或可分为三种。

从诸法之性的角度，即胜义胜义的角度，佛性指的是一真法界，每一众生皆具足此体性，甚而有情无情无不以此为体性，因此天台宗更据此立“无情有性”说。这种佛性称为理性佛性、理佛性，与三种如来藏中的空不空如来藏相应。

从诸法之相的清净分的角度，即世俗谛清净无漏种子生现行

① 唐忠毛《佛教本觉思想论争的现代性考察》，第 76 页，上海古籍出版社，2006 年版。

② 赖永海《中国佛性论》，第 11 页，中国青年出版社，1999 年版。

③ 同上，第 127 页。

的角度，佛性指阿赖耶识中所寄托的解脱生死趋向涅槃的无漏种子，由有漏善心、心所熏发出生无漏清净种子，至初地菩萨时部分现行，佛果地时现行圆满。这种无漏种子，定性声闻、定性缘觉、无种性者皆无，菩萨种性定有，不定种性容有，即所谓"三无二有"。这种佛性称为行性佛性、行佛性、事佛性，与三种如来藏中的不空如来藏相应。

从诸法之相的染污分的角度，即世俗谛染污种子生现行的角度，一切生死流转诸法，甚或心、心所能缘虑性等，无不是因缘所生，本来空寂无有实体，若能证达其本来空寂之法性，隐覆之法空即显现佛性；而隐覆之法本来空寂，所以可说隐覆之法即是佛性。这种佛性称为隐覆佛性、隐密佛性，与三种如来藏中的空如来藏相应。

大师所说的三种佛性中，理佛性、隐覆佛性（主要在理佛性），为一切众生所共同具有，是法性宗的理论。对此，唯识宗并不否认，《能显慧日中边论》即说："如以胜义真如性为佛性，则情与无情，皆有佛性。"但是，在此之外，唯识学依据护法义和本有义，更从种子生现行的现实层面，建立"五种性"说，则佛性为"三无二有"。于此，二宗之间形成了理论上的重大区别，长期以来争讼不已。

对于二宗的争讼，太虚大师认为，从理佛性上看，"因众生性与佛性本无二故，皆同一实相故"；从行佛性看，"行性则一切众生不必皆同，以一切众生相乃种种业行所成，业行既异则众生界应各自成差别，故佛性不必皆有"。二者角度不同，一则纯粹的理体，一则具体的事实，但都符合其本身的逻辑，所以大师认为“以上二义，各具一理，皆真实了义也”①。理佛性、行佛性，二者并列，是为横的角度。

进而，大师更从行佛性的种子生现行的角度，认为可立现实如是义和辗转增上义。

从现实如是义看，有众生具足无漏种子，有众生不具足无漏种子；若无无漏种子，则必然永远没有成佛的可能性。以此观察过去，则过去乃至过去之过去也无有无漏种子；以此观察未来，则未来乃至未来之未来必然无有无漏种子。

然而，如果依据种子新熏义，可立辗转增上义，即以诸佛的悲愿为增上缘，自他交互辗转为缘，现在虽无佛性，但因为有佛菩萨等善友的悲愿而辗转为缘，可新熏而顿起佛性，则仍然有一切众生都可成佛的结论。

唯识学有辗转增上义，依据的因缘生法的义理，法性宗也有此义。《法华经》说“佛种从缘起，是故说一乘”，也是从因缘生法的层面，主张一切众生皆可成佛。这种思想甚至可以说是“众生皆无佛性”说，“以一切法从众缘生，众生初非有佛性，须有已成佛者大悲教化之殊胜增上缘，乃可令其生起佛性，即顿起佛性”②。无佛性的众生，依据缘起的义理，而形成佛性。行佛性中的种子的新熏，是为纵的角度。

这样，在现实层面，法性宗和唯识宗便到达相同的结论。结合前文所述的唯识宗赞同法性宗的理佛性思想，可知法性宗和唯识宗的佛性论，经过太虚大师的融贯，在理体和事实的层面，得到了全面、整体的统一。

---

① 《法华讲演录》，《全书》第11册，第23页。
② 《优婆塞戒经讲录》，《全书》第17册，第47页。

第二节　汉藏显密教理的融贯

一　判摄密宗的地位

密宗本为大乘八宗之一，并非与其他七宗相对的特殊一教。但在近代，随着东密、台密、藏密的传入和兴盛，密宗批判其他各宗为浅显教，独赞自宗为深密教，从而形成显密对立的问题。之所以会形成显密二教的对立，还有其判教理论上的渊源，即日本东密、台密和西藏藏密的判教理论。东密的空海大师，曾根据华严宗的五教义而著《十住心论》和《显密二教论》，在华严五教之上，特立密教为最上。台密的判教是依据天台宗的四教义，而以密宗为圆教，后受东密的影响而判天台宗等为理密，而密宗为事理俱密。太虚大师认为："日本东台密的判教法，是依于台、贤而失其当。"[①] 藏密对于佛陀教法，戒律之外分为显经密续，人、天等五乘教法为显经，师弟相传承的咒印仪轨为密续。

如前文所述，太虚大师在写于 1941 年的《我怎样判摄一切佛法》一文中，将自己的判教思想的发展分为三个时期。其中，1914 年之前的第一期判教，是"承袭古德的"，分佛教为"宗下"和"教下"，密教属于"教下"。这之后到 1924 年间的第二期判教，首先将小乘附入大乘，其次将中国佛教先后出现的十一个大乘宗派归摄为八，而这八宗，"其'境'是平等的，其'果'

---

① 《汉藏教理融会谈》，《全书》第 1 册，第 362 页。

都以成佛为究竟，也是平等的，不过在‘行’上，诸宗各有差别的施设。”①

正是基于“八宗平等”的思想，太虚大师视日僧空海将佛教划分为显、密二教的思想为“邪说”，认为“设非被迷乱于空海的《显密二教论》、《十住心论》等邪说的，决没有从根本上将佛教分为显教密教的邪分别”②。这种邪说、邪分别必然“演成有各宗派而无整个佛法的流弊”。太虚大师认为，密教仅仅是佛教八宗之中的一个宗派，“大乘教中一部分之特殊行法也”，“不得另成一教”③。当时很少有人能够站在这个立场，清醒地看待藏传密教。相反，修学密教的狂热使很多人失去了理智。1922 年前后，修学东密形成一种热潮；1925 年前后，又出现了学习藏密的热潮，太虚大师的弟子大勇、法尊等组成“留藏学法团”前往西藏学习，这些不仅使得太虚大师主持的武昌佛学院的多位院董与太虚大师离心，将资金转移到密教，而且直接造成武昌佛学院人才的流失，从而给太虚大师的佛教事业带来了一次重大的挫折。在此之外，一些热衷于藏传密教的人，从显密二分、密高于显的立场出发，直接全盘否定汉传佛教，否定太虚大师的佛教事业，“鼓吹藏传佛学殊胜圆满于汉传佛学千百倍，如太虚大师弟子大刚，在西康连发二电报给太虚大师，令其先往西藏修学正法，再事弘通”④。这种态度，太虚大师认为是没有根据的，自然不为所动。

---

① 《我怎样判摄一切佛法》，《全书》第 1 册，第 435 页。

② 《跋〈佛学苑女学员论义会记〉》，《全书》第 32 册，第 372 页。

③ 《覆李哲生先生书》，《全书》第 29 册，第 238 页。

④ 陈兵、邓子美《二十世纪中国佛教》，第 368 页，民族出版社，2000 年版。

对于显密的区别，太虚大师认为："显密之异，异在能诠言对所诠义之或显或密而已。义显之言曰显教，唯影像假智诠。义密之言曰密教，为本质真智境，故亦名真言也。"[①] 言与义的显密、假真之别，乃显密在教理上的根本区别。至于在宗教实践上的区别，大师判定为：

> 唯识宗是由染六识等转成清净，密宗是自他生佛交加相持，即众生有漏杂染诸识和佛无漏清净识，行者于此生佛共同关系上而现起无漏功用。余宗重在遮过，故须广破执计，密宗重在表德，故须显离障清净实智实境。[②]

密宗的方法在于以三密相应而全显诸佛功德，唯识学等宗则往往有否定无明烦恼的方便。

至于显密所言教理，根本上并无区别。密教"教理极于大乘性相，西藏亦但以陀罗尼仪轨为行法，而不别谈教理"[③]。密教在汉土作为大小十三宗之一，开元年间才由三大士传来，出现时间最晚，在发展阶段上，是显教教理向行果上的体现。因此，"盖显密二教相为表里，显教是依佛之声教以彰学理者，密教是依佛之果德以轨观行者"。按照佛教教、理、行、证的四个阶段来判定的话，汉传显教多属教、理，而密教则属行、证，彼此本来相辅相成，而不可截然割裂。具体说，密教的胎藏界和金刚界都依显教教理而得以建立，"胎藏界之教理依般若，金刚界之教理依唯识"，所以，密教和显教是"相应一贯"[④] 的。

---

① 《佛教各宗派源流》，《全书》第 2 册，第 238 页。
② 《大乘宗地图释》，《全书》第 5 册，第 448—449 页。
③ 《跋〈佛学苑女学员论义会记〉》，《全书》第 32 册，第 372 页。
④ 《会昌以前中华佛教三大系》，《全书》第 2 册，第 281 页。

藏传佛教中，“唯西藏黄派喇嘛祖师宗喀巴所造《菩提道次第》，不为显教、密教之分，而于一大乘教分为波罗蜜门与陀罗尼门之二门，颇存印度后期大乘佛教之真相”，从而得以奠定藏传佛教数百年繁荣的基础。在藏传密教内部，红教宁玛派和黄教格鲁派之间也各有高下之争，红教自居最高无上，判黄教为不及。太虚大师认为，“中立旁观，黄派胜在律及次第，优长世间建立，近于教下；红派胜在直截顿超，更能得力修证，近于宗下”[①]。红教对黄教的争胜，与密教对显教的争胜一样，是没有意义的，它们同样只是各具特色，本质上平等无二。

而从行、证上来说，太虚大师认为汉传佛教中，禅宗、律宗、净土宗都是行、证门，加上密教，则构成律、密、禅、净四种行、证门。专从行门来说，四门各有特点，律、禅依“自力”而改进身心以修行，密、净依“他力”而感应道交以修行；律、密繁文缛节，禅、净直探佛髓等等[②]。而如果从四门相同之处着眼，则彼此平等，可以相互含摄。例如，如果因净土宗也依他力而可摄入密教，那么“何不以密宗仗他力故摄属净宗耶?”[③] 净土宗和密宗既然可以互相含摄，那么，其宽狭、高下之分也无以为据。再专从证门来说，密教高唱“即身成佛”，一些密教徒以此独标最胜而睥睨显教。太虚大师从三身佛义进行分析，认为“佛之一名，依教理指其确切之实体，常唯‘自受用身’，乃四智菩提之总体也，盖法性身为一切生佛之平等性，而他受用身及三

① 《密宗道次序》，《全书》第32册，第320页。
② 《律禅密净四行论》，《全书》第1册，第298—302页。
③ 《跋〈佛学苑女学员论义会记〉》，《全书》第32册，第372页。

类化身，则不过应机之所现；故未圆四智菩提，不得名佛”[①]，而“禅宗即心成佛，虽通天台之观行即佛乃至究竟即佛，而以观行即及分证即为多。密宗之三种成佛，理具成佛是天台之理即、名字即而理即为多；加持成佛是天台之观行即、相似即而相似为多；显德成佛是天台之分证即、究竟即而分证为多”[②]。藏传密教中格鲁派“宗喀巴大师所最崇之阿底峡尊者，密部判位，亦只顺抉择分忍位菩萨”[③]，这相当于天台宗六即成佛义中的“分证即”位，远非“究竟即”位的“自受用身”佛。另外，以佛教大乘菩萨行的位次来看，“宗喀巴命达赖、班禅之转世西藏，亦在护教，恰同十信位中所修护法心也”[④]，达赖、班禅只到十信位，相当于六即成佛义中的“相似即”，不到十住位，离阿底峡所证尚且极为遥远，更遑论究竟即佛了。

太虚大师的判教思想发展到第三阶段，是在1924年之后，主要是为了面对整个的世界佛教，“应国际文化交流之世”，提出“教之本及三期三系”、“理之实际及三级三宗”说，认为第一期盛行的小乘佛教，今流行于世的以锡兰为中心，是为巴利文系佛教，也可称锡兰系佛教；第二期盛行的大乘佛教，现在流行于世的以中国为中心，为汉文系佛教，也可称中国系佛教。佛灭千余年之后，印度佛教进入发展的第三期，“龙智菩萨等出来弘扬密咒，把通俗的印度风习都融摄进来，因而密法就发达起来”。这第三期的密咒佛教，后来流传到中国西康、内蒙古、甘肃及尼泊

---

① 《答或问》，《全书》第19册，第126页。
② 《编阅附言》，《全书》第33册，第261页。
③ 《阅〈餐石日记〉》，《全书》第28册，第160页。
④ 《阅〈藏密或问〉》，《全书》第28册，第156—157页。

尔等处，“现存于世界上的可以中国的西藏为中心”，“是为藏文佛教”，也可称西藏系佛教。对比第二期和第三期的佛教，太虚大师认为：“现在西藏的佛教，汉文系的大乘，西藏也有；但西藏的小乘佛法不及内地完备，小乘经论都不具全；而密乘的教典却比较多一点。”①

1937年，太虚大师作《汉藏教理融会谈》一文，站在整个佛法的高度观察显密，将佛法分为“显中显”、“显中密”、“密中显”、“密中密”四类。其中，“显中显”包括五乘共法、三乘共法和大乘性相等。“显中密”指的是天台、华严、禅宗、净土所明的一切法皆大总持而修观行。“密中显”指的是东密、台密、藏密等密咒经轨，其传法虽密，但是其仪轨、次第、观想等皆有轨可寻、差别明显、清楚明白。“密中密”即是禅宗，只在乎证而不在乎教，名言轨则上无路可通，是为教外别传。

对于这四类佛法的深浅、胜劣，大师认为，“显中显”最为浅显；“显中密”因大总持的不可思议观行则深了一层；“密中显”的教法极为深密玄密，只能从其实践上重重地显示出来；而作为“密中密”的禅宗，更是言语道断、心行处灭，无可表示，最为深奥。这是从显浅而密深的程序来说的。大师的这一判定，很明显地从实践自证的层面，否定了密宗予最深最妙的自赞自认，而以显教中的禅宗为最深最妙。

此外，如果以显深而密浅为序，则四类佛法的深浅胜劣完全倒转过来。“密中密”为最浅，因为于此法界法性无有任何表示，而此法界法性本来法尔常在，此法则纯粹多余，是黑中之黑、毫

---

① 《我怎样判摄一切佛法》，《全书》第1册，第437—450页。

无显明的佛法。“密中显”则因有仪轨、咒印等作为表法，犹如黑暗中的一丝灯光般，略为深刻。“显中密”则能把十法界圣凡因果、空假中及中道义等显示出来，如同月亮已能遍照宇宙。而“显中显”更是把缘起性空、性空缘起的究竟道理，重重诠显，最为明晰清澈，就像太阳一般照了一切、清晰无余。大师的这种看法，更为清晰地从教理化他的层面，表明密宗的局限性，黑暗有余而光明不足。

除了以上两种角度，还可从其他不同的角度观察，从而得出不同的深浅、胜劣的结论。密宗自以为最深最妙，也无非是站在自己的角度进行观察，得出的结论而已。大师说：

> 总之，凡以何法为宗的，就以何法为最胜；此不但于教法是如此，就是各传其密法也是如此……故在此显密重重次第上看来，就可见一切大乘法是平等的，而在平等中又各有胜义胜用的不同。①

针对显密佛教各有特色，各有侧重的特点，如何将其圆融总摄起来，从而进一步发展整个世界的佛教，为建设新时代的世界文化而贡献佛教的力量，这是太虚大师所关心的。大师认为，汉藏佛法应互修学，如此才能彻佛法之底、尽佛法之量。他说：

> 应普容遍摄锡兰等三乘共法律仪及大乘性相与西藏密法，乃可将中国佛法发达兴旺，一天一天地充实复活。而在复活的过程中，发挥台、贤、禅、净总合的特长，将律、密、性、相彻底融摄成整个的佛法，于是中国的佛教因之重

---

① 《汉藏教理融会谈》，《全书》第1册，第367页。

新建立，而亦可成为现代的世界佛教了。①

综观太虚大师对于密教在整体大乘佛教乃至世界佛教中的判定，我们可以得出以下结论。

首先，太虚大师站在佛教的本位，把握了佛教各个宗派“归元性无二，方便有多门”② 的实质，并且结合各个宗派各自不同的针对对象来予以判定，这也就是佛教所强调的上契理、下契机的原则和要求。太虚大师认为，从契理的角度来看，密教的教理以汉传佛教的大乘性相为依归，别无独创之教理；从契机的角度看，印度佛教发展到晚期大乘的密教形式，适应了西藏原有的苯教文化所养成的重鬼神的民族文化心理，所以独得发展③。另外，在太虚大师看来，大乘佛教中有一种“适应性大乘”，“贵能随机而用，遇缘即宗……专崇密咒者，即以密咒为最胜而低抑一切……皆为适应一时、一类机宜之方便”④，东密、台密、藏密崇奉自教为最高最胜，也无非是一种方便法门而已。

其次，太虚大师站在中国佛教的立场，针对中国原有的密宗业已衰亡的现实，想学习、采取东密和藏密，“纳于教理，轨以律仪，严其限制……深入东密藏密而冶为中密”⑤，重建中国密宗。其中，日本东密返传的动机不良（为其政治侵略服务），而且教理不圆满，所以，藏传密教就尤显重要。另外，太虚大师通过对密教整体的发展史的研究，认为密教在印度、西藏独立流行

① 《汉藏教理融会谈》，《全书》第 1 册，第 369 页。
② 《楞严经》卷六，《大正藏》第 19 册，第 130 页。
③ 参见《论时事新报所谓经咒救国》，《全书》第 16 册，第 347 页。
④ 《大乘理趣六波罗蜜多经发菩提心品讲录》，《全书》第 4 册，第 104 页。
⑤ 印顺《太虚大师年谱》，第 109 页。

后，进入其自身发展的第四期，形成了以“八部众或夜叉众为本位之佛教”，与以儒家为主流的重人事、轻鬼神的汉地文化传统难以相契，所以，“其仅可为人间佛教之助行也”[①]。到这里，就可以发现，在太虚大师“人间佛教”的理念框架里，藏传佛教难以占据主流的位置，而只能起辅助的作用。

再次，太虚大师站在世界佛教的高度，分析藏传密教在佛教史上的阶段，立足于中国佛教的本位，主张有选择地吸取藏传密教，并进一步为世界佛学的交流和发展创造条件，为佛教的救国救世运动奠定基础。他认为：“非于锡、华、藏所传为综合之研究，则不能集过往佛教之大成，即无以展将来佛教之全化。”[②]这也是他后来建设世界佛学苑和汉藏教理院的旨趣所在。

二　分析密宗的得失

太虚大师对藏传密教的了解，始于1918年，“是冬，大师于密部经轨，就《频伽藏》一度批阅，未为深入研究”[③]。1923年至1924年，藏传密教传入内地，蒙藏喇嘛开始来内地传法。1924年春，太虚大师在北京讲《仁王护国般若经》，曾邀请当时在京弘法的九世班禅设坛诵经持咒、显密同修，共祈国家安宁，消除民生苦难。后多次与班禅晤谈、交流，相知日深。同年，支持大勇前往西藏学法。1926年，藏僧多杰觉跋来武汉弘法，太虚大师给予积极支持。1933年，从班禅受金刚阿阇黎灌顶，执

① 《论时事新报所谓经咒救国》，《全书》第16册，第436页。
② 《世界佛学苑汉藏教理院缘起》，《全书》第33册，第28页。
③ 印顺《太虚大师年谱》，第50页。

弟子礼，“为得研习一切咒法之自在”①，从此有机会深入接触和研究藏传密教。

在接触、研究藏传密教的过程中，太虚大师敏锐地发现其长短得失，给予中肯、准确的揭示。

首先，从教理建设的整体性、圆融性来说，太虚大师认为，藏传密教中，黄教宗喀巴总持一切佛法，建立严整的体系，重视“道次第”，以下、中、上三士道整合、汇聚一切佛法，是西藏佛教几百年来兴盛不衰的根本原因。他说：“西藏四五百年来之黄衣士风教，独能卓然安住，内充外弘，遐被康、青、藏、满而不匮，为之胜缘者虽非一，而此论力阐上士道必经中、下士道；俾趣密之士，亦须取一切经律论所诠戒定慧遍为教授，实为最主要原因。”黄教的这种做法，最大的特点，在于“不没自宗，不离余法，而巧能安立一切言教，皆趣修证”，这样就把佛教的一切教理，都围绕着佛教修行的核心，而极为善巧地建立了起来。这一点，是“从天竺相、性各判三时，以致华、日诸宗之判摄时教，皆逊此论独具之优点”。印度、汉地、日本等佛教诸宗诸祖，为了统摄一切佛法而进行判教，学说纷呈，各具千秋，然而都不及宗喀巴的《菩提道次第广论》之判摄。太虚大师也非常感慨，自己与数百年之前的宗喀巴在建立整体佛教的旨趣上如此惊人的相似，而自己终究是“粗引端绪，语焉不彰”②，在教理建设的严整性上，以及在佛教实践的效应上，都逊宗喀巴一筹。

其次，太虚大师回溯了中国佛教的发展过程，认为佛教传入中国之时，已属像法时代，众生善根不如正法时之深厚，“能直

---

① 《答或问》，《全书》第19册，第125页。

② 此段引文均见《〈菩提道次第广论〉序》，《全书》第32册，第314—315页。

修真实波罗蜜法门者已甚鲜”，所以走的是先修禅定而后入波罗蜜门的道路，这在隋唐佛教鼎盛的时代很流行。时至今日，已入末法时代，众生善根日浅，禅宗仅存形式，修学佛法，“当以陀罗尼门为众生学佛之方便”，汉传的净土法门与此相同。而从当时中国佛教的具体修行实践来看，只有“西藏之密宗，还能真修实行”，与大乘佛教的精神相应。“西藏之修密宗者，必须供养三宝，施济众生，广修福德为定慧之基础”，而且，“无论到何处，如遇到有死亡之人，皆必与之念经咒而作各种之观想以回向超度之，并制药济病等”①，真正实践“利他”之大乘行。这在当时汉地佛教极为衰败腐烂的情势下，确实显得非常特出、可贵，从而吸引了一批痛心于汉地佛教现状，正苦心寻找佛教出路的进步佛教徒。并且，对于针治汉地传统佛教的“教在大乘，行在小乘”的痼疾，也无疑是一剂对症的良药。

在赞叹藏传密教之优长的同时，太虚大师也清醒地看到其缺憾。

首先，太虚大师结合当时一些汉地佛教徒盲目崇信藏传密教的行为，分析藏传密教的诸多教理和修证上的说法，予以“祛魅”，从而使人们能够客观、清醒地认识藏传密教。

如前文所述，藏传密教以“即身成佛”来标榜，而实际上，即身成佛，并非密教独有之胜义。由即身成佛义而展开，藏传密教有一个传统，即“活佛转世”的制度，这本来是黄教、白教等的修行者乘愿再来修行和护持佛教的一种宗教制度，“活佛”二字仅仅是人们对这种修行人的一种尊称，就像中国封建社会称皇

① 此段引文均见《〈大乘本生心地观经〉讲记下》，《全书》第5册，第140页。

帝为“圣上”，清代称慈禧太后为“老佛爷”一样，没有什么实质的根据和意义。从佛教的宗教修行上看来，有强烈愿望要转世修行或者前生修过中阴法的，来生都可不失人身，本来稀松平常，“不足为奇”，“若惊以为活佛，斯则流俗之见耳”①。“作为宗教家的太虚大师并不否认转世现象；他只是要为转世者‘祛魅’——剥落其‘佛’号，而将其导向人间。”②

藏传密教为了达到即身成佛的目的，有一种特殊的修行方法——“双身法”。这是一种通过男女性行为来修行的方法，黄教认为此为悟道之前所必需，然而次第井然，不可逾越，并且实际上也以严格的戒律，使黄教徒基本上都不修行此法。红教、白教等认为悟道无需此法，然而因为戒律松弛，随便逾越，所以修行此法的代不乏人，其末流则纯粹以此为借口达到其“多抱美女”的淫欲目的。其种种秽行劣迹，元朝末年即泛滥于宫廷，极大地损害了藏传密教的形象。太虚大师从教理的角度认为，“双身法”仅仅是“形象以表法，表福智双修定慧和合等法，可以净化续生欲之男女欲”，“以金刚佛母相合一为佛，此诚为行于非道而通达佛道之极致”③，仅仅是一种比较特殊的方法。而要达到这种方法所指向的目的地，其要诀仍在证“性空”之理，“以美妙及丑怪奋起贪惧之热力，于此心得安定，则烦恼性空即菩提矣”④，“若知佛是干屎橛，道在屎溺，则更何足怪哉！”⑤ 这就与汉地佛

---

① 《阅〈藏密或问〉》，《全书》第28册，第156－157页。

② 罗同兵《太虚大师对中国佛教现代化道路的抉择》，第207页。

③ 《龙猛受南天铁塔金刚萨埵灌顶为密宗开祖之推论》，《全书》第16册，第454—457页。

④ 《〈密宗道次〉序》，《全书》第32册，第321页。

⑤ 《佛理要略》，《全书》第1册，第73页。

教没有二致了。不同的修行方法依据相同的义理，指向相同的目的，固然不可是此非彼，然而藏传密教形式上的特异，并不适应于重伦理道德、倡寡欲节欲的汉地传统儒家、道家文化，所以唐朝时只可能昙花一现，元朝、明朝更因为秽行泛滥，名声扫地，而迅速灭亡。

另外，藏传密教在西藏几为全民所信仰，而且政教合一，却并没有在整个西藏社会的层面，化民成俗，全面地提高西藏人民的素质，这不能不说是藏传密教上千年来的一个巨大的缺憾。作为藏传佛教的圣地拉萨，当时是“民多乞丐，地皆垃圾积聚，尿屎流溢，愚陋无教育，贫病无医药，盗骗淫湎”，公共环境之污秽，社会物质之贫乏，民众道德之低劣，令人无法把这些与佛教盛传数百年之后的圣地西藏联系在一起。受佛教之教化且信仰佛教的“一般妇女性少羞耻，曾不稍戢淫乱——此与无上密宗的双身法或亦有关——一般官商则习为巧诈，失于诚实，且廓罗一带游牧人，多有以劫杀为生活者。杀、盗、淫、妄，竟分别蔚成风尚”，这些现象，太虚大师认为其原因在于西藏“一般民众，所知惟信佛供僧忏罪求福而已”，而民众信仰佛教“忏罪求福”的低俗目的，及此目的导致的种种问题，都说明了一个道理——“淑群之道，非但柔善的教化能奏全功，必扶以刚强的政治，尤必基以资养的经济”①，而长期执掌西藏政权和教权的藏传密教所应负的责任，不言而喻。

正是在这样的见地的基础之上，太虚大师批评当时的一些没有民族自信心、文化自信心的国民，“种性沦丧，随一习学异域

---

① 此段引文均见《建立人间的永久和平》，《全书》第27册，第440页。

异文即倾倒崇奉，极度自鄙自弃，不惟普通留学东西洋者如此，而近年学于藏、学于日、学于锡兰之佛徒亦然”①。这是非常可悲的事情，正确的态度则应是站在“‘汉族（即中国）佛教本位’以采择佛法之古源（锡兰、西藏等）今流（日本、西洋等）而适应现代中国需要”②，为建设中国的现代化的“人间佛教”而起其辅助之用；而藏传密教本身，“易流于俗情而昧失真谛”，无法承担建设“人间佛教”的重任，所以“非将建在人间之三乘圣法与建在人天之大乘佛菩萨法，高竖起来不可！”③

另外，1932年，戴传贤、李济深等在北京雍和宫修建密教金光明道场，之前之后国内亦有相类的“经咒救国”的行为，太虚大师从佛教的宗教立场出发，对此表示支持，但是同时又根据佛教的“缘起法则”，指出“世界以无量因缘成，而国家社会之隆污兴替，亦非少因少缘之所致，如执此而谓其余一切武备文事农工商皆可废，诚足等于《孝经》御寇而偾国”④。这就明确地批评了当时一些狂热的佛教徒和迷信的社会人士，指出寄救国希望于密咒的认识和行为，不仅是迂腐的，更是愚蠢的。

三　融铸密宗的理论和实践

融铸藏密以建设“中密”的设计和实践，太虚大师早在1915年写的《整理僧伽制度论》中就提出派人留学日本、进入

---

① 《阅〈藏密或问〉》，《全书》第28册，第156—157页。
② 《复罗阁英居士书》，《全书》第29册，第276页。
③ 《论时事新报所谓经咒救国》，《全书》第16册，第436页。
④ 同上。

西藏学习密宗，重兴密法的主张。1922 年，大勇和持松一起前往日本学习密教，之后许多青年争相效仿。1924 年，日本高野山东密师权田雷斧来华传法，在十二天的时间中，王弘愿就以居士身份获得东密阿阇黎的地位，引发了著名的“王弘愿风波”。一时间，东密在中国的传习蔚然成风。就在这样的热闹之中，当时一些蒙藏喇嘛“形服同俗，酒肉公开”，而某些东密追随者则称“俗形居中台，定妃为女形”，不遵法度，不守戒律，严重地损害了佛教的社会形象。太虚大师认识到：“今日本与蒙藏之密宗，殆已同昔年之红教，末流之弊，在所不免！”①

为了挽救这种恶劣的风气，避免未来的危险，发挥东密和藏密的长处，1925 年，太虚大师明确地提出了“冶铸中密”的主张，阐明了建设的原则和方法。

太虚大师认为，建设“中密”的根本原则是：“一、当学日密、藏密，纳于律仪教理以建中密；二、密宗寺当为一道区一寺之限制。”提出第一条原则，是因为对于日密和藏密，“苟不纳诸正当轨律之中……密法未能获益、未能中兴、而已先已为佛教中罪人！如是而不蹈元代密教之故辙者，盖亦难矣！”以西藏密教的挫折与发展为镜，若非宗喀巴严整戒律以约束和发展，藏传密教早就全同世俗而灭亡无存了。所以，当务之急是“以出家戒律为基础，以性相教理为轨范，而后饱参日密及藏密，同化而成一种中密”。提出第二条原则，是因为“我国民性，素尚俭朴，痛恶奢侈”，这是中华民族的优良作风。而“密宗之供设，非丰富恢宏则失敬，道场之设备，非妙丽庄严则不尊”②，这种作风显

① 《论即身成佛》，《全书》第 16 册，第 425 页。
② 本段引文均见《论即身成佛》，《全书》第 16 册，第 424—425 页。

然与汉地传统相违，难以得到大范围的认同，与当时积贫积弱的社会情形也不相应，因此必须限制其寺院的数量和规模，否则必然招致世俗的讥嫌和反对，不利于佛教的整体发展。

吸取藏传密教以建设“中密”，太虚大师认为黄教尤其具有优长，值得学习。1930 年 6 月，太虚大师为康藏学法团成员恒演《略述西藏之佛教》作序，发现昔日黄教宗喀巴整饬西藏佛教，与自己今日所提倡的“思想必以教理为轨，行为必以律仪为范”等做法，大有相同之处，他认为“重建中国之密宗，更视为非一遵黄教之途辙不为功”[①]。这就把黄教的经验作为融铸“中密”的主要依据了。

然而，太虚大师的目光并不局限在建立“中密”，从而使隋唐八宗重盛于今日。如前所述，1924 年后，太虚大师逐渐形成了建设“世界佛教”的理念。这种理念，使他以更为圆融、宽广的理念，推进佛教教育，推进中国佛教向世界佛教改进和发展的道路。为了这样一个伟大的宏图，“八宗并盛”显然已经不够。在这样一种框架下，太虚大师表示：“西藏固益为所崇重之一系……但当深求得所学者之特长，贡献为振兴中国以至全球佛教之资粮，交光互映，不拘一途，唯以不越释迦牟尼佛至教量为范围，乃有大益不然者，转增其激荡之声而已。”[②]

这种理念，太虚大师把它付诸于实践。1929 年，回国后的太虚大师，把先前在庐山建立的“世界佛学院”改为“世界佛学苑”，明确表示，针对过去“不相通贯融彻……惟有某时某地之佛法”的现状，要打破地域、时代、民族、文字的种种界限，如

① 本段引文均见《〈略述西藏之佛教〉序》，《全书》第 32 册，第 336 页。
② 同上，第 339 页。

百川纳海，贯通融摄，“使成世界一味之佛法，以为世界人类之所共尊信者也”①。随后，对闽南佛学院进行了改造，把闽南佛学院列为世界佛学苑华日文系，改彰州南山佛化学校为闽南佛学院分院，开设赴锡兰留学团，以作为将来建立世界佛学苑巴利文系的准备。

1930 年，西藏政治出现新变化。对政治非常敏感的太虚大师，于 11 月前往重庆佛学社讲经，期间与刘湘谈及派汉僧赴西藏学经以加强汉藏沟通、交流的问题时，提出在四川建立“世界佛学苑汉藏佛教教理研究院”，“沟通汉藏文化，联络汉藏感情，发扬教义，巩固边陲”②。在沟通汉藏佛教的方面，太虚大师的宗旨很明确：“本院以汉藏教理之名，旨在沟通汉藏佛教之教理。然汉地佛教之特点有禅宗，禅宗重在头陀苦行的刻苦耐劳；藏地佛教之特点在密宗，密宗重在金刚勇力的勤勇精进。中国民族与佛教的复兴，皆将托命于国民与教徒之能刻苦耐劳与勤勇精进。若能从汉藏佛学暂习得这两点殊胜，乃能贯彻本院之宗旨，奠定复兴中国佛教之基石。”③ 从 1932 年 8 月 20 日世界佛学苑汉藏教理院正式开学，到 1950 年汉藏教理学解散，近 20 年的时间里，学院培养了各级汉藏文化研究人才一百多人，出版刊物《现代西藏》等共 6 种，翻译藏传密教典籍《菩提道次第广论》等十几种，完成了当时的政治形势下，汉藏教理院作为世界佛学苑的分院所承担的历史使命。

---

① 《世界佛学苑图书馆馆刊发刊词》，《全书》第 32 册，第 380 页。

② 中国第二历史档案馆编《中华民国史档案资料汇编》，第五辑第二编，江苏古籍出版社，1997 年版，第 819 页。

③ 《复兴佛教僧侣应受军训》，《全书》第 27 册，第 346 页。

四 小 结

太虚大师去世之后，由于历史的原因，藏传密教的传播和发展停滞了较长一段时间。改革开放以来，“藏密热”重新兴起，至今依然方兴未艾。半个多世纪之前，在太虚大师所处的时代，藏密流传之时的种种弊端——藏密学习者的过度狂热，理性和民族文化自信的迷失，佛教的显密二分，以及由此导致的藏密与汉传佛教之间的争讼等等现象，在今天，虽然因为教育的普及、思想的进步、宗教政策的放宽以及国家和社会的发展，情况有所好转，但是这些问题仍然不同程度地存在着。

另一方面，太虚大师所提倡的融摄藏传密教以熔铸“中密”，在佛教界，尽管已经有所起步，然而与中国佛教传统的禅宗、净土宗等宗派的成熟形态，尚且距离较远。而事实上，立足于中国传统文化尤其是传统佛教，如何融摄藏传密教以建设“中密”，使之适应整个中华民族的民族心理、文化特质以及当前构建和谐社会、科学发展的时代要求，成为新时期的中国文化中的有机的一部分，进而乃至为建设“世界佛教”做出贡献，成为世界主流文化中的有机的一部分，无疑是已经摆在佛教界和整个社会之前的一个时代性的任务，需要及时有效的措施。

一、太虚大师在东密传播处于热潮阶段之时，批判日僧空海将佛教划分为显、密二教，不仅是站在整体性佛教的立场，而且也意识到了这种适应日本岛国的划分，和中国大一统的民族心理和文化心理并不适应。尽管中国佛教也有宗派之分，彼此之间往往也有争论，但是，中国佛教的圆融精神总是处在主导的地位，差别只是圆融之下的差别，佛教总是一个有机的整体。可以说，“不同民族传统文化及民族心理，应当说各有所长，强行移花接木，其效适得其反”①。今天，祖国统一、民族团结的社会现实，在佛教文化的层面上，更是要求佛教首先应是整体的——不管是在教义上还是在实践上，当然各个宗派同时又应该具有各自的特色，做到“圆融不碍差别，差别不碍圆融”。

二、太虚大师当时针对中国原有的密宗业已衰亡的现实，想学习、采取东密和藏密，“冶为中密”。但是因为返传的东密动机不良（为其政治侵略服务），所以，太虚大师把熔铸中密的重任主要寄托在藏传密教。时至今日，国际形势早已发生实质性的变化，东密同样也可以作为熔铸“中密”的源头之一。东密的紧密结合社会现实、为国家和社会的发展而服务的现实主义精神，可以和藏密对大乘“六度”予以切实实践、修行勤勇精进的精神，一道成为“中密”重要的精神营养，进而对中国传统佛教“教在大乘、行在小乘”的痼疾予以纠治，对中国传统佛教远离现实、畸重心性的倾向予以扭转，使之真正发展成为紧贴现实、服务社会的“人间佛教”。

三、太虚大师通过对密教历史的研究，认为密教在印度、西藏独立流行后，进入其自身发展的第四期，形成了以“八部众或夜叉众为本位之佛教”，与以儒家为主流的重人事、轻鬼神的汉地文化传统难以相契，所以，“仅可为人间佛教之助行也”，而无法成为中国佛教的主流。根据佛教从印度传入中国之后与民间迷信结合而成为民俗佛教的历史，藏密很有可能因为与汉地民间迷

① 邓子美《当代人间佛教思潮》，第59页，甘肃人民出版社，2009年版。

信结合在一起而获得一定的发展空间。但是，另一方面，科学的发达、教育的普及，同时也限制了藏密与迷信结合而发展的空间。藏密本身的鬼神文化特性，要求我们在建设“中密”的过程之中，对其予以合理的引导乃至改造，增强其人间性、伦理性和时代性，使之能在成为“人间佛教之助行”的时候，不断减少其鬼神性、封建性和盲目性。

四、太虚大师主张汉藏佛法应互相学习，汉传佛教应当修学藏密的密续，佛护、月称、宗喀巴等的中观理论，并补充安慧的唯识。藏传密教则应学习汉传佛教的护法、戒贤、玄奘、窥基等的唯识，以及鸠摩罗什以来的三论宗义和安慧中论释等。这些主张都涉及汉藏佛教相互学习的具体内容，也是熔铸“中密”的具体内容，佛教界乃至社会在这方面的重视和投入力度，还有很大的空间。另外，“密法不失为佛教百花园中的一支，但其许多做法，如戒律、教制等都与汉地传统佛教宗旨格格不入”[①]，正是考虑到这个问题，所以太虚大师特别提出要以律仪来融摄藏密。今日同样如此，不仅在汉传佛教方面要注重律仪的建设，而且对藏密也应着重提倡重视律仪的黄教，并以律仪严格规范僧人的行为，进一步加强对佛教的整体管理。这不仅是佛教自身科学发展的保障，也是社会和谐的保障。以此为基础，进一步为世界佛学的交流和发展创造条件。太虚大师认为：“非于锡、华、藏所传为综合之研究，则不能集过往佛教之大成，即无以展将来佛教之全化。”“中密”的建设成功，必然会为中华民族的伟大复兴做出贡献，并且随着民族的复兴而为佛教成为世界文化的重要内容之

① 邓子美《当代人间佛教思潮》，第59页。

一贡献力量。

第三节　唯识学与如来藏学的融贯

一　争论的背景及其主要问题

唯识学与如来藏学之间的争讼，近代集中体现在唯识与《起信论》之间，以及依此而扩大的法相唯识宗学者欲一举全盘否定如来藏学（法界圆觉宗）。

对《起信论》的怀疑由来已久。隋代法经等编撰的《众经目录》，将此论编入众论疑惑部，怀疑其译者，注语云："人云真谛译，勘真谛录无此论，故入疑。"① 初唐时，均正《四论玄义》进而怀疑其作者马鸣的真实性，云："《起信》是虏鲁人作，借马鸣菩萨名。"② 又说："《起信论》一卷，人云马鸣菩萨造；北地诸论师云：非马鸣造论，昔日地论师造论，借菩萨名目之，故寻翻经目录中无有也。未知定是否？"③ 怀疑《起信论》是地论师所造。

近代日本学者对《起信论》的作者、译者也表示怀疑，提出了不同的看法。1906 年，舟桥水哉说《起信论》是中国人所作。1910 年，松本文三郎认为《起信论》不是马鸣所作，也不是真谛所译，但是是印度所作。1919 年，望月信亨提出《起信论》

① 法经等《众经目录》卷第五，转引自高振农《近代中国佛教论》。
② 均正《四论玄义》卷五，转引自高振农《近代中国佛教论》。
③ 均正《四论玄义》卷十，转引自高振农《近代中国佛教论》。

是中国人的撰述而非印度作品，引起了广泛的争论，羽溪了谛、村上专精、常盘大定、林屋友次郎等人都参与其中。1928 年，铃木宗忠发表了《就有关〈起信〉成立的史料》一文，将以往的争论材料分成三类：真谛译肯定说、真谛译否定说、马鸣作否定说。他认为第一类说法材料不可靠；第二类说法的材料是靠得住的，不是真谛所译，却应该是马鸣所作；第三类说法不能成立。这篇文章，影响较大，大体上为这次争论做了一个结论。

近代中国对《起信论》的议论，最早的应该是 1915 年章太炎撰的《大乘起信辩》，他主张此论不是伪作，而确为印度马鸣的作品。1922 年 9 月，欧阳竟无发表《唯识抉择谈》的演讲，认为“《起信》作者马鸣学出小宗，首宏大乘，过渡时论，义不两牵，谁能信会。故立说粗疏，远逊后世”①。同年 12 月，梁启超《大乘起信论考证》，以详细的考证而认为此论既不是马鸣所作，也不是真谛所译，而是陈梁间中国人的作品。同月，太虚大师作《佛法总抉择谈》，反驳欧阳竟无的观点，发表了不同的意见，维护《起信论》的权威性，并融贯唯识与《起信论》；又作《评大乘起信论考证》，反驳梁启超的观点，揭示考证方法的局限性，以及区分修证内心、索阐遗言的东方文化与测验外境、日趋完密的西方文化的不同，指出不可拘彼以束此。1923 年 2 月 5 日，王恩洋作《大乘起信论料简》，用唯识学的思想评述《起信论》，走到了否定《起信论》的极端，即以之为附法外道的作品。这种观点掀起了反感和反驳的浪潮，陈维东、唐大圆、常惺等人纷纷撰文，予以反驳，维护《起信论》。同年，武昌印经处将争

① 欧阳竟无《唯识抉择谈》，黄夏年主编《欧阳竟无集》，第 105 页。

论诸文汇集成册，题为《大乘起信论研究》。1925年1月，太虚大师作《大乘起信论唯识释》，以唯识思想解释《起信论》。同年6月，王恩洋作《起信论唯识释质疑》。1926年，太虚大师作《答〈起信论唯识释质疑〉》。此外，参与争论的还有唐大圆的《真如正诠》、《起信论料简之忠告》，守培的《起信论料简驳议》等文。

太虚大师去世后，比较著名、影响较大的争论之作还在陆续出现，都可以看作是唯识学与《起信论》之争的延续。50年代有印顺法师的《起信评议》，60年代有吕澂的《起信与禅》、《起信与楞伽》。"文革"以后，1987年，傅教石在《法音》发表系列文章；1992年，葛兆光在《读书》上发表《是非与真伪之间——关于大乘起信论争辩的随想》；1994年，韩镜清在《佛学研究》发表《唯识学的两次译传〈大乘起信论〉为昙延所造》；1996年，聂清在《佛学研究》发表《起信论义理真伪之争》；1999年，傅斯毅在《佛学研究》发表《欧阳竟无抉择二转依、料简起信的基本理路》。进入新世纪以后，2001年周贵华在《法音》发表《唯识与起信》；2004年出版的李广良《心识的力量》第五章为"唯识与起信"。

20世纪前半叶，否定《起信》的欧阳竟无一系，与维护《起信》的太虚大师一系，争论涉及的义理繁多，其中焦点有二：一、对真如的理解；二、对熏习的理解。

对真如的理解，欧阳竟无一方承玄奘学唯识宗义，认真如为事物之真实理性。欧阳竟无说："云何为真如？即是法无我所显，圣智所行，非一切言谈安足处事。”[①] 又说真如只是遮诠，“真”遮有漏虚妄、遍计所执，“如”遮无漏变异，又遮依他生灭[②]，因此，真如仅为无漏无为。王恩洋先生、吕澂均承此说。

对熏习的理解，欧阳等承唯识宗学，认熏习为有为法之间事，必具能熏四义及所熏四义；而且只能有漏熏有漏、无漏（有为）熏无漏（有为），有漏、无漏之间不能相熏，而真如是无漏无为法，故不可为能熏亦不可为所熏；还有，熏习只从因缘上说。

根据对真如、熏习的唯识学理解，欧阳竟无一系对《起信论》展开了不同程度的否定。

二　对马鸣造论的真实性的论证

太虚大师则正相反对，对唯识与《起信》予以会通，同其所同而异其所异，非仅以唯识成立《起信》，更欲以《起信》成立中国化真常心系佛教之权威性和纯洁性。

太虚大师坚决维护《起信论》，认定它是马鸣菩萨的作品，是印度大乘的奠基之作，其思想纯正，完全符合大乘佛法的宗旨。其理由主要体现在三个方面。

一、大师以其宗教思想家和实践家的特有敏感，察觉到马鸣的《大乘起信论》和《大乘宗地玄文论》“根基充厚”、“气息沉雄、旨趣深厚”，“且非龙猛、无著二大士之言所逮，除慈氏诸论

---

① 黄夏年主编《欧阳竟无集》，第 104 页。
② 同上，第 104—105 页。

莫与伦比者"[①]，"决非释尊后复兴大乘第一人之马鸣不能有此"[②]。

联系大师的《大乘起信论唯识释》、《佛法总抉择谈》、《大乘宗地图释》等文可知，大师之所以有此结论，最关键的是因为大师从其宗教实践的体验出发，认定马鸣以其八地菩萨的心境著述，所谈均为其自内所证，"揭示深圆证德"[③]，超出了龙猛、无著的境界。

二、在印度佛教发展史上，马鸣、龙树、无著和世亲，先后弘扬大乘佛法，各有其侧重，三者相成而不相破。马鸣因自内深证大乘悟境，所著诸书，都是提纲挈领、规模深远之作；龙树因当时大乘根基已立，所以渐渐偏重破斥外道、小乘，而以《大般若经》为宗，偏弘空宗；无著和世亲兄弟，注重破斥外道、小乘，以及中观末流之"恶趣空"见，以《解深密经》为宗，弘扬唯识宗。其思想的发展脉络，符合"东方人由修证内心、索阐遗言得来之道术"的特色，遵循"初证、初说，即为最高之境矣。嗣为因顺人心，渐谈小法，令征近效；复为荡空功迹，令无执滞；复为解除偏蔽，开示融贯；卒之谈常劝善，坚固信行，则平易通俗矣"[④] 的道术发展规律，"其变迁历程，与西洋人之学术进化史，截然不同：一是顿具渐布，一是渐进渐备"[⑤]。

大师的这一观点，不仅回应了当时学术界根据学术发展的一般规律而对马鸣著《起信论》的真实性的怀疑，而且阐发了一种

---

① 《华译马鸣菩萨所著书述要》，《全书》第31册，第13页。
② 《评大乘起信论考证》，《全书》第28册，第25页。
③ 《再议印度之佛教》，《全书》第28册，第55页。
④ 《评大乘起信论考证》，《全书》第28册，第28页。
⑤ 同上，第30页。

以身心实践、体验和亲证为根本的学问，其产生和发展的特殊规律，为佛学研究提供了一种崭新而独特的思路。

三、《大乘起信论》在马鸣造论数百年之后，才弘传流布，产生社会影响，一如护法的《唯识三十论释》隐传至于玄奘大师方才弘布，这不仅可能，而且势有必然。大师认为，一种学说思想的产生以及影响的发生，不一定取决于当时的社会需要和社会现实。

大师这种见解极为宝贵，它破斥了思想意识和社会现实机械对应的观念，而发现和强调了人的思想意识的相对独立性和主观能动性。人类思想的发展历史中，某一种思想学说产生之后因为不合当时的社会，不为当时的社会所需，而后数百年乃至上千年方为后人所重视的，可谓代有其例。罗丹《巴尔扎克雕像》的伟大的艺术价值，直到数十年之后才为人们所发现；孔子的思想，数百年之后，才在董仲舒的努力和改造之下，为社会所普遍尊重；而《孟子》、《大学》、《中庸》更是沉寂了上千年，被朱熹编入《四书》之后才在社会上产生广泛的影响。

此外，太虚大师对梁启超批判《起信论》的动机，有着独到的理解，认为他们之所以批判《起信论》，是针对当时的学术现状：一些学人附庸于学佛的时髦，既没有精审博考的研究，也谈不上对佛法谛理的豁然悬解，更不能信受奉行，而是略略地读了流行的一两种经论，就妄自谈修说证，结果不是人云亦云，就是隔靴搔痒、捕风捉影，下笔千言却离题万里；为了“使囫囵吞枣之学佛者流，从无疑以生疑，因疑深究，庶几高阁之宝藏至教，皆浸入学佛者之心海，乃能确解而坚信”[1]，所以巧设方便，施以权宜之说。此外，欧阳竟无、王恩洋等人，还针对古德根据《起信论》而判唯识学为大乘权教，从而造成了唯识学发展受阻的历史事实，希望破除此障而光大唯识之学。一旦他们达到目的，终究会开权显实，还《起信论》以公正，还事实以真相。

大师的这种说法，总体上是站在调解双方争论的立场，至于这种说法是否符合梁启超等人的本意，很难遽为定论。

三　对唯识和《起信》的融贯

太虚大师的更为重要和有效的努力，是在学理的层面，将唯识学和《大乘起信论》融贯为一体。

太虚大师将唯识学与《起信论》进行融贯，主要从四个方面进行。

第一，大师根据自己的宗教实践和对佛教教理的理解，认为马鸣造论的依据点，在于其自证的八地菩萨心境，但是因为论中多就恒行不共无明而论，所以就地上菩萨境界而论其通义。

若依唯识学分析，那么大乘初地菩萨第六意识上的分别我法二执全断，俱生我法二执也断了一部分，第六识转为妙观察智，第七识转为平等性智；但是在与真如相应的无漏心之后，依第八识中染污种子之力，无间又有有漏心生起，一用功修二空智观，有漏心之后无漏心又得生起。到了七地菩萨之后，此心一刹那缘真如、一刹那缘缘起，一刹那无漏、一刹那有漏；八地菩萨则任

① 《大乘起信论研究序》，《全书》第32册，第324页。

运如此，不必加功用行。

《起信论》最为根本的义理——“一心开二门”，正是对此地上菩萨心境的分析：意识转为根本无分别智亲证真如时，即是心真如门；依据根本无分别智起后得正分别智变相缘真如时，以及无漏心之后无间生起有漏心时，即是心生灭门。心真如门，即一切法，而离一切相，所以总摄一切法；心生灭门，即诸法生灭相，而其离言自性即为真如，所以总摄一切法。二门不能相离。

开为二门的菩萨心境具体有三种相：真心，与真如相应的根本无分别智；方便心，利益众生的后得无分别智；业识心，与无明相应的有漏心。其中，菩萨心的前二种相可上同如来，后一种相可下同凡夫。因为有前二种相，所以此心不是凡夫心；因为有后一种相，所以此心不是如来心；因为有生灭之相，所以此心又不直接是真如之体——大师把这种菩萨心命名为“众生心”，即为四圣六凡可以共通之心。

将《起信论》的依据点定为菩萨心或众生心，是太虚大师极为独到的发现。正是依据这一发现，大师认为过去的天台宗和华严宗，以及现在欧阳竟无等人以唯识的立场，对《起信论》理解，基本的理论出发点都是有问题的。天台宗立足于真如之体，来说明此众生心；华严宗立足于清净的如来心（一真法界、事事无碍法界）或真如之体（一真法界、理法界）来说明此众生心；欧阳竟无等人，立足于染污的凡夫心来非难此众生心——都不能恰如其分，而且出现了理论上彼此龃龉的情况，导致各执一端、互相攻讦。

大师之意，只有还《起信论》以本来的依据点，才能不淆乱三宗宗义，而且使唯识学和《起信论》彼此融贯——唯识学能切当地予《起信论》以理论解释,《起信论》能切合唯识学的义理,彼此相辅相成。

第二,太虚大师在《佛法总抉择谈》、《谈唯识》、《大乘起信论唯识释》、《大乘起信论略释》、《大乘起信论别说》、《大佛顶首楞严经摄论》、《第三次研究会》等文中,对《起信论》中的真如与无明的互熏进行了解释,解决了欧阳竟无等唯识学者以真如、无明不能互熏,而《起信论》以真如、无明可以互熏,表面上彼此矛盾的理论问题。

大师认为,《起信论》和唯识学对于真如、无明等的定义彼此不同,争论者恰恰没有弄清楚它们之间的不同,于是导致理论上的相互矛盾;如果了知它们之间的不同,那么二者之间本无理论矛盾。

在唯识学中,真如指的是相、名、分别、正智、真如这五法中的真如,是无为无漏,仅仅是大乘的二空智所显之体;熏习指的是因缘意义上的现行产生种子储藏在阿赖耶识中的过程。而在《起信论》中,真如是合五法中的正智与真如,是有为无漏和无为无漏的统一,不仅含大乘之体,而且还含有大乘的无量清净心境之相、上求下化自利利他之用;熏习侧重在等无间缘、增上缘意义上的互相影响、辗转增上。

在唯识学中,真如既然是无为无漏法,熏习又单指因缘生法,所以真如自然不能熏习也不能受熏;而且作为有为无漏法的正智现行只能熏生正智种子,有漏法的无明现行只能熏生无明种子。正智和无明尚且不能相熏,真如和无明就更不能相熏。而在《起信论》中,真如含大乘之体相用,熏习指相互影响,所以,众生听闻诸佛真如等流的教法,可信解思修真如教法,增长自己内心本来具备的无漏智慧种子，而渐渐熏破无明，此即真如熏无明；而地上菩萨因为阿赖耶识中过去所储藏的染污种子产生现行，可熏习妙观察智和平等性智，使得第六意识和第七末那识重新与无明相应，此即无明熏真如。唯识学与《起信论》既然义理宽狭不一，所以其结论自然是“二者各宗一义而说，不相为例，故不相妨”[①]。

然而，太虚大师的脚步并不到此为止，他进一步论述道，彻底来说，唯识学也有合空与不空、合体相用以言真如的义理，例如《唯识三十论》描述佛果究竟位的颂“此即无漏界，不思议善常，安乐解脱身，大牟尼名法”，即表明佛果涅槃不同于小乘的择灭涅槃，而是“诸漏永尽，非漏任运现行，不假功用，无暂停息”[②] 的无住涅槃境界。而欧阳竟无在其《唯识抉择谈》中说“虽则涅槃而是无住，不住生死，不住涅槃，尽未来际，作诸功德”，也是此意，只是他不能将这种见解贯彻到底而已。

陈兵教授揭示了欧阳与太虚两方争论的焦点：一方仅以真如为本然如是的理，另一方则不仅以真如为本然如是的理，更以真如为本来与真如相应的绝对“一心”或心识结构的一部分。陈兵教授进一步融贯唯识学与《起信论》，以唯识学的思想论证真如熏习的合理性，说：“实际上，无为法、理，也未必便不可具有能熏习的作用和力量，《瑜伽师地论》卷五二说有能生出世间法的真如所缘缘种子；《成唯识论》卷九说真如理‘具无数量微妙功德’，可以包括能熏习的功德。”[③]

---

① 《佛法总抉择谈》，《全书》第10册，第380页。
② 《谈唯识》，《全书》第10册，第339页。
③ 陈兵《佛教心理学》，第178页。

第三，在四缘熏习中，太虚大师针对《起信论》的内容，强调了等无间缘熏习的意义，从而解决了《起信论》中可熏而唯识学中不可熏的矛盾，回答了王恩洋对等无间缘缘起合理性的质疑。

大师在解读《起信论》的过程中，通说四缘熏习，但是在阐释有漏无漏相生的问题时，强调等无间缘的作用。等无间缘和所缘缘一样，只在心法的产生过程中起作用，体现了心法的殊胜作用。在凡夫位中，等无间缘的作用表现为前念已灭后念则生，前后之心，消极开辟，引导无力。从凡夫的有漏心到初地菩萨的无漏心，必然是邻近的、相似的心念才能开辟引导。但是，地上菩萨的心境，由其胜观空智的力量，等无间缘具备了殊胜有力的开辟引导条件，“菩萨心位六七识中，有漏无漏无间互生，根本无漏引生后得，后得无间引生有漏，有漏胜观引生无漏，势相邻近，引导乃成，此缘胜用，于是乎见”①。

大师认为，《起信论》中谈到从真如生无明的过程，正是如此：“不达一法界故，心不相应（由根本智而后得智，即不达一法界，而智不亲真如契应），忽然念起（由后得智无漏无间忽生二执、二障相应杂染心念，）名为无明”。而这种理解，在《成唯识论》卷七中正有充分的依据：“阿陀那识三界九地皆容互作等无间缘……有漏无间有无漏生，无漏定无生有漏者”，“第七转识三界九地亦容互作等无间缘……有漏无漏容互相生”，“第六转识三界九地有漏无漏善不善等，各容互作等无间缘”。等无间缘缘起的殊胜作用，在这里不仅是解读《起信论》的一把钥匙，而且

① 《竟无居士学说质疑》，《全书》第10册，第440页。

也是挖掘唯识学缘起义理的一把镐锹，更是融贯《起信论》和唯识学的一瓶粘合剂。

第四，欧阳竟无对《起信论》的其他一些批评，太虚大师均予以了会通。

欧阳竟无认为《起信论》不立无漏种子，于理失用义，于教失《楞伽》；以三细六粗连贯而说，于理失差别，于教违背《深密》。太虚大师认为，《楞伽经》以真如、正智并列而说，《起信论》则有时并列为二、有时合而为一。如果以此而指斥《起信论》有违《楞伽经》，那么唯识乃唯分别义，同样可以说唯识于理失净用（正智），而有违《楞伽经》。对三细六粗的连贯而说，大师认为前人所解确有不足，应如图求义[①]：

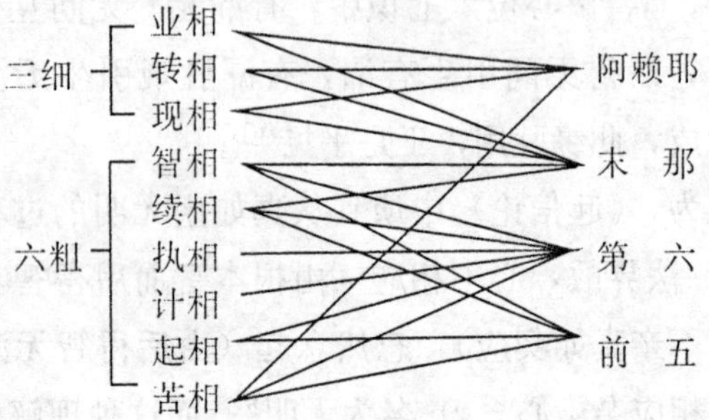

其结论是：《起信论》并非竖说八识，没有违背《解深密经》的平说八识，不违背差别义。

欧阳竟无认为《起信论》主张心性本净客尘烦恼所染污，是小乘说假部所谬执。太虚大师认为，《成唯识论》破斥的只是说假部的误解心性本净义，并没有破斥阐释此义的经典。实际上，

① 《佛法总抉择谈》，《全书》第10册，第383页。

《楞伽经》、《胜鬘经》等佛经都有此义，欧阳竟无一破则全破，问题在于依据唯识宗的依用显体，而否定《起信论》的依体彰用，其否定为大谬不然。

四　对双方争论的评价

如果把上述争论统摄在一起，那么双方所争最为关键的内容，可一言以蔽之：真如与无明的熏习是否可能。欧阳竟无一方，从其唯识学对真如和熏习的定义之立场出发，坚决否认真如和无明相互熏习的可能性；而太虚大师及其弟子常惺等，则从整体佛学的立场出发，会通唯识宗与《起信论》，将二者融贯起来。

对双方的争论，印顺法师有自己的评价。他认为，首先，《起信论》的价值在于其义理，而不在于其作者和时代，因此是不是印度马鸣的作品，实际上并不重要。其次，《起信论》的义理，唯识宗学者站在自己的立场而做出衡量，对于"凡是不合于自宗的，就以为都是不对的、错误的，这种宗派的独断态度，是万万要不得的"①；反过来，太虚大师"以唯识融会《起信论》，似乎也终于多此一举"②，因为不同学派的教理，各有其独特的立场、方法、理论，会通不仅难以做到，而且别人也不会承认。

葛兆光先生则认为，从《起信论》的本义看，欧阳一方看到了其中体用混淆、缺乏中介转换环节的毛病；从对《起信论》的解释看，太虚的说法弥合了其中的疏漏，对它进行了圆满的解

① 印顺《起信论平议》，黄夏年主编《印顺集》，第 84 页，中国社会科学出版社，1995 年版。

② 同上。

释。欧阳一方注重的多是学术的“求真”意识，更切近文本的实际；而太虚则注重的多是宗教的“求信”情怀，注重整体佛教的圆融会通，从而赢得了佛教徒的拥护①。

相反，龚隽先生认为欧阳等人对《起信论》的批判值得商榷，《起信论》之缘起为本觉缘起，即正智缘起，并非无漏无为的直接缘起。其理由与太虚大师略同。他认为，《起信论》的问题在真如与无明的相互熏习上，因为这样就把绝待的真如置于对待之中，从而导致了问题的产生②。

李广良先生认为，《起信论》与唯识学在中国的早期传承有着十分密切的关系，是地论师和摄论师思想共同影响的产物，太虚大师对《起信论》所做的唯识学阐释，不自觉地接通了《起信论》的唯识源头③。

我们以为，欧阳竟无和太虚双方的争论，不仅仅是涉及《起信论》以及以之为基础的如来藏学的合法、合理性问题，更是涉及了整个佛教系统判断、佛教发展方向、佛教思维逻辑等诸多方面问题的重大事件，直到今天，仍然有着不同寻常的意义。

第一，彼此对佛教发展方向择取的不同，是双方争论的深层原因。

20世纪20年代前后，正是西学东渐的时代，也是新老文化思想激烈碰撞的时代。当时的佛教，在西方文化的强力冲撞和太

① 葛兆光《是非与真伪之间——20年代关于〈大乘起信论〉争辩的随想》，《葛兆光自选集》，第218页，广西师范大心出版社，1997年版。

② 参见龚隽《严于染净真俗之界——欧阳竟无思想三论》，《佛学研究》第8期。

③ 李广良《心识的力量——太虚唯识学思想研究》，第134页，华东师范大学出版社，2004年版。

平天国等的破坏下，满目疮痍，凋零不堪。如何顺应时代潮流，革故鼎新，使古老的佛教重新焕发活力，甚至走入文化的主流，是摆在佛教徒面前的一个重大问题。近代佛教之父杨仁山居士，自25岁开始学佛，立志在全球范围内振兴佛教，针对禅宗流弊，力倡研习经论，诸宗并弘，尤提倡通彻唯识、因明，开一代研究佛教义理之风。其弟子欧阳竟无在《支那内学院院训释》中说："觑破无明，麟角一人；弘法传灯，菩萨度众；宗门下彻悟不少大机，然多独觉，是故大乘不舍众生，作师第一。"① 就对参禅开悟而偏入小乘的"教在大乘，行在小乘"的禅宗作风予以批判，而自许承担弘法度生之师者重任。并宗唯识学义理，说："所谓息妄者，非一朝一夕所能成功……但求速效，乌能济也？故必境、行、果三，明了无蔽，由闻而思，由思而修，三大僧只始登究竟。"② 提倡积极度生、除染增净以转依的修行路子。其弟子吕澂、王恩洋等人，则进而否定整个中国化佛学——真常唯心系，对《起信》、《楞严》以及天台、华严、禅宗等均质以强烈怀疑，以外道邪说视之，认为必拣除此等鱼目方能令真珠焕发光彩。在这种思想取向下，《起信论》被质疑、被否定，就成了必然。

而太虚大师走的却是熔铸整体佛教，以建设中华佛教乃至世界佛教的道路。他在《我怎样判摄一切佛法》、《佛学之源流及其新运动》、《般若波罗蜜多心经释义》等文中将今天全世界的佛教，分为三大系：巴利文系、汉文系、藏文系；分别对应印度原始佛教、大乘佛教、晚期密教这三期佛教。并在《从香港的感想

---

① 欧阳竟无《支那内学院院训释》，《欧阳竟无集》，第39页。
② 欧阳竟无《佛法非宗教非哲学》，《欧阳竟无集》，第7页。

说到香港的佛教》等文中，认为历史上的大小、显密、台贤禅净等争论，在今天都失去了其意义，而应该“综合来研究之、贯通之、融摄之、还源于佛之大圆觉海”[①]，以建设世界性的佛教，使佛教成为世界文化的主流。而且大师明确断言，从佛教发展的历史上看，圆融各宗义理方能取得长足发展，例如天台、华严、禅宗和净土等；而偏执一端终将走向灭亡，如印度小乘部派佛教之争与后期中观、唯识之争。

对于中国化的法界圆觉学（真常唯心系），大师可谓一往情深，尤其对于禅宗，他在《佛学之源流及其新运动》、《在黄梅讲演之记载》、《佛教各宗派源流》、《中国佛学》、《佛乘宗要论》等文中多处高推禅宗乃中国佛学乃至全体佛法的骨髓、核心，“唐宋以来民族思想全部的根本精神”[②]，道德文化的根源，等等。从此出发，大师认为，要复兴中国佛教，不能离开有两千多年的历史传统，不能离开这个传统的骨髓——禅宗。他说：“中华之佛教，如能复兴也，必不在于真言密咒或法相唯识，而仍在乎禅。禅兴则元气复而骨力充，中华各宗教之佛法，皆藉之焕发精彩而提高格度矣。”[③] 并认为，作为弘扬佛教的法师，必须参禅开悟，“握得宗门真旨，方足以阐明教理，及行佛事而施佛化”[④]。在这样的思想倾向下，《起信论》被维护、被肯定，也成了必然。两种不同路向的择取，各有其特色和不足。

欧阳竟无一系，侧重在以严谨深细的唯识学，顺应西方哲学

① 《从香港的感想说到香港的佛教》，《全书》第 27 册，第 8 页。
② 《佛学之源流及其新运动》，《全书》第 2 册，第 333 页。
③ 《评宝明君中国佛教之现势》，《全书》第 28 册，第 94 页。
④ 《对中国禅宗之感想》，《全书》第 26 册，第 219 页。

和科技文化的挑战，试图以唯识学完成中华传统文化尤其是佛教文化对西方文化的应对、吸纳和熔铸。同时，他们对中国化的传统佛教——真常唯心系的弊端，有着清醒的认识。陈兵先生说："真常心说可能产生的弊端，主要是其用于修证实践，是反本归根式的，可能会使人只内向参究自心，而忽视在众生中、社会生活中积极修六度万行……这是现代一些唯识学者批评真常心论乃至否定中国化佛学的重要理由。"[①] 提倡切实实践唯识学精神之下的大乘菩萨道，这是对的；然而，这种实践仍然必须是以唯识学教理的契合中华民族的心理和习惯、契合传统文化特质为前提的。所以，欧阳一系全盘性的否定，失之于对中华民族心理和习惯、传统文化特质的忽视，没能客观地、从契机和契理相结合的角度综合地评价中国传统佛学，从而也就无法在弘扬唯识学的时候，有效地吸取真常唯心系佛学中国化（尤其是禅宗）的宝贵经验，这样也就难免唯识学兴盛不久之后即重蹈初唐时期昙花一现的覆辙。时至近日，唯识热潮仅剩下不绝之丝缕矣。

太虚大师及其弟子充分克服了欧阳一系的问题，力图在充分继承真常心系佛学之优长的基础上，建设世界佛教。但是，如何使弘法者在顺应时代精神弘扬佛法之前，就已切实实现大师自己所希望的那样，参禅开悟、掌握了宗门真旨这么一个前提，大师似乎并没有太多的办法。因此，熔铸各期各系的佛教以建设世界佛教的设想，终究因为缺乏扎根宗教实践而握得佛法心髓的人才，而难以有足够的内在实力。尽管后来的台湾佛教以及今天的内地佛教，都沿着太虚大师的"人间佛教"的方向努力，并取得

① 陈兵《佛教心理学》，第 247 页，南方日报出版社，2007 年版。

了不同程度的成就，但是这种成就基本上局限在世间层面人乘佛教的弘扬，而出世层面的大乘佛教精神及其实践，显然还远远不够。直到今天，这个问题仍然无法解决。

第二，理解和评价《起信论》的根本依据的不同，是导致双方得出截然不同的观点和结论的直接原因。

欧阳竟无一系，尽管都是在家佛教徒，但是生平都无专心修行的经历乃至有所证得的自认自肯，而是侧重于对史料的爬梳整理、教理的思考和以考证的方法进行研究。如果从佛教的教、理、行、证四个层面来衡量的话，那么只侧重在教、理两个方面，至于行、证，则基本上谈不上。虽然这种做法比较能够为学术界所接受，但是对佛教界而言，难以有说服力，难以使人信服。这也许是虽然欧阳一系大力批判《起信》、《楞严》等，而佛教内部讲习《起信》、《楞严》，修学禅宗之势并未稍减的根本原因所在。究实而言，佛教确为一种极为特殊的实践性学问，起点是释迦牟尼佛的身心实践，终点是后世众生的身心实践，离开身心实践，佛教的价值虽然不能说完全丧失，但至少可以说是大打折扣。

另外，真常心系的经典，往往极为灵活，不作定说，往实际理地，开口即错；往度生大用，不拘一格。《起信》是如此，禅宗尤其是如此，说法宗旨即在“随方解缚”，以指导学人透过葛藤直见心性的宗教实践目的为准，并非为了建立某种思想学说。例如马祖道一先说“即心即佛”；有人执此“即”为实，则说“非心非佛”；又有人执此“非”为实，便说“不是心、不是佛、不是物”。如此说法，若以唯识学为标准衡量，则纯为玩笑话矣。相反，唯识学则一切楷定，名相谨严，绝不许丝毫变动。太虚大师说："唯识之施设法相，分别明了；真净圆融，变动不居。"[①]而宗唯识学之欧阳一系，治学极为谨严，诚为可钦可佩，但是以唯识学之楷定来衡量活泼自由、本无定说之《起信》，则失之勉强、死板；至于更以自己所宗强行楷定禅宗、天台、华严等，则处处阻碍，简直无路可通矣。结合唯识学的发展史来看，可以说"如何在严谨的基础上吸取圆教的圆顿精神，恐怕是唯识学要扎根汉地的主要难点"[②]。

大师曾说："法界真净宗，依佛果圆融智境明一切法，双遮双照，遮照同时，故异空慧，亦异法相。且唯识之施设法相，分别明了，真净圆融，变动不居。又真净宗偏详佛菩萨智境，异于唯识之详异生心境，故亦不可束之为法相。"[③] 即是抓住了二宗依据之异，阐明其立言之别，可谓深得其中真意。法界真净宗所明佛果境界，以事事无碍为特征，一即一切，一切即一，无可无不可，随处皆是，自然变动不居。而唯识学则随顺凡夫情执而楷定法相，方可一一破除处处胶着之情执。

所以，就此种研究方法和结论依据而言，判欧阳竟无一方注重的多是学术的"求真"意识，更切近文本的实际，同样显得勉强。《起信》文本的实际，归根结底是对原作者宗教实践所证得之心境的描述，若离开这关键一着，而强行以唯识宗之名相加于《起信》，其"求真"又从何而言？其实际又如何达到？当然，人们往往很难相信所谓宗教实践或修行证得的事情。但是，如果不

① 《释会觉质疑》，《全书》第10册，第461页。

② 刘朝霞《早期天台学对唯识古学的吸收与抉择》，第226页，2005年，四川大学博士论文。

③ 《释会觉质疑》，《全书》第10册，第461页。

承认乃至排斥佛教这一根本特点，不从这里去思考探究，其判断和结论，也很难说就能符合佛教的实际。

太虚大师对《起信》的理解，与欧阳一系大有不同的就在于他有宗教的修行经验和证得的境界，教、理、行、证四个环节是完整的。大师在《我的宗教经验》、《太虚自传》、《律禅密净四行论》等文章中描述的自己的三次悟境，便是从宗教实践的层面对《起信论》以及整个如来藏学义理的实际验证。

结合太虚大师对佛教系统的判摄——法性空慧、法相唯识、法界圆觉，可知都与其三次悟境相关乃至对应。反过来说，大师的判摄乃是从其所证得的心境中自然流出。而大师因为第二次悟境，故对《起信》所述真如、无明相熏的境界产生了决定见；第三次悟境，对法相唯识所述的境界产生了决定见。大师之心非二心，故对于修证途中所证不同阶段之境界本来不二，自然有其定解，所以会通唯识学与《起信》，仅仅是对一心中不同境界之不二本质的阐明而已。因此，印顺法师所认为的太虚大师以唯识融会《起信论》，似乎也终于多此一举，是一种“附会”之举，显然是没有注意到大师的修证体验，是离开了其理论的心境根本而谈理论，将其心境与心境之等流（理论）划然为二。而认为太虚大师在于宗教性的“求信”，也是将宗教信仰和宗教理论分割为二，将“求信”与“求真”截然对立，似乎信仰必假非真，而求真必非信仰。

结合自己的修证体悟，以及经典所传“马鸣论主为第八地菩萨，龙猛与无著为初地菩萨，皆登地之圣人，世亲则为未登地之加行位人”[1]，太虚大师说：“菩萨心境，则有时有漏同异生，亦有时无漏同如来，有时执障相应染法现行，亦有时智证真如而无明暂断现行。”[2] 而且，《成唯识论》也有相同理论，认为“第七转识有漏无漏容互相生，第六转识有漏无漏亦容互作等无间缘”[3]。因此，将马鸣所造《起信论》与《成唯识论》会通，就有其立足的基点，那就是都依据了地上菩萨的心境——不过《起信》重在“开示菩萨心境，令不定聚众生得成大乘正信”，而“唯识是说明众生心境令生解起行”[4]，依据则同，目的则异。

而会通二者的关键之一，又在于“等无间缘”之缘起，即地上菩萨依其有漏、无漏心的交互影响，而有真如、无明的互熏。此中的熏，大师说“展转增上即是熏义”[5]，前后心的辗转增上的影响，正是贯穿于唯识学所说听闻正法、如理作意、发菩提心、修菩提分、有漏无间无漏种得生、增上引发而成无上正觉的整体过程，可以说唯识宗之“转杂染五蕴为清静五蕴”或“转识成智”之义理，皆是以此缘起为根基。不过大师说之为等无间缘之缘起，说成是熏；而王恩洋先生则说之为“增上缘生”的第二种“还灭”缘生[6]。命名不一，实质是一。说是等无间缘缘起，是着眼于前后心的开辟引导之作用；说是增上缘缘起，是着眼于前后心的不碍、能助之作用。此熏字，即为缘生之义，即为前引后生或前助后生之义，而与“同时同处、俱生俱灭”等之唯识宗

---

① 《大乘起信论唯识释》，《全书》第10册，第405页。
② 同上。
③ 同上，第406页。
④ 同上，第437页。
⑤ 《谈唯识》，《全书》第10册，第338页。
⑥ 参见王恩洋《大乘起信论料简》，《中国佛教与唯识学》，第67页。

熏习义略异。若唯识宗执此“熏”义不合我宗，则不予认许；则《起信》完全可说，我本先出，是你宗不合我说乃尔！如此争论，意义安在?

所以，王恩洋先生根据缘起只可说因缘缘起、增上缘缘起二种，来否定太虚大师所说的等无间缘缘起，无异于以天空否定苍穹。而肯定《起信论》的正智缘起，而否定真如与无明的相互熏习，关键问题也在于不肯接受太虚大师所说的“熏”字之义。而且，承认正智缘起没有问题，却又认为真如与无明的相互熏习有问题，这是把缘起和熏习看作两回事情。实际上太虚大师所主张的真如与无明相互熏习中的“真如”，并非指绝待的二空所显真如理体，而是指的正智，正智和无明仍有其相对性。

然而，太虚大师并非没有困难。他的困难在于，佛教修行的经验和体悟，如何使之得到普遍的理解和接受。这一点，对于具有迷信心理和具有仰信心理的佛教徒来说，并不困难，然而对于当代科技文化背景下的大部分非信徒来说，则是一个根本性的困难。因此，大师对《起信》的解释，以及对《起信》和唯识的会通，至今难以得到学术界的普遍承认。

第三，所用逻辑方法的不同，是双方对真如可否缘起得出不同判断的重要原因。

众多的佛教经典，都强调佛陀所觉悟的真实，是不可言说的，但是依据对象的不同和说法的四种悉檀或四种意趣，可以描述，而所描述的仅仅是标月之指，并非是月。从这个基本原理出发，可以说，唯识学和真常心学，都仅仅是对佛陀所证的正觉心境做了一些描述，并非佛陀的正觉心境本身。

唯识宗的描述，侧重于结构论、平面化，对心识的分析，尽管也有体、用之分，但是作为心识理性的真如，是一个静止的、没有用处的、可以视之为与八识平列的物事，例如唯识宗说相、名、分别、正智、真如五法，侧重于五法的平列而非辩证的、立体的构成。这种方法，对于易于随言执实的众生来说，有其优越处，即易于楷定无舛，予以细密的论证、扎实的引导。但是其不足处，显然是难以引导众生领会不即不离、体用一如的真如、无明之关系。

《起信》对于真如、无明的描述，正是运用的立体的、辩证的思维，例如对“智净相”的描述：“一切心识之相皆是无明，无明之相不离觉性，非可坏非不可坏，如大海水，因风，波动，水相、风相不相舍离，而水非动性。若风止灭，动相则灭，湿性不坏故。如是众生自性清净心，因无明风动，心与无明俱无形相，不相舍离，而心非动性。若无明灭，相续则灭，智性不坏故。”对心与无明的描述，全从体用不二、非一非异、全体即用、全用在体的角度展开。又如禅宗达摩祖师在印度的弟子波罗提说“见性是佛”，“性在作用”：“在胎为身，处世为人，在眼曰见，在耳曰闻，在鼻辨香，在口谈论，在手执捉，在足运奔。遍现俱该沙界，收摄在一微尘；识者知是佛性，不识唤作精魂。”[①] 对性与作用的关系，亦全从体用一源、不即不离上说。若以唯识宗近于形式逻辑的思维去理解，确实是戛戛乎之难事。

实际上，深受《起信论》影响的真常唯心系中国化佛学，基本上都采取了辩证的、立体的思维方式阐述佛经的教理。例如天台宗智者大师所说的“一念无明法性心”，即在充分吸纳了《摄

① 契嵩编《传法正宗记》卷五。

大乘论》矿土喻之义的基础上，阐明一念之中具足五住烦恼，种种烦恼互即互入，性空无我；而一说烦恼互即互入，即是说性空无我，此即为“无明即法性”。此则全用的体用相即的辩证思维。另如天台之“性具”、“圆顿三观”、“一念三千”等，华严“性起”、“四法界”、“六相十玄”等，以及禅宗的“即心即佛”、“非心非佛”等，无不如此。也正是因为如此，所以，王恩洋先生、吕澂等依唯识宗否定《起信》之后，进而否定天台、华严、禅宗等，就成为势所必然了。而太虚大师在《佛法总抉择谈》、《唯识论》等文中竭力强调《起信》从体相用三的角度来立论，且真如乃体相用兼备，自然也难以得到欧阳一系之认可。

综上所述，《起信》等真常心论的真如缘起，其实质为无为缘起，而唯识宗的阿赖耶缘起为有为缘起。无为、有为，并非截然隔绝的两个事物。因此，融会贯通，有其理则上的可能性，太虚大师之前，慧思禅师即已在《大乘止观》卷三会通说：“真心是体，本识（第八识）是相，六七等识是用，如似水为体、流为相、波为用。”即以真心（真如）、妄心识为体相用不二，打破了唯识学以真如为静止的无用之物的实执，而将二者贯通。太虚大师以唯识学会通《起信》，更是依据自己的悟境以展开，根据其经验的现实性，把理则的可能性，予以了独特的验证。

五 对唯识宗和华严宗的融贯

华严宗是如来藏学一系中极为重要的一宗，太虚大师在融贯唯识学与如来藏学的过程中，对唯识宗与华严宗之间的关系作了比较多的关注。

大师考证了华严宗的传承问题，发现华严宗与唯识宗实际上是同源异流的关系。

大师认为此宗创宗者当为二祖云华智俨，云华向至相寺智正法师承学《华严》，智正是四分律宗远祖慧光律师之五传弟子，慧光律师则“既为四分律宗之远祖，复传少林寺佛陀禅师之禅，其集力处尤在合勒那摩提与菩提流支各译之《十地论》为一本，由研究弘扬《十地论》盛讲华严”[①]；而且，初祖帝心杜顺也应出自慧光一系。因此，华严宗实际上是由地论师发展而来。再由地论师的渊源，比观真谛的《摄论》、慈恩窥基的《成唯识论述记》、三祖贤首法藏之思想，可知都出自于世亲的唯识宗。不过“于境、行、果三，《唯识》多谈因分识境，《摄论》于境、行、果略均等，《十地论》则多谈行、果，而帝心、云华、贤首等宗华严则激而益上，弥盛谈果分心境而已”[②]。由此，历史上地论、摄论、唯识三师争于本识之义，也相应而各有侧重。地论师宗依《华严经》而“所明在极证之果”，故以本识为庵摩罗识真心；摄论师宗依《阿毗达磨大乘经》而“所明在地上之行”，故以本识为真妄和合识；窥基的唯识宗则宗依《解深密经》而“所明在现因之境”，故以本识为妄心阿赖耶识。这更从创宗者的“所得自证”和“所依果境”的角度，揭示三者侧重点不同的原因。而摄论师后来归入唯识宗，地论师发展为华严宗，因此最终集中的问题，则是华严宗和唯识宗的渊源、义理联系。

正是因为唯识宗与华严宗之间是同源而异流的关系，所以在义理层面，二者尽管各有其侧重的不同方面，但是更有其内在的

---

① 《略说贤首义》，《全书》第16册，第338页。

② 同上，第339页。

一致性、圆融性。“同一世亲法流，不过唯识多谈因分，而华严多谈果分而已。多谈果分亦未尝不即果而明因，多谈因分亦未尝不即因而明果，得其意者固潜通无际，可于唯识之底得华严，亦可于华严之底得唯识，所谓因赅果海、果彻因源也”①。即因明果或即果明因，因果本来不二，唯识之因即向华严之果，而华严之果即归唯识之因。

因为对因果的侧重的不同，所以唯识宗和华严宗在度化众生，令依教得解起行证果上，各有其用。“华严宗从庵摩罗到阿赖耶，为起信故，特详果境而略众生境；唯识宗从阿赖耶到庵摩罗，为明舍故，特详众生境而略果境。”② 依华严宗所明的佛果境界，而发起信心；依唯识宗所明的众生境界，而知所应舍。“从华严得信心成满，乃从唯识之解行住，悟入究竟。举果令信，在令观自齐佛，故教是顿；示心令解，在令悟自成佛，故教是渐。顿为未入劫以前，属十信位；渐为入劫以后事，属十住位以上。然顿是渐之顿，信由佛生，佛由渐成故；渐亦是顿之渐，住由信来，信由佛起故。渐顿相依，佛生交摄。”③ 依华严宗而起信心至于成满，顿悟自己与佛齐等；依唯识宗登十住位、入初阿僧祇劫之后，渐修而至于成佛。顿不离渐，渐不离顿，顿渐相依，佛生交涉，这正是华严宗和唯识宗的功用之所在，彼此相对独立，而又相互依赖、相互融贯。

从缘起的角度来说，华严宗明真心缘起，唯识宗明赖耶缘起，“此二心识缘起，有共同之义二，为他种缘起义所不具者如

① 《略说贤首义》，《全书》第16册，第339页。
② 《大乘宗地图释》，《全书》第5册，第442页。
③ 《真现实论·宗依论下》，《全书》第21册，第95页。

下：一、各现各种——现现增上遍诸法；二、顿起顿灭——起起不到摄十世。达此二义，则知贤首十玄无碍、六相圆融之说，实华严、唯识之共义，不得谓唯识无此也”①。真心缘起和赖耶缘起，不同的只是着眼点不同，根本原理完全一致。前文在阐述“缘起义的融贯”之时，即已经知道太虚大师将“真心缘起”与“藏识缘起”并列为一组，以其义理一致，而只是一则侧重在自证的究竟，一则侧重在化他的彻底而已。

太虚大师还以唯识宗之义理来阐发华严宗“四法界”的义理，使二宗的义理在核心层面完全融为一体。大师说：

> 四法界者：事法界明一切法相，即依他起。众生依依他起而起遍计，破除遍计明二空理，即理法界。事法界的现相与理法界的本体平等即差别，差别即平等，是理事无碍法界。在初住或初地，初住胜解或二空智，观二空理遍一切事，所谓百法不离二无我，二无我理遍百法。把执藏染分离尽完成净分依他起，即事事无碍法界。净依他起离遍计，即圆而依，即依而圆，此所以有事事无碍法界。不起现行的‘庵摩罗’，即是贤首宗的一真法界。②

华严宗的“四法界”和唯识宗的“三自性”，在大师这里完全对应，彼此一致：事法界即染分依他起性，理法界即圆成实性，理事无碍法界即依他起性之体即圆成实性、圆成实性必显现为依他起性，事事无碍法界即净分依他起性；而“一真法界”即“庵摩罗识”本体。

---

① 《真现实论·宗依论下》，《全书》第 21 册，第 95 页。
② 《大乘宗地图释》，《全书》第 5 册，第 442 页。

六　对唯识学与如来藏学的整体融通

太虚大师在融贯唯识与《起信》、唯识宗与华严宗的基础之上，最终对唯识学与如来藏学进行了整体的融通。

如前文所述，大师分大乘为三系，三系的立论角度各有不同，理论互有特色，不能以此束彼，以彼泥此。唯识学和如来藏学（法界圆觉系或法界真净宗）之间的关系，正是如此。然而此三系之说，并非划然三者，而终究是基于佛陀教法的根本宗旨，从不同角度进行的阐发而已。历史上，玄奘大师曾在印度著《会宗论》，窥基大师曾著《大乘法苑义林唯识章》，作综合汇通之研究，其他宗派的古德也往往如此。但是，近代的唯识学者却有其偏蔽，“多不能遍摄互融一切佛法”①。针对这种情况，太虚大师力图融贯三者，使之成为一个整体。

大师在《佛法总抉择谈》、《大乘法苑义林唯识章讲录》、《大乘起信论略释》等文中，对唯识学和如来藏学从核心义理上进行了融贯。

首先，对所阐述的理体，可从遣除遍计所执、断除依他起的所遣除、所断除清净的角度来阐发，则仅仅无漏无为是圆成实，这是唯识学所宗的圆成实理体。也可从能遣除、能断除清净的角度来阐发，则无漏无为、无漏有为合而为圆成实，这是如来藏学所宗的圆成实理体。因为圆成实所指有别，所以唯识宗所言圆满佛果境界，便是圆成实、净分依他起，或者离执遍计所执的整

---

① 《大乘法苑义林唯识章讲录》，《全书》第10册，第8页。

体。而如来藏学所言圆满佛果境界，便只是圆成实——二者言辞有异，实际内容完全相同，都是无漏无为和无漏有为的统一体。

其次，对缘起层面的种子，唯识宗以侧重依他起而扩大依他起，所以立法尔本具的染净种子，以成立阿赖耶缘起。而如来藏学因为侧重圆成实而扩大圆成实，所以将有漏杂染种子命名为不觉或不相应染，将无漏清净种子命名为本觉，或兼含真如而命名为如来藏。二者言辞有异，内涵无别。例如如来藏学中的天台宗，从全体真如的角度立论，所说的“性具”，就是唯识学所说的“种子”；所说的“事造”，就是唯识学所说的“现行”。

最后，结合理体和相用，对所证“空”与所显“不空”的侧重不同而言，唯识学是以能空所空皆唯是识、离妄心实无可空为宗本，可以谓之为“境唯识”。而如来藏学是以空门究竟开显真实、从不空门亲证真实为宗本，可以谓之为“行果唯识”。实际上，唯识学的宗本，同样有“行果唯识”的部分，离一切相必然即一切法，心离妄念，成就正智，必然证于真性，“阿僧伽曰：‘二我无即二无我有，二无我有即二我无’，斯之谓也”[①]。而如来藏学的宗本，同样有“境唯识”的部分，即一切法必然离一切相，一切相由妄念生，不空之真性只有离相之正智才能亲证。唯识学与如来藏学，都是“境”、“行”、“果”的统一，都有着离一切相即一切法、即一切法离一切相的完整内涵，彼此是一致的。

① 《大乘起信论略释》，《全书》第16册，第83页。

第四节　般若空宗与唯识宗的融贯

一　般若空宗与唯识宗的先后与次第

般若空宗又可称为般若宗、空宗、性宗、中观宗等，唯识宗又可称为有宗、相宗、法相宗、唯识学等。如前文佛教史的相关内容所述，印度佛教发展史中，龙树于公元 3 世纪奠基般若空宗，无著、世亲兄弟于公元四五世纪创立唯识宗。龙树之前，小乘部派佛学兴盛数百年之久，后期说一切有部占据主导地位，倡“三世一切有”的义理，龙树应时所需，对破有部的诸法实执，而以“空”义为本。无著、世亲继承龙树的空义，对破中观末流的“恶取空”，侧重从因果相续的角度，力说因缘所生法一切皆依识而有，立“唯识”之义。

太虚大师认为，印度佛学发展的历史，“释尊寂后，在天竺最昌明为小乘，进为般若，再进为唯识”[①]，从事实的层面体现了般若空宗和唯识宗之间的义理层次，即般若接小乘而入大乘，而唯识则在中观之后之上。从义理上来说，中观主空，而“空”义为三乘共法，大乘不共法是佛性。佛性，在因地上是阿赖耶识，在果地上是三身四智。阿赖耶识之教不可轻易开演，因为若执以为真，则生死流转之妄不能断；若执以为非真，则如来藏常乐我净之德不能显。所以：

① 《读梁漱溟君〈唯识学与佛学〉》，《全书》第 28 册，第 13 页。

> 须经过般若教荡空一切见解计较，证明了真如法性究竟无得之理，成法空慧，不起法执，乃可开演阿赖耶、如来藏非一非二的唯识教。故曰："非不证真如，而能见诸行，犹如幻事等，虽有而非实。"然则般若教者空一切法而证真如也，唯识教者证真如而见诸行如幻也。①

般若与唯识之间的这种次第，从佛教宗教实践的程序来说，般若主要是在地前菩萨位上，以彻观空性证得根本无分别智为特长；而唯识主要是地上菩萨依据后得正分别智，阐明染净因果，使人了解、信受、发心修行。所以，"习大乘学之次第，当先从法性空慧宗而进法相唯识宗"②。但是这种次第，只是从教理和修证的角度进行的判定，并非只能如此。在对形而上的胜义谛进行思维、实践的过程中，大师又主张："在理论上的说明自然在唯识宗；但到真个契会，则又自然进为般若宗……于此可云唯识为文字般若，般若为观照般若。"唯识宗解决对理论的信解问题，将理论付诸观行实践，则在般若。对这两方面的次第说得最为简洁、全面而透彻的，是大师在批评熊十力《新唯识论》的文章中说的一段话：

> 法性、法相，依证依教，则性前而相后，"非不证真如，而能了诸行，犹如幻事等，虽有而非实"故。依行依观，则相前而性后：唯识观印所取空，般若观印二取空故。③

不同的角度，有不同的次第；依据这不同的次第，也可判定

① 《读梁漱溟君〈唯识学与佛学〉》，《全书》第28册，第13页。
② 《释会觉质疑》，《全书》第10册，第460页。
③ 《略评新唯识论》，《全书》第28册，第146页。

义理的不同层次，从而有不同的判教结论。因此，戒贤站在唯识的立场，从教证的角度判小乘、空宗、有宗的三时教法；智光站在中观的立场，从观行的角度判小乘、有宗、空宗的三时教法。两种教判都是合理的，并不矛盾。

此外，太虚大师还从不同的角度，强调般若的重要性。在他看来，说唯识宗在般若空宗之后之上，只是平等中的差别。实际上，般若是整个佛教实践的关键，只要“能空无一切见解计较契证真如，由证真如而生般若，般若生则一切佛法自成……转有漏为无漏，即是转识成智，其枢纽固在乎般若”①，般若是诸佛证得菩提的根本，所以直通佛果境地。所以，从判教上说，天台宗把般若空宗判为通、别、圆教，把唯识宗判为别、圆教，是很切当的，因为体现了两宗都有圆教之教理。在这点上，太虚大师的观点同于天台宗，他说：

> 予的本意，非在贬般若而尊唯识，乃欲明大乘各宗皆发明本元心地达到圆满佛海，皆是圆教之理，唯建言及制行方便有殊。随其殊胜方便以观差别，则亦条然不紊。②

大师以般若空宗和唯识宗皆能通达至佛果境地，其教理圆满，只是应用过程中随对象的不同而立论有别、方法有异而已。所以，大师吸收了天台宗对般若空宗和唯识宗进行判摄的合理成分，舍弃了其独崇己宗的倾向，而主张八宗究竟平等，而般若空宗和唯识宗自然平等。

---

① 《读梁漱溟君〈唯识学与佛学〉》，《全书》第28册，第16页。
② 同上，第14页。

二　般若空宗与唯识宗的义理之差别与平等

在般若空宗与唯识宗的产生先后与义理次第之外，太虚大师进一步具体地探讨了二宗在义理上的差别。正如先后与次第的不同并不妨碍二宗的平等一样，义理上的差别，也并不妨碍二宗的圆融。

太虚大师在《大乘本生心地观经讲记》、《大乘宗地图释》、《法性空慧学概论》、《为支那堪布翻案》、《阴蕴之研究》等文中，对般若空宗与唯识宗的各自主要的义理及其区别作了具体分析。

与小乘空宗相比，大乘空宗不仅阐明人我空以显法性，而且阐明法我空以显法性，总之，空是能显之门，性是所显目的。从能显而言，"空"即以意识的殊胜观慧，直接遣荡人我、法我之执，而证得诸法空理。与小乘有宗阐明一切法因缘幻有而非断灭空无相比，大乘有宗进一步阐明一切有为法、无为法皆不离识，皆是唯心所现、唯识所变，广明法相，从阿赖耶识上建立染污依他起；进而略明法性，如画龙之后点睛一笔，而空观与障净所成之实智为大菩提，空理与障净所显之实境为大涅槃，即为二大转依；最后于阿摩罗识上建立清净依他起，所显为一真法界、为法身，所成为四智菩提、为报身。

从观行的具体步骤来说，般若空宗是扫除一切戏论执著，直观真如。而唯识宗则分两步，第一步是破除外境的真实性，达唯识无境，即一切法唯识无自性，此为方便唯识；第二步是进破心识亦无自性，达识亦无识，此为正观唯识。

由上述内容可知，空宗与有宗所崇尚的理论焦点有不同，所以具体的实践方法也随之不同，但是证达离言绝思的诸法法性，舍生死得涅槃的目的却完全一致。由此，在二宗的发展过程中，便有学人执著其不同处而展开争讼，也有学人从其相同相通处入手而融会贯通之。

在太虚大师看来，无著、世亲创立唯识宗学之初，与龙树空宗非但没有冲突，而恰恰相反，是在空宗末流偏入“恶趣空”歧途之际，承续龙树性空幻有的宗旨，分析幻有为唯识的“名假遍计所执之无”与“因缘事实之有”，其中因缘事实之有必须经过转染为净的过程，最终达到转舍生死、转得涅槃的境地，从而祛除“恶趣空”的偏执空理、废弃缘起的邪见，所以说“无著、世亲系全承龙树性空义，仅于幻有特加辨明，助龙树破有无义入中道耳”①。可以说，龙树、提婆偏重阐扬大乘的“毕竟空”义，对治外道、小乘的增益执；无著、世亲偏重阐扬大乘的“如幻有”义，对治外道、小乘的减损执；彼此相辅相成。

然而，就在般若空宗、唯识宗创立之初，其所偏重处，即是隐藏着的彼此分歧、争辩的端由，那些不能透彻己宗、他宗之见地的偏执者便会就此而引发争讼。后来，清辨偏执“胜义空”见而力破唯识，唯识宗徒则反过来破斥偏空之执，于是掀起佛教内部的又一场巨大的争讼与分裂，重新陷入当年部派佛教彼此苦苦争斗的余习，瓦解了大乘的综合含摄的功能，使得小乘佛教亦纷纷起来分庭抗礼。印度大乘佛教到此为止，最后或者重新走入“恶趣空”之邪见，或者厌倦了苦苦争斗而躲入密宗求取咒印之助。而“恶趣空”见无疑是从内部颠覆和毁坏佛教的最大祸害，

---

① 《再议印度之佛教》，《全书》第28册，第56页。

密宗也因为大量吸取婆罗门教的内容而变质，晚期更因秽行泛滥、声名狼藉而被印度人民遗弃，导致了印度佛教的灭亡。深究起来，印度佛教灭亡的原因，正是这种宗派之间的争讼，正如初期的小乘佛教，因部执纷争而衰微一样。大师说道："令印度佛教衰灭，除外来政治社会原因外，咎莫大于此执空诤者。"① 然而，就在印度佛教灭亡之际，中国佛教"则开展了摄末归本、本末融贯的综合论，故印度趋衰灭而中国则成全盛"②。

太虚大师发现，"在中国的佛学中，对于空有的融会，是处处可见的"③。他列举说，天台宗智者大师《摩诃止观》第九卷、华严宗法藏《十二门论宗致义记》、《慈恩传》中所说玄奘大师造《会宗论》、窥基法师《大乘法苑义林章》、三论宗吉藏法师《二谛章》，都是融贯空有之义的。而他自己，正是沿着这一条道路，针对历史上和现实中不同宗派的相互争讼，要破除无谓的空、有之争，将空、有二宗融会贯通，使佛教重新兴盛。

太虚大师在《阅入中论记》、《阅辩法相与唯识》、《阅为性空者辨》、《法性空慧学概论》、《大乘宗地图释》、《因缘所生法义》、《菩萨行与大乘胜解》、《汉藏教理融会谈》、《真现实论宗体论》等文中，主要对偏执"空"义的观点进行了破斥，将般若空宗与唯识宗表面相破实则相成的意义揭示了出来。

大师认为，佛陀说法，完全是因材施教、对机而说，有时说有我，有时说无我，其实有我、无我都是相对而言的两头语，展开就是"四料简"，实、不实、亦实亦不实、非实非不实。对通

① 《再议印度之佛教》，《全书》第 28 册，第 57 页。
② 同上，第 57 页。
③ 《法性空慧学概论》，《全书》第 7 册，第 297 页。

达实相的上根利智人，说一切皆实，或实与不实皆不必说，而只是为破除亦实亦不实的执著而说非实非不实；对随言执实的下根钝智人，说一切皆空无实；对中根人，说遍计所执、真谛、自性是空，而依他起性、俗谛、名言是有。实际上，诸法实相，非言语、思想之所到，没有一个究竟真实的实体可得，只有内心契证；如果执著有一种理论道出了究竟真实，那么必然是偏执。

大师以此而批判了印度佛教后期空宗的清辨论师所执的“胜义空”之见。大师认为，如果“胜义空”只是用作破除种种执著的方便，自然没有问题，因为此时的“胜义空，乃第一义智境，不坏世出世俗事有，则互容无害矣”①。但是如果定执“胜义”是“空”，那么是与龙树的《中论》相违背的，为《中论》所否定。

清辨在其《掌珍论》中成立其“胜义空”理论的著名偈语是“真性有为空，缘生故，如幻。无为无起灭，不实，如空华”，主张从胜义谛的角度说，有为法和无为法皆是空的，因为它们是缘生或无起灭的。而太虚大师认为与此偈语意义恰恰相反，同样可以成立“世俗有为有，缘生故，如幻。无为无起灭，真实，如虚空”，即从世俗的角度来说，有为法和无为法都是有的，因为它们是缘生或无起灭的。这样，从清辨“胜义空”义的对立面，恰恰成立了“世俗有”义。此外，还可以从有为的角度，说胜义、世俗都是有的；从无为的角度，说胜义、世俗是空的；或从胜义的角度，说有为、无为是有的；从世俗的角度，说有为、无为是空的；从有为的角度，说胜义、世俗是空的；从无为的角度，说

① 《法性空慧学概论》，《全书》第7册，第301页。

胜义、世俗是有的。如此纵横逆顺，无不可以成立，都是针对偏执而对破的方便；相反，如果偏执这其中任何一种理论以为究竟、彻底、真实，按照《中论》的本义，没有不被破斥的。

太虚大师由此展开说：

> 对唯识之赖耶缘起，以及其余法性缘起，如来藏缘起等义，亦无不破，所以说是毕竟空。要是为自悟悟他，从无所执中，应机所宜，方便施设，则或说唯识，或说法空，或说无性，都可成为当机的法益。上如释尊、文殊、弥勒，乃至西天东土各宗大师的说法，都是圣智为依，善相机宜，不被名言所拘局，令众生各得其益；故其所说不论是唯识，是皆空，都是善可成立的。①

从各种不同的角度出发，建立各种不同的理论，无非是种种度生的方便；而如果执其一种排斥其余，其余的固然被隐蔽、被废弃，而其所执的一种也往往陷入偏执乃至谬误。

太虚大师还在《阅入中论记》一文中批判了月称论师的偏执。月称论师的《入中论》是藏传佛教格鲁派所宗的重要经典，依据龙树《中论》的"缘生无生"义而造，但太虚大师认为，月称论师此论瑜不掩瑕，多有违背龙树之义。

大师在文中假设了一场辩论，对破月称的偏执，范围很广，涉及的问题很多，最为重要的莫过于依他起与缘起的问题，和离言自性的问题。月称论师以"依他起"义违背了龙树"诸法不自生，亦不从他生"的义理而主张"他生"。大师说："依他起之一他字，原可易为缘字。华译经论依他起性，亦多译为缘起性者。

---

① 《法性空慧学概论》，《全书》第7册，第301页。

起之与生，义亦通用，故依他起亦可云依缘起，即云‘依因缘生’。”[①]“依他起”指的就是“因缘生”，并非指依靠此法之外的实体而生。唯识宗之所以说依他起，乃“别应机宜，为异门说显缘起义，说为依他起性，说从自内熏习而生，亦性空中更明缘起深细相耳”[②]，并非否定了缘起义理，而是更为深细地阐明缘起义理。这是强调般若空宗与唯识宗在佛教最为根本的缘起义理上的一致。

对于离言自性的问题，月称论师偏执胜义谛唯无自性空，世俗谛唯缘起假名。太虚大师认为，缘生幻事不离识而有，并非依靠名字言说而立，为名言种类之忆念计度分别所不能到，可离言而唯识显现，即依他起性；而离言的圆成实性更非依靠名言而立，为自内证者所能相应，更不能断然否定为空无。月称论师的偏执，最后走入的正是违背龙树《中论》之宗旨的“恶趣空”邪见，不仅破坏四谛、三宝，而且破坏缘起因果。月称论师偏执的根本原因，在于所执的世俗只是世间世俗，所执的胜义只是胜义世俗，对离言的一真法界不能内证，从而导致“但为舌辩游戏，无当正悟！乐著内诤，卒难独占全胜，徒令外道乘隙，尽灭佛法”[③] 的严重后果。

上述太虚大师批判月称法师的两大问题，实为空、有二宗争讼中最为关键的焦点所在。大师《阅为性空者辨》一文中，针对当时的性空者对此两大问题再次进行辨析，可见偏执“空”义者千古皆然之误，也可见一旦消除此中偏执，则般若空宗和唯识宗

---

① 《阅入中论记》，《全书》第 28 册，第 76 页。
② 同上。
③ 同上，第 80 页。

本来融贯一体。

大师将空宗能够容纳有宗的义理追溯到龙树，以期正本清源之效。他说：

> 龙树学是融会贯通的，他对各种大乘法，都不曾排斥，而一切容许发挥的……不但容有唯识的理论，而且很留待着发挥唯识的意趣。这，正如贤首说的“举体全摄”，一切都可以融摄于中的，显然与后代空论师必斥唯识者不同。①

龙树的“空”虽然“举体全摄”，但是在当时的佛教教理发展的现实下，主要针对小乘说一切有部“三世实有”的法执而盛说“空”以奠定大乘初门的理论，对于即空之不空并没有详细阐述。色心等种子与现行互生的阿赖耶识缘起义理，实际上在龙树的根本理论八不缘起法、性空缘起法中，不但可以容纳，而且正需引申阐明。唯识宗乃至中国佛学的法界圆觉宗，详细阐发即空之不空的“空真理”与“空幻事”，“从真空理发挥真净性德以对离妄染，从空幻事显示种现识变。以对遣倒执，俾性空不落方广道人，幻有不落萨婆多部，而圆显性空幻有的中道实有”②。说空不至于否定一切而落“恶趣空”，说有不至于肯定一切而落入说一切有部之法执，而行于中道，即空而有，即有而空。

太虚大师进而从空、有二宗在教理上的相辅相成，而阐述其融贯一体的特征。空宗的根本义在诸法都是因缘聚集，而没有因缘所成的实体；而因缘本身也是因缘所成，并无因缘本身的实体。然而，因缘聚集的摄持力，正须法相唯识宗的唯心作为归

① 《法性空慧学概论》，《全书》第7册，第302页。
② 《阅为性空者辨》，《全书》第28册，第114页。

趣，诸法依心及心所法而建立，不于心识之外有其实体（方便唯识）；而心及心所固然法相分明，仍然是本性空寂的（正观唯识）。法性本空，可以破除小乘的法执；法相唯识，可以破除“恶趣空”之邪见。“以法性诠法相，则法相如幻如化，皆成妙用；以法相显法性，则法性本空，其相唯识。性相如如，故推究万有之本因及其体质，至此方理善安立。”①

太虚大师还联系小乘之空、有二宗，以及中国佛学之法界圆觉宗，纵横相涉，以阐发空、有融贯之义。小乘空宗在阐明五蕴本空之义之前，必须阐明诸法，所以反面正是阐明的法相。小乘的有宗阐明诸法之有，反面正是显示我空，阐明的是法性。大乘空宗极明人、法二空，离言绝相，其意旨却正是成立诸法法相，“以有空义故，一切法得成”。天台宗远承龙树《中论》的意旨，将“空”义尽显为不可思议之假，进而建立不可思议一心三观的理论，将空与有、中融贯一体。大乘有宗极明因缘依他之法皆是幻有，其意旨却正是空一切法，明离言自相毕竟不可得。华严宗与唯识宗同一理路，侧重阐述佛果清净心之净分依他起性，将依他起之“有”尽归为圆融无碍之法界，进而建立四法界以及一真法界的理论，将有与空、中融贯一体。天台根据法性，而进融法相；华严源于法相，而进融法性。法性、法相，一体融贯。

① 《法相唯识学概论》，《全书》第10册，第200页。

第三章　佛教义理的整体构建

太虚大师曾在书信中回顾自己振兴佛教而屡遭挫折与失败的历程时，感慨道："舍身舍心，救僧救世，慧德无让古贤，福缘乃逊时伦。每逢随俗浮沉，可括囊无咎无誉，才一发心振拔，辄招致疑神疑鬼。进无可许，退犹不容。嫉憎所届，滥小报詈为修罗，颠倒之极，捏名信诬以部党。"① 这段文字读之令人神伤气短，可以想见其时势之艰难，人心之惟危；同时也令人气昂志奋，可以想见其于浮沉中锻筋骨，于进退处见精神。

第一节　对佛教发展历史的反思

一　佛教衰败的历史原因

太虚大师数十年如一日，救僧救世，对中国佛教衰败之原

① 《复黄健六居士书》，《全书》第29册，第246页。

因，有着清醒和深刻的反思；而只有对此有真切的认识，才有可能对症下药，为佛教的振兴寻找到一条正确的道路。

大师曾引用查尔斯《世界史纲》上的文字，总结中国内地民族文化的根本是儒家和道教的，西藏文化是神道的，文化渗透而形成相应的民族心理。佛教的制度和仪轨，有一些内容迁就各民族的风习而得以保存，但是佛教的教理只为极少数的专门学者所了解，一旦要拿出来移风易俗，就会立即遭到排斥[①]。

佛教的教理之所以会遭到排斥，今人有较为透彻的分析，那是因为佛教尤其是大乘佛教与封建政权有着根源性的冲突。秦汉确立的郡县皇权专制制度，采取“内法外儒”的主流意识形态，其最大特色是以“人性恶”观念为基础的极端自私自利的价值观。这种制度后来引入了儒家文化和相应的官僚选拔机制，作为缓冲，“以维持统治的基础并缓冲因极端专制所带来的各种利益冲突。这个政治模式及其意识形态经汉魏两晋南北朝的振荡，到隋唐时代，随着科举制的完善而最终完备、定型，以后一直延续到清朝灭亡”[②]。这种政治模式及其意识形态，与佛教的佛性论、大乘精神格格不入，所以封建专制必然会极力限制佛教大乘思想的传播和弘扬。在统治阶级的严厉拒斥乃至残酷打压下，“佛教方面不得不对大乘佛法的真实思想价值取向和精神内涵进行极大程度的收敛和掩饰。以至于到了后来，佛教甚至不得不从中国民众现实生活的各个领域里全面退出而转入山林。勉强逗留在都市的佛教寺院，只能打着经忏佛教的旗号而尽量回避现实人生的具

① 参见《致吴稚晖先生》，《全书》第29册，第206页。

② 杨笑天《略论佛教文化与和谐社会》，《佛教文化》2008年6期，第60页。

体苦难”①。

太虚大师把佛教所遭到的排斥从两个方面进行概括。

首先是政治方面的排斥。大师在《听讲“现代中国佛教”之后》一文中，以隋、唐统治阶级对积极从事社会经济、赈灾、教育、慈善等事业的三阶宗的打压和消灭为例，分析了中国佛教躲入山林的深层原因；而此时发展起来的作为后来中国佛教主流的禅宗，吸取了三阶宗覆亡的教训，“对于国家社会公益事业，乃无从过问，不能不放弃了积极的作用。反之，禅宗消极的作用，身居兰若，依山林水边过生活，悠游岁月，足以消纳国家剩余才智，不妄冀非分，故为帝王提倡而盛行宋、明、清间”②。

结合历史，我们可以发现，佛教所遭到的政治方面的排斥又可分为表层的排斥和深层的排斥。

表层的排斥，是统治阶级对佛教的打压和消灭的行动，即有名的“三武一宗”之难，其中后果最为严重的是唐武宗灭佛，因为当时为国家统一，佛教全盛，所以对佛教的组织、机构、经典、宗派发展等打击非常集中、有效。不久，五代之乱，进一步使佛教“教典失逸，徒众遁散，精神、形式，丧亡极矣！”③

深层的排斥，是统治阶级表面上对佛教表示尊崇，而实际上是利用、歪曲和瓦解。封建统治阶级为了维护自身及其集团的利益，必须实行愚民政策，给人民套上精神的枷锁，防止广大劳动人民的反抗和封建知识分子的觉醒，于是将佛教大乘“众生平等”、“无我利他”、“救度如母之众生”、“六度四摄”等主流思想

① 杨笑天《略论佛教文化与和谐社会》，《佛教文化》2008 年 6 期，第 60 页。
② 《听讲“现代中国佛教”之后》，《全书》第 27 册，第 49 页。
③ 《震旦佛教衰落之原因论》，《全书》第 31 册，第 33 页。

予以尘封，使本来积极入世、救世的大乘思想无法涉及政治思想和行动，而“将佛教消极的作用——无用之用，来封锁人民的思想”①。

其次是文化层面的排斥，佛教传入初期主要是道教徒从宗教层面进行排斥，宋朝后则主要是来自儒家的排击。大师批评儒家学者，说他们对佛教依语寻义，不知深理；玩弄禅定光影，不彻本来心性；阴受阳拒，诬众欺愚；依靠政权，蛮行逆施；窃佛家性理归儒，仗儒家伦理拒佛；“逐功名，徇利禄，守妻子，甘醴豢，则复以伦常自卫，于是儒佛交困，儒佛交敝”②。大师的这些批评，应该说是符合历史事实的。宋明儒诋毁佛教，主要出于儒家传统的世俗伦理教化立场和现世主义人生观，攻击点集中指向佛教的离尘出世，尤其是教人出家，逃避在儒家看来是天经地义的君臣父子夫妇的伦理责任。他们指斥佛教徒求了生死“卒归于自私自利之规模”，乃至如朱熹骂释氏“轸灭彝伦，堕于禽兽之域，而犹不自知其有罪”。而佛教僧众为了避免与儒家、道教发生冲突，于是与儒家的治世、道教的长生相对，自守于出世之道，而放弃了自身积极入世、治世、救世的特色。

外部的排斥之外，佛教本身的变质和弊病，是佛教衰亡的更为主要的原因。

首先是僧众戒律的废弛，导致社会民众对佛教多有讥嫌与轻视。作为一种宗教，为社会所重的根本条件是宗教徒的行为和表现，是其健全的人格、健康的心态、净化的心灵等所散发出来的魅力，而不是理论的深奥与高尚。印顺说得好：“佛法的久住世

① 《听讲“现代中国佛教”之后》，《全书》第27册，第46页。
② 《震旦佛教衰落之原因论》，《全书》第31册，第37页。

间，不能离社会而独立。社会的认识佛法，作学理的研究者少，依佛弟子的行为而决定者多，所以如没有和乐清净的僧团，便难以引起世人的同情。世人误会或不满意佛弟子所代表的佛法，那佛法的存在就要成为问题。”[①] 一旦佛教徒普遍不守戒律，行为乖张、人格龌龊，那么离灭亡也就为时不远了。

大师分析道，佛教传入中国之后，最终戒律废弛，具体原因很多：佛陀当年制定戒律，有很多是因地制宜、随顺习俗的，汉土风俗不同，所以不能一一遵守；佛教戒律在印度时，既是针对风俗而设定，自然简单易守，而汉土风俗迥异，戒律译文隐略，注疏繁复，即使终身学戒也难弄个明白，遑论一一遵守；禅宗兴盛之后，禅者皆离开律寺，刀耕火种，自食其力，依清规而安住，宋元之时，更改律寺为禅寺，导致戒律之学废弛沉晦。戒律一旦被普遍抛弃，即使有个别严谨持戒者，其他佛徒往往以定共戒、道共戒为幌子而讥讽、而文饰。佛教的社会形象从此迅速下滑，直至近代佛教出家人更被社会讥为“十害”之一。

其次，是佛教义理之学的丧亡。佛教义理之学从汉明帝永平十年开始，数百年间佛经大量传入，于南北朝时期佛教各大宗派的祖师纷纷出现，创立毗昙、成实、三论、涅槃、地论、摄论、华严、天台、禅宗、律宗诸宗而达到中国佛教的全盛[②]，到隋唐时期又传入唯识、密宗。但是，唐武宗灭佛之后，佛教寺庙大量隳毁，经典大量亡佚，依赖于寺庙等组织和经典文字而传播的宗派遭受重创，唯识宗、唐密等甚至就此灭亡，佛教义理之学从此

① 印顺《佛法概论》，第9页，上海古籍出版社，1998年版。

② 参见杨笑天《略论佛教文化与和谐社会》，《佛教文化》2008年6期，第61页。

一蹶不振。

太虚大师认为，会昌之难是佛教义理之学衰歇的关头，宋初有所复兴，而宋末、元朝和明初几百年间，禅宗的善知识们专门提倡死坐修禅，排斥经教戒律。晚明时，受儒家心学者们大肆讲学之风的影响，佛教义理之学迎来了盛唐之后的第二次高潮。可是好景不长，入清之后，清帝大多提倡密宗，而雍正专提禅宗，对经教义理之学大肆呵斥，“义学之风，又为斩绝”①。

再次，是佛教出家僧众的衰腐。由于戒律的废弛、教理的衰歇、禅宗修行实践的衰落，大乘的精神逐渐丧失，出家的真意全无，徒存形式。封建社会宗法制的影响，清初出家制度的松弛，寺庙转化而为祖传子承的变态家族，法流的传承变质而为寺产的继承，僧众大多为衣食的谋取而出家，素质低下、品格低劣，严重地损坏了佛教的形象。

大师曾将佛教出家众分为四流：一、清高流；二、坐香流；三、讲经流；四、忏焰流。其中前三流不及第四流人数的十分之一，“除第一流外，余之三流，人虽高下，真伪犹有辨，其积财利、争家业，藉佛教为方便，而以资生为鹄的则一也”，其中第四流更是“裨贩佛法，效同俳优，贪图利养”。四流之外还有一流，“美衣丰食，一无所事，亦不受戒，亦不读经，凡佛教中事，一切不知”②，完全是混迹教内而损坏佛教的魔子魔孙。

佛教正是因为上述的外侮和内忧，所以长期以来只为极少数人所了知和传承，“由几个出家的人于山林中保持佛教不坠”③

① 《震旦佛教衰落之原因论》，《全书》第31册，第39页。
② 同上，第41页。
③ 《论胡适之中国哲学史大纲上卷》，《全书》第28册，第276页。

而已，到近代更是衰腐已极，被社会民众所轻蔑。甚至众多提倡教育者，以佛教为多余，视僧众为寄生虫，发起“庙产兴学”的浪潮，欲将佛教彻底消灭而后快。

二　佛教发展的历史轨迹和规律

太虚大师对佛教发展史中经受的挫折进行思考的同时，努力思考佛教发展的轨迹和规律，力图探索出一条顺应时代潮流、结合人类新文化特点的崭新道路。

大师在《判摄一切佛法》、《大乘本生心地观经讲记》、《编阅附言》等文中，按照佛教发展史的传统观念，将佛教修行分为三个时代：正法时期、像法时期、末法时期。正法时期，主要是立足声闻乘，现生证得声闻圣果，然后回小向大发大乘心；像法时期，主要是立足天乘，现生证得天身或来生得生“天国”，从而证得大乘果，以密宗和净土宗为代表；末法时期，主要是立足人乘，现生完善人格，进而修大乘行。按照佛教史进行计算，现在是末法时代的开始，所以，依人乘行果，直趣大乘行，正是最为契机的法门。

而且，当今佛教备受世人误会，如果依声闻乘修行，世人则以之为消极；如果依天乘修行，世人则以之为迷信。世人误会的加深，对佛教的传播和发展都是巨大的障碍。如果顺应世人重视物质满足和现世的幸福快乐的时代潮流，以人伦道理为基础，使世人认识做人和追求幸福快乐都需要佛教，于是才能产生信心，也才有可能趣大乘行修六度四摄。虽然，人乘行，过去佛陀在世之时以及后来，历代佛教中都有人提倡和实践，但是一直都没有占据佛教的主流而促成大众的集体实践，所以，现在提倡人乘行趣大乘果，实际上是创今而非仿古。只有这样，才能打破过去受儒家排击而萎缩于出世的一角的状况，而将佛教本有的积极入世、度世、救世的精神发扬出来，利益世间尽未来际。

可以说，大师毕生都在为衰败已极的佛教的振兴而奔波，可谓呕心沥血、鞠躬尽瘁。大师从事佛教振兴事业的时候，主要是在辛亥革命之后到 1947 年去世的几十年间。其时，历史上封建统治者对佛教的表层排斥和深层排斥，已经随着满清王朝的灭亡、封建社会的结束而基本结束，其政治层面的余毒，虽然表现在当时的一些有权者身上，但是终归大势已去，无法重新主宰政治形势而干扰和破坏佛教的发展；汉土传统文化主要是儒家文化对佛教的排斥，也已经随着封建社会的结束而被批判、被埋葬，其文化层面的余毒，主要表现在受封建儒家文化哺育、熏陶、影响的一些学者文人身上，但是终归风光不再，儒家已经无法如昔日一样结合政权，从教育、文化、政治等各个层面压迫和排斥佛教。

对于佛教自身方面的弊病，太虚大师有着极为重大的改革理想和实践，其典型表现就是著名的从教制、教产、教理三方面进行改革的“三佛革命”。革命本身虽然最终失败了，但是其中教理革命所体现的大师的总持之智慧，以及留给后来佛教的宝贵的改革教训和经验，却历久弥新、影响深远。笔者试图就大师对佛教整体教理的构建，发掘大师的总持智慧，并为今天佛教的建设、振兴，乃至整个社会文化的发展，提供一些有价值、有意义的参考。

第二节　佛教义理整体的提炼和融贯

太虚大师对佛教义理的构建，讲究正本清源，认为要以圣人所说所造之经律论为根本，后人的著述要以圣人的言论为标准而裁断、采取；同时讲究圆融统摄，“今后研究佛学非复一宗一派之研究，当于经律论中选取若干要中之要作深切之研究，而后博通且融会一切经律论成圆满精密之胜解”①，正是大师的总持智慧在佛学研究上的体现。而大师自身对佛教的研究，正是其圆融统摄的理念的具体实现，从不拘于做某一宗派的徒裔。前文所述的 1937 年在世界佛学苑研究部所讲的《新与融贯》一文，大师系统地阐述了自己的志趣和抱负，即认为佛教的每一宗派无非是针对某一类众生而采取的具体方法和技巧，宗派之间只有角度和方式的不同，根本上完全一致，因此不必执著。大师研究、实践佛教是如此，作为一代佛学大师弘扬佛教也是如此，因材施教、随机说法，不自限自拘于某一宗派。

太虚大师对于佛教义理的圆融统摄，在《佛陀学纲》、《佛学讲要》、《海潮音月刊出现世间的宣言》、《佛学之源流及其新运动》、《我怎样判摄一切佛法》、《编阅附言》中，有着系统的论述。

1928 年，大师在北平毗卢寺讲的《佛陀学纲》，从原理、动机、办法、效果四个方面，对佛教的特色进行了提炼。

---

① 《大乘宗地图释》，《全书》第 5 册，第 463 页。

从原理来说，佛教是现实主义。现实主义就是“法尔如是”，还事实以真相，佛教所追求的佛果境界也无非是“洞见诸法实相”，因此，这种现实主义，“是全宇宙本来如此的真实主义，是非主观无私见的，所以是无主义的主义”①。现实主义可分为四个方面：现行实事，即全宇宙一切都是生灭相续、流行不息、本来如是的；现事实性，即全宇宙一切都是因缘所成，无固定性、独立性、自我性，而是社会性、宇宙性的；现量实相，即对全宇宙一切进行完全的、普遍的直接觉知；现变实力，即全宇宙一切能变的力量都在于众生能够自主的心识。

从动机来说，佛教是平等主义。平等是佛教的起点也是终点。全宇宙一切的体性都是平等的，都是流行不息的生命之流。一切众生都有心，都有现变实力，都有可以达到最高觉悟的可能性——佛性。学佛的动机，就是在宇宙一切悉皆平等的地方立志，追求世界人类的完全平等，进一步追求一切众生都能获得平等安乐。

从办法来说，佛教是进化主义。全宇宙一切都是各种因缘条件的产物，没有实体、皆为假相，真相是普遍全宇宙。如实地与真相契合，由此发菩提心，修菩萨行，从人的地位开始进化。经十信、十住、十行、十回向、四加行、十地，最后到佛果境地，进化才真正完成。“佛以全宇宙为生命，全宇宙无限量，佛身亦无限量，这才是最后进化的结果”②。

从效果来说，佛教是自由主义。佛教追求的结果是成佛，佛身无我，无我故无障碍，无障碍故自由。佛身遍满全宇宙，此即

---

① 《佛陀学纲》，《全书》第1册，第187页。

② 同上，第201页。

无障碍法界：自他不二、圆融无碍、绝对自由。自由可分三种：境智自由，即能知的智慧与所知的对境圆融无碍；业果自由，无漏清净业圆满而成就无漏清净涅槃；完全自由，宇宙全体即无障碍法身。

太虚大师对佛教特色的提炼，结合了当时时代的精神，将古老佛教中固有的精义，以当时全社会、全世界最为流行的思想予以阐发，不仅使佛教焕发出崭新的气象，而且也赋予了时代的流行思想（现实、平等、进化、自由）以更高的价值、更深的意义。一方面，我们从大师以新思想解释佛教，可以看到佛教对时代的主动适应；另一方面，我们从大师以佛教提升新思想，可以看到佛教对时代的积极摄导。

1932年，大师在庐山大林寺讲的《佛学讲要》，将佛学的大要概括为六点。

甲、自然之改造与顺成。众生世界（自然界）的形成原因在于众生的业力，业力的发生需要众多的条件，而最关键的是众生的心识——本明半昧的无明心。要改造自然界，须从其根子——众生的心识上入手，即把“无明心”转变为“明心”，觉照一切事理的真性，发挥真性中本来具足的种种清净功能，将无明烦恼造成的恶浊世界转为清净庄严的国土。这是佛法对于自然界的彻底改造，也正是佛法的本质之所在。

乙、真如之亲证与应化。以改造了的“明心”——根本无分别智，真真地见到一切的实事真理，进而显现种种的身命、种种的国土，顺应种种世界种种众生的因缘条件，帮助、化度众生，众生闻法修行而证得真如实相，如此证得真理——传播真理——证得真理，永无止境。

丙、理论之超越与施设。佛法的理论是证得真理实相者以语言文字等中介形式，对真理实相的描述；描述本身并不是真理实相本身，仅仅只是对趋向和方法的说明。因此要达到对真理实相的亲证，必须超越佛法理论，彻底改造“无明心”而深造，最终亲证真理实相。而后根据自己的志向和修证的经验，以语言文字的中介建立各种理论，度化众生。

丁、定通之习得与销融。要转变“无明心”为“明心”，需要将全部心力集中起来去照破无明，这就得依靠禅定的功夫。借助禅定之力照见本来的寂静光明，证知一切法本来如此，则神通变化当下便是。现证真如法界平等法身，则全法界圆明了知，见闻觉知无非神通光明，见闻觉知之对境无非禅定。至此，禅定神通无不销融。

戊、即空之有与即有之空——不常不断中道。即有之空有两种，一是众生无明妄执之有，全为虚妄；一是因缘所生唯识所现，无有实体。即空之有也有两种，一是诸法无有实体，故为即空之幻有；一是人法二执皆空所显真如，是为即空之真有。是故，诸法非有非空，不常不断，是为中道了义。

己、即悲之智与即智之悲——不苦不乐中道。证得真如之后，依据真如心便自然产生救度众生的“无缘大慈”、“同体大悲”。此慈悲之心，必需遍一切无不知之智慧，相辅相成，才能成就度生的大用。悲智双运、理事融通，是菩萨之中道行为；不计其苦、不著其乐，是菩萨不苦不乐之中道。

上述太虚大师的六点佛法大要，是对整个佛法三藏十二部尤其是大乘佛法宗旨的提炼，极其简练精要。我们可以发现大师这六点大要，都是围绕一个“心”字展开；“心”又可分为“无明心”和“明心”两种。六点大要中，“甲”侧重“无明心”向“明心”转变的原理和方向，“乙”侧重转变之过程的亲证，“丙”侧重转变之境界的表达，“丁”侧重转变之后的功能，“戊”侧重“无明心”与“明心”在义理上一体不二的心性中道，“己”侧重“明心”之应用的实践中道。可以说，整个佛教的信、解、行、证的精要，都具体而集中地凝结在了这六点佛法大要上。

太虚大师对于佛教教理的融贯，还从“因缘生果、本性空寂、名相假立、中道真实”[1] 四个层面，“因缘生义、般若义、大悲心义”[2] 的三句义等等角度，以及小乘、大乘、大小乘、三乘、五乘、三期、三系、大乘三宗、大乘八宗等各个方面进行，在前文有关佛教判摄的内容中，已经有所涉及和陈述，故此不赘。

针对中国佛教衰败的历史原因中义理之学丧亡的情况，太虚大师在以自己的智慧提炼、融贯佛教义理的基础之上，更进一步在《佛教的教史教法和今后的建设》、《佛学之源流及其新运动》、《编阅附言》等文章中，提出了重建义理之学的框架性建议，深值佛教界后来者借鉴。

大师认为，要建立佛学，要从“教”、“理”、“行”、“果”四个方面，总体上进行建立。首先，必须以“研教”作为根基。研教主要是研究佛教法物的史料、美术，以及经书的考校、编辑等，侧重在佛教的物质方面，也是重建义理之学的物质基础。其次，要究明佛教义理，以全部的教史和教法为根据，综合世界三系的佛教，做普遍的研究，穷尽全部佛法的义理，建立世界性的

① 见《中国之佛教》，《全书》第 2 册，第 291—292 页。
② 见《能断金刚般若波罗蜜多经释》，《全书》第 6 册，第 88—93 页。

佛学。再次，是以律仪行、禅观行、真言行、净土行，将教理付诸实践。最后，取得信果、戒果、定果、慧果，而使教理得到真正的实现，而这也是在世界上真正建立佛学的必备条件①。

大师对重建和发展中国佛教教理，充满着希望。他回顾当年印度的佛学大师来华传译，以及中国的佛学大师西去取经而归国传译，积数百年之功，成就了中国佛教史上的义理之繁盛，他说道：

> 印度原有小乘大乘的经律论，以及密宗的仪轨等一切，无不承受；且加以融化光大而现为隋唐间大小乘十三宗的伟观。既有直探佛陀觉源心海的禅宗，以握得佛学的根本精神；亦能发挥印度传来之大乘法性学、法相学，及小乘之成实学、俱舍学；且创为融合大小乘之律学；并以禅宗的精神综合一切佛学，组织为天台学、华严学。虽近数百年，渐见衰颓涣散，然以中国佛学元气的充足，及近十年来中国民族对于佛学的觉醒，不难由中国佛学的中心系，融合锡兰及西藏的两个佛学中心系，率归于释迦佛陀的觉源心海，一跃而为世界佛学唯一的中心。②

第三节　世界佛教的构建

太虚大师通过自己的敏锐观察，发现当时的西方文化已深陷

---

① 见《佛教的教史教法和今后的建设》，《全书》第1册，第399—408页。

② 《佛学之源流及其新运动》，《全书》第2册，第335页。

于片面发达物质、疯狂追逐物欲、引发争斗乃至战争的漩涡，给世界带来巨大的灾难，故而力主建设东方文化尤其是大乘佛教文化，以扭转世界文化方向、促成世界和平、建设世界安乐。

太虚大师在《提供谈文化建设者几条佛学》、《告全世界佛教徒》等文中说，佛教是彻底的因果论与现实论、彻底的平等论与差别论、彻底的社会论与个人论、彻底的无常论与恒如论，对于现代人类高度发达、进步的理智来说，只有佛教才能满足其需求，是其发展的必然归趣。当时世界上最流行的现实文化，主要是科学的、工业的文化，然而仍以各民族的历史文化为背景，欧、美、澳各民族文化以基督教（广义的）为线索，亚洲西北和非洲各民族文化以伊斯兰教为线索，亚洲东南各民族文化以佛教为线索。要创造世界的永久和平，必须贯穿这三条线索的文化，而又融合现代的科学与工业，能够承当这一伟大使命的，只有佛教。

之所以如此，是佛教本身具有的特质，而这些都是其他文化所缺少的。大师在《从人心中把佛教复活起来》、《佛教为中国文化及智慧的宗教》、《佛学之源流及其新运动》、《敬告亚洲佛教徒》等文章中，深入阐述了这个问题。

代表人道仁义的儒学，已经被整个社会所崇尚的各种欲望给吞噬，奄奄一息，了无生气。代表天道敬修的各种宗教——基督教、道教、神道教、梵神教等，单纯凭借对上帝等第一因的盲目信仰和宗教情感为基础，而上帝等第一因的存在已经被科学和哲学否定[1]。

---

① 见《敬告亚洲佛教徒》，《全书》第19册，第438页。

而佛教的理论却正与科学、哲学相合，而且能引导之向前发展至更深刻、更高明的境界。

首先，佛教的基本理论“宇宙事物皆因缘所成”，主张宇宙一切都是平等的，否定上帝等第一因的存在；而且因缘的归趣在众生的心识，众生皆可求之于心识，达到自宰因缘的境界，故是现实的、自由的。这种理论和精神是“合于科学、哲学之理智信仰的”① 最扼要的方面。

其次，因缘生法的理论，运用到人际、国际可作为处理人与人、国与国之间关系的准则。任何人乃至国家都是众多因缘条件的结果，他身他国都是自身自国的条件，利益他身他国即是利益自身自国，损坏他身他国即是损坏自身自国。任何人任何国家都必须在自他的共同利益中求得自身自国的利益，这是符合宇宙“一切即一、一即一切”的缘生真相的②。

再次，因缘生法的理论，归根结底是“讲明‘无我互成’的佛学真理，觉悟全世界的人类，改变其各自竞争以求生存的思想，为人生相助以共存共荣安宁发达的思想，遂开展为全球的佛学的新运动”③，可以引申出以下的结论。

第一，佛学是人生的佛学，大乘初步的十善行佛学可以开展为有组织有纪律的大乘社会生活，并可逐渐进化而至彻底圆满的佛果境地。第二，佛学是科学的佛学，可得到科学的论证和诠释，又可以在科学的基础上树立对佛学的合理正信，更能弥补科学的缺陷而引导其发展进步。第三，佛学是实证的佛学，运用身

---

① 《佛教为中国文化及智慧的宗教》，《全书》第 26 册，第 410 页。

② 见《从人心中把佛教复活起来》，《全书》第 26 册，第 428 页。

③ 《佛学之源流及其新运动》，《全书》第 2 册，第 337 页。

心实践的方法，最终打开理论的、经验的牢笼，而实证宇宙万法的真相。第四，佛学是世界的佛学，以发达理智引导以调解情意为特色的东方文化，以调解情意引导以理智发达为特色的西方文化；尤其以超越分别的如实智达到“理论的遍常”，以符合事实的如量智达到“经验的确当”，最终完成“经验的遍常”与“理论的确当”的统一。“故唯佛学足为陶铸两方文化与两派哲学的洪炉，创造成今后世界全人类所需求的大同文化与哲学。”①

佛教本身的特色是建设世界佛教的内因，固然最为重要，但是作为外缘的时代特色，也起着不可或缺的作用。时代的形势，正为世界佛教的建设提供了有利的条件。如前文所述，太虚大师敏锐地觉察到了当时的世界，交通工具便利，生产工具进步，信息传播迅速，人类普遍觉醒，科学日新月异，思想、文化、政治、经济相互影响，全世界“实已有超脱各国家、各民族、各宗教、各阶级，而搏合为一全人类之倾向。在此倾向上，盖已具有融化各国家、各民族、各宗教、各阶级种种文化之特长，而鼓铸为世界全人类文化之基础”②。在这种情况之下，佛法应该“适应人们要求真正自由平等的心理，充分发挥佛法绝对无二的感化力和智辩力，去说服全球上所有的人类”③，成为世界文化的主流，引导世界人民，同时自成为世界佛教。

太虚大师在《论梁漱溟东西文化及其哲学》、《三十年来之中国佛教》、《编阅附言》、《从香港的感想说到香港的佛教》、《建设现代中国和中国佛教的途径》、《访问南方佛教国的临别赠言》、

① 《佛学之源流及其新运动》，《全书》第 2 册，第 339 页。
② 《出国弘化临别之演辞》，《全书》第 26 册，第 212—213 页。
③ 《佛教对于将来人类之任务、种性》，《全书》第 30 册，第 192 页。

《由青年路向问到佛教革兴》、《敬告亚洲佛教徒》、《佛法能否改善现实社会》等文中主张，要建设世界佛学，首先得明确具有普遍世界性的佛学的特征，就是要超越历史上各时代、各地域佛教"教理"、"教制"的束缚，超越历史上一切大小、显密、台、贤、禅、净的诤论，将导源于释迦牟尼佛的三期三系的佛法，"综合来研究之、贯通之、融摄之、还源于佛之大圆觉海"①。具体而言，就是要以第二期的传播到汉土的大乘佛教为主，提炼南传、藏传佛教的精粹为辅佐；同时用佛教的心理建设充实以人事为本的东方文化的精神修养层面，而吸取其专注政治、治理社会的优长；学习科学的技能，来弥补东方文化的物质方面的不足，"吸收东西古今一切特长，以成为中国的或世界的现在到将来之新佛教"②，也只有这样，将东西方文化"融和贯通起来，方可建设现代中国"③。

其次，作为所要建设的世界佛教核心的中国大乘佛教，应学习和吸取藏传佛教重视教理研究的长处和缅甸、锡兰等地的南传佛教重视律仪的特点，尤其是要吸取南传佛教实践大乘行的办理社会、慈善、教育等事业的精神，从而"把中国原有佛教充实起来，使中国佛教成民族文化的光辉"④。

再次，"亚洲各地，中华之汉、蒙、藏（华）之佛教徒，日本、朝鲜、台佛（日）教徒……暹罗之佛教徒，印度、缅甸、安南、南洋群岛等佛教徒……通力合作，求无上智光以照破斯世之

---

① 《从香港的感想说到香港的佛教》，《全书》第 26 册，第 8 页。
② 《三十年来之中国佛教》，《全书》第 31 册，第 53 页。
③ 《建设现代中国和中国佛教的途径》，《全书》第 26 册，第 379 页。
④ 《访问南方佛教国的临别赠言》，《全书》第 27 册，第 150 页。

冥暗”[①]，即整个亚洲的佛教应互相学习、通力合作，融贯为一体。具体做法又可分为三点。第一，汉地、西藏、蒙古等地佛教，与日本、台湾、朝鲜等地佛教，各自在社会事业、了知教理、服务国家、现代科学、个人修行、宗派关系、超出世间、教理本色等八方面，各有四短四长。随着彼此之间佛教徒的来往日密、情感交流，可以进一步消除隔阂，互取他长，补自所短，从而携手弘教。第二，印度、缅甸、暹罗、南洋等地佛教，与华、日佛教之间应互相学习，以加强大小乘教理的融合，和大小乘实践的互补。第三，组成无有国界的教团，即发起世界佛教联合会，打破国家习俗的局限和障蔽，“以平视世界，等视众生，荷担佛法，化齐人天”[②]。

再次，将佛教普及于全世界全人类，尤其是传播到欧美等先进的国家中去。大师认为，欧美人有着对任何一种事物都要研究清楚然后认真实行的品质，正可以对治中国人混沌、迷信的毛病；而且当时世界以欧美为主导，欧美人“具有转动这个世界的力量……如果能到以佛法的力量来转动这世界的时候，这世界便有望了”[③]。大师说：“吾每欲以佛法输入欧、美各国，俾欧美之科、哲学者，得其趋正之路，尽量而同证此无上真理。”[④] 据大师的了解，其时，一些欧美国家已经有佛教思想在逐渐传播，但是仍处于萌芽时期，大有偏执一端的趋势。研究者及一般人对于佛教的认识，大多局限在小乘，研究方向大抵为历史文化、宗教

① 《敬告亚洲佛教徒》，《全书》第 19 册，第 439 页。
② 同上，第 441 页。
③ 《寰游之动机与感想》，《全书》第 26 册，第 223 页。
④ 《与德国乐始尔博士之谈话》，《全书》第 30 册，第 279 页。

比较、佛教哲学三个，往往拘泥于进化论思想、基督教思想、西方某派哲学思想，“于佛之教义皆难洞彻”①。

大师说的这种情况，舍尔巴茨基在其1927年发表的名著《大乘佛学》（原名为《佛教的涅槃概念》）中，即表达了相同的观点：“尽管欧洲开始对佛教的科学研究已有百年的历史，但我们对这一宗教的基本学说及其哲学仍不甚了解。可以肯定，别的宗教都没有这么难以驾驭，难于明晰加以表述的。”② 而他本人的著作中，也有着对佛教义理的不少误解或谬见。与他同时的德·拉·瓦勒·浦山，竟然将佛教的涅槃理解成“关于灵魂不朽的信仰，关于死后的天堂中的极乐的继续存在的信仰”③，很显然把佛教与基督教混为一谈。将欧洲这种陷入“绝望”境地的佛学研究，摄导之以入佛法的正轨，是中国大乘佛教的使命。

大师认为，由于欧美国家盛行科学，由科学建设哲学，人们思想渐趋精密，与佛教唯识学相邻近，所以唯识学能够契合这种文化背景而顺利传入欧美，引导其科学文化入于正轨。由唯识学的传入，必然会引发三论宗在欧美的兴盛。此外，与欧美信奉的基督教相似的净土宗，与欧美日盛的鬼神学、灵学、催眠术相近的密宗，也比较能够为欧美文化所接受④。

太虚大师不仅有建设世界佛教的思想，而且还将其思想付诸实践。1923年8月，大师在庐山大林寺，发起世界佛教联合会，并开始筹备于次年夏季召开第一次世界佛教联合会，“大师之世

---

① 《美国佛教之中国佛教史观序》，《全书》第32册，第333页。
② 舍尔巴茨基《大乘佛学》，第1页，中国社会科学出版社，1994年版。
③ 同上，第2页。
④ 见《唯识讲要》，《全书》第9册，第277—278页。

界佛教运动，于是开始”[①]。1925年，大师即开始筹备游化欧美，到1928年8月11日才成行。10月20日，大师召集巴黎友人，在东方博物院，商议建立世界佛学院，后在伦敦无线广播电台发表《告全球的佛学同志》，同时筹备设立世界佛学院伦敦筹备处。1929年4月29日，回到上海。

太虚大师在环游欧美各国之后，总结自己此次传播佛法的影响有三：一、引导欧美各国研究佛教的团体和个人加强联系，并积极发展；二、引导产生对中国佛教的研究兴趣；三、在欧美各国分设世界佛学苑的通讯处。

1932年，武昌佛学院改组为世界佛学苑图书馆。大师在1933年9月所讲的《世界佛学苑之佛法系统观》中，对建设世界佛学苑的目的说得很清楚：“综合世界的佛教，研究成世界的佛学，实现为世界的新佛教。”[②] 至于其具体的实践，大师提出，应从教、理、行、果四个方面进行，“把世界凡足以为研究根据的教理，依之修行证果，而树立世界的佛教为目的”[③]。大师1937年8月于世界佛学院所讲的《新与融贯》，对院里研究系进行了说明，一共分六系：第一，俱舍阿含系；第二，法性般若系；第三，法相唯识系；第四，法界显密系；第五，教乘次第与教宗历史系；第六，律藏研究与僧制整理系。所研究的内容贯穿南传、藏传、汉传三大系，涉及亚洲各个有佛教传及的国家。“上面六系，如研究法界显密系，要融会贯通台、贤、禅、净、密以研究，当然比专学讲天台教、贤首要艰难得多。现在应不避

① 印顺《太虚法师年谱》，第87页。
② 《我的佛教改进运动略史》，《全书》第31册，第92页。
③ 同上，第93页。

艰难地本着这新的融贯的宗旨，勇猛研究，乃能跃进为现在到将来的世界佛教。”①

① 《新与融贯》，《全书》第1册，第386页。

第二编
世间法的总持

如前文所述，太虚大师以其总持之智把握佛教历史、判摄诸乘次第、融摄诸乘诸宗、融贯佛教义理、构建整体佛教及世界佛教，这与他作为佛教徒、佛学思想家和实践家的身份是分不开的。他弘扬佛教，复兴佛教，并力图使佛教文化成为未来中国文化乃至世界文化的主流，实现其以佛教救国、救世的宏愿。

然而，文化和时代的背景，使得大师必须面对种种其他文化的挑战。

首先，是中国以儒家为主的传统文化对佛教的排斥和攻击。尽管儒家等文化已经随着封建王朝的覆灭而失去了昔日的八面威风，甚至正经受着批判的风暴，但是其流毒未尽，仍然深深地影响着老一代和新一代接触过传统文化教育的知识分子，例如大师与胡适、吴稚晖、严复、熊十力、梁漱溟的辩论或对他们文章的批评，就可见到其中儒家文化尤其是宋明新儒学影响下的知识分子要如实、准确地认识佛教，仍然存在着多么严重的障碍。

其次，是西方现代科学，包括社会科学、自然科学对佛教所提出的崭新的时代任务。大师所处的时代，是我们的国家、民族乃至文化都正经受着灭亡威胁的时代，国家的极度贫弱和任人宰割的悲惨地位，不仅产生了救亡图存的时代任务，同时也深深地损害了知识分子的民族自尊心和文化自尊心。“唯西方之马首是瞻”成了一种普遍的时代症状，民族文化虚无论一时成为大部分知识分子的下意识取向。如何对抗西方文化的冲击，乃至站在更高的文化视角，高瞻远瞩地审视东西方文化各自的特点，区别之、统摄之、融贯之、引导之，建设一种去除了各种文化的缺陷、吸取了各种文化的优长的新文化，以成为未来文化的主流、主体，成就人类的和平与安乐，这是时代所赋予给当时所有知识分子的使命。和其他众多的在自觉地承担这一使命的知识分子一样，太虚大师毕其终生的努力，希图以大乘佛教来完成这一伟大的使命。

结合前文的内容，我们可以知道，太虚大师是以建设整体佛教、世界佛教的目的，贯穿了对传统文化、西方文化乃至印度文化的审视和思考，甚至可以说，后者是从属于前者的一个部分，终究是为前者服务的。

在大师看来，面对现实的各种文化，佛教有其独立的特质，不应该依附任何其他文化而立言。不仅如此，“处今而言佛，但将佛海中世间出世间之善法尽量发挥之，用为融摄，则尽东西古近之一切宗教学术靡不可融摄者；用为拣除，则尽东西古近之一切宗教学术靡不可拣除者”①；若以五乘佛教的宽广胸怀来容纳（融摄），则中外古今的一切思想学说都可以融摄其中；若以佛教的正见来衡量见解的正邪、权实（拣除），则中外古今的一切思想学说都被否定无余。

正是在融摄各种文化的意义上，大师将印度婆罗门教摄为“佛教之吠檀陀宗”，将宋明新儒学摄为“佛教之宋明儒派”，将道教各流派摄为“佛教之道流派”，将基督教摄为“佛教之基督宗”，并对其他一切思想学说，都可以“据实定名，一一收归为‘佛教之某某宗’，去其偏谬之点，要皆佛教之人天乘法”②。结合佛教内部的各宗派，则可图示如下③：

---

① 《论四川至诚学社文件》，《全书》第33册，第315页。
② 《论塔果尔》，《全书》第33册，第454页。
③ 《佛教化的世界宗教学术观》，《全书》第23册，第3页。

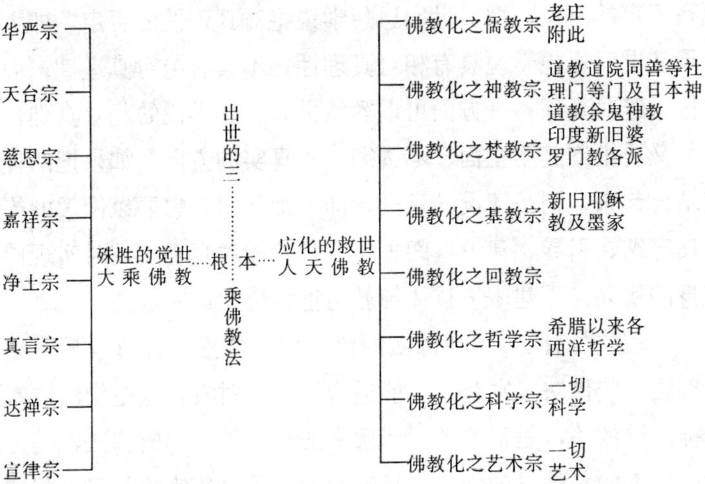

而在拣除各种文化的意义上，“世俗学说，大都不离计执，然间有略知依他者，但不能证圆成”①。世间思想学说中的科学、哲学、伦理、宗教等等，无非“倒想妄见凡情我爱耳”②。具体而言，道学（宋明新儒学）不明生生之不离苦；《易经》是以既济为追求而以未济为结果；道家（道教）以精气神之修炼延长业力，终究还归堕落；婆罗门教、基督教等一神教，向一神祈祷永久安乐，飘渺不定，徒有名词；新学家以科学和哲学为依托，要利用规律改造自然，以求文明、进化，但无奈地球终有毁灭，理想终究落空③。

对太虚大师所说的这两种意义，我们可以发现，前者可以说是肯定的意义，即对世间思想学说相对真理性的承认；后者可以

---

① 《答张曦问》，《全书》第30册，第23页。
② 《论佛教与孤儿院》，《全书》第26册，第26页。
③ 参见《学佛应先解决三个问题》，《全书》第26册，第83—86页。

说是否定的意义，即对世间思想学说绝对真理性的否定。即大师只承认世间思想学说具有相对真理性，不具有绝对真理性；而佛教作为绝对真理，一方面可以容纳世间思想学说的相对真理，一方面又要批判其不全面、不透彻、不真实的方面。如果把两种意义结合起来，则是建设的意义，即大师终归是想要以佛教的绝对真理容纳、引导、建设世间思想学说的相对真理，同时实现佛教自身的复兴与重建——整体佛教与世界佛教的完成。

印顺法师有言："在佛法的流行中，融摄与释尊本教不相碍的善法，使佛法丰富起来，能适应不同的时空，这是佛法应有的精神。佛的法，是根本的；诸佛常法与入佛法相的佛法，是竖贯的、深入的；融贯的佛法，是旁通的。千百年来流行于人间的佛法，即契合这三者而构成。"① 这用来概括太虚大师对世间思想学说的摄导，应该是很适当的。

① 印顺《佛法概论·绪言》，第2页，上海古籍出版社，2003年版。

第四章　以佛教摄导科学

第一节　对整体科学的摄导

“科学”，是太虚大师所处时代最为响亮的名词之一，成为人们衡量和评判其他文化的准绳。正如胡适所言：“这 30 年来，有一个名词在国内几乎做到了无上尊严的地位；无论懂与不懂的人，无论守旧和维新的人，都不敢公然对他表示轻视与戏侮的态度。那个名词就是‘科学’。这样几乎全国一致的崇信，究竟有无价值，那是另一问题。我们至少可以说，自从讲变法维新以来，没有一个自命为新人物的人敢公然诽谤‘科学’的。”[①] 套用一句名言，即当时的任何文化，都必须在这科学的法庭面前接受审判，以自辩护，求取生存和发展的空间。

佛教也不例外。19 世纪末叶，宋恕、文廷式、孙宝暄等改良人物，便开始以佛学比附科学，努力要将佛学与近代科学相接

① 《〈科学与人生观〉序》，《胡适书评序跋集》，第 411 页，岳麓书社，1987 年版。

通。清末章太炎则更进一步，注重接通佛学精神与科学精神，而认为佛教法相唯识学的分析方法与近代科学很相契，“逮科学萌芽，而用心益复缜密矣。是故法相之学，于明代则不宜，于近代则甚适，由学术所趋然也”[①]。之后，梁启超、梁漱溟、欧阳竟无、杨度、刘仁航等人都认为，佛学与科学彼此相通，并无矛盾。到了20世纪三四十年代，以科学解释佛学，将佛学对接科学，已经成为知识界的一种普遍做法。其中影响较大的，有胡超因、王小徐、尤智表、张化声等人，都试图以科学来解释佛教，或者以佛教统摄科学，以直面科学的成就与挑战。太虚大师，不仅是最先表达其科学思想的佛教僧人，更是自觉地审视科学的本质，对比科学与佛教的各自特点，揭示科学的缺陷，以佛教来批评、引导、摄化科学的典型代表。大师认为：“在科学极发达之时，必须通得过科学理论之批判，透出为科学思想之率导，同时能吸收科学成果，综理哲学、艺术之宗教，方足膺此时代之要求，斯则又唯佛学堪当其选矣！”[②]

一　对科学的审视

太虚大师对科学的特点有着明确的认识，他认为科学最大的优长在其精密严谨的方法，可分为六层：一、分类细致，界限严格；二、欲有发明，先观大概；三、精察谛观，确然深知；四、综合所得，立说试验；五、多次验证，终成定判；六、学说成立，通行世界。而最为根本、重要的则是试验，试验的特色有

① 《章太炎全集》(四)，第370页，上海人民出版社，1985年版。
② 《民国重修大藏经叙》，《全书》第32册，第327页。

二：一、根据现前经验，如实认识现实；二、改进试验方法和工具，弥补感官之不足。

类似于科学，佛教最大的优长和特色也在其精密严谨的身心试验、实践上，具体展开的方法有无数种，可以分为戒、定、慧三大类，并且注重对试验的主体心灵进行改进，使能观测和思考的心灵不受烦恼、杂乱、谬执所扰乱。因此，佛教的试验重在治本，而科学则重在治标①。

在进行试验的过程中，能观测和思考的心灵是最主要的，而佛教依靠戒定慧的方法，可以将心灵改进至于佛果的智慧境界，即“能改进根觉本身，引生净智，扩充且明证现量之实境，达到能正知现实之目的”②。而科学尽管对试验方法和工具的改进日新月异，但终究只是以人的有缺陷的感官和意识进行观测，“于根觉本身（六根八识）尚无改进之道”③。佛教可以说是更先进的、广义的科学。因此，可以用科学来推证佛法，但是却不能以科学为尺度来裁剪佛法，否则恰如削足适履。

以科学来推证佛法，即以今天的科学成果来证明佛教的许多说法的正确性，有利于佛教的弘扬和光大。所以说，“只怕他科学不精进，科学不勇猛，科学不决定方针精究真理，科学不析观万有彻底觉知。能如是、则科学愈进步，佛法将愈见开显。以佛法所明者，即宇宙万有之真实性相。科学愈精进，则愈与佛法接近故”④。大师在《佛法与科学》、《与大圆居士书（六通）》、《原

① 见《人生观的科学后序》，《全书》第32册，第354—355页。
② 《真现实论宗依论》，《全书》第20册，第135页。
③ 同上，第134页。
④ 《佛法与科学》，《全书》第23册，第265页。

子能与禅定神通》举了一些典型的例子，证明这一点：佛经中说虚空无边，宇宙无数，宇宙依据风轮（运动）而安住，当今天文学已经证明如此；佛经中说水中有无数的小虫，科学也已发现水中有微生物；佛教世界万物因心理、行为的差别而有上升、下堕的发展，达尔文的进化论与此已有近似之处；佛经中说人身是微虫的住所，生命之初，身根虫先起，现今的生理学家已经发现了细胞的积聚和生灭以及精子的活动；化学把物质分为固体、液体、气体三种形态，与佛教划分物质的元素为地、水、火、风接近；相对论和量子理论，摧破了三十年前的科学谬执而接近小乘佛教；质能互变理论，对禅定修习中的身心变化和神通功能的产生，能予以确切的解说而证明，等等。因此，对于虽然还没有完全通达真实的科学，“学佛者应精究利用，不应排斥”[①]，今后能弘扬佛教的人，正是能够接受科学、有一定科学知识的佛教徒。

太虚大师的这种敞开胸怀欢迎科学，并对科学的发展和进步持以热切希望的态度，一方面源于他自身的圆融精神和总持智慧，另一方面则应是源于佛教本身的特征——佛教的教理和科学精神有内在的一致性。众所周知，科学对其他宗教例如基督教、伊斯兰教等造成的冲击，“首先集中在神造万物，神统治万物这一宗教教义的基本信条上”[②]。在“上帝（或真主）是现存万物的造物主”这一点上，基督教、犹太教、伊斯兰教“全都大同小异”[③]。基督教等宗教是以上帝创世为教义之起点，又以上帝对

① 《与大圆居士书（六通）》，《全书》第29册，第156页。

② 潘显一、冉昌光主编《宗教与文明》，第291页，四川人民出版社，1999年版。

③ 穆扎法尔·伊克巴尔《传统伊斯兰教与现代科学》，彼得斯、江丕盛、本纳德编《桥：科学与宗教》，第223页，中国社会科学出版社，2002年版。

人类灵魂的救赎为教义之终点，因此对上帝存在的否定，必然会造成科学与基督教等的根本性冲突。这种冲突直接导致了基督教等宗教与科学的长期相违甚至斗争，举世皆知的基督教在历史上迫害科学家的事实，便是根源于这种深刻的矛盾。相比之下，佛教从原始佛教到今天，其教义一以贯之地否定大梵天、大自在天等创世之说，否定第一因的存在，而是以主张任何人都有觉悟的潜能（佛性，“佛”的意思是“觉悟”），以自觉觉他、觉行圆满为终极追求，这一点与科学追求真理的宗旨根本上是一致的，不存在与科学产生冲突的前提条件。到今天，最前沿的科学宇宙理论当属霍金在其名著《时间简史》中所说的“时间无始、宇宙无因”之说，而这种说法恰恰又证明了佛教的理论——佛教的理论基石“缘起性空”有十一个方面的义理，其首要义理即是“无作者义”，即宇宙没有创造者；时间和空间都是“心不相应行”，既不是精神也不是物质，没有开始和结束，没有内极和外限。正是因为佛教与科学没有根本性冲突，所以从来也就没有发生佛教迫害科学的史实，反之，佛教徒本身就是伟大的科学家却多有其人，例如唐朝著名的天文学家僧一行、西藏医学家冈波巴等。太虚大师将科学发达作为佛学昌盛的必要条件，这一观点，后来为大多数佛教学者所赞同。

太虚大师认为，相对于佛教而言，科学终究有着极大的局限性。首先是试验的范围不能扩充其心以达到全宇宙，不能通达佛法实际，不能通达宇宙万有的本来真实性相，因为这必须将自心转为佛智才能亲证，不是声明、因明、假说等能达到的。其次，科学的方法可以成为佛法的前驱而不能成为佛法的中坚。说它能成为前驱，是因为科学已经打破了一神教的神我执；而且科学的发展对打破法我执也有一定的铺垫作用；还有，科学可以成为菩萨的后施，即菩萨证得真如之后度化众生的方便。说它不能成为中坚，是因为佛法中坚乃根本无分别智，必须打破人我执、法我执而亲证真如方可，而科学是建立在戏论分别基础之上的——这种戏论分别却正是佛教必须打破的[①]。

波普尔曾经对科学的理解极限进行阐述，他说："我同意科学的主要任务是推进我们的理解。但是我又认为，完全的理解正如完全的知识一样，是永远不可能达到的。"[②] 其问题的实质，即在于科学方法对于追求真理的目标的局限性、界限性。这种局限性往往体现为科学理论与客观现实的矛盾，这种窘境的典型表现，即是泡利不相容原理、测不准原理、互补性原理等结论的出现。卡普拉说道："每当物理学家向自然界提出原子实验中的一个问题时，自然界的回答总是一个悖论，他们越是试图澄清情况，这种自相矛盾就变得越突出。"[③] 这种尴尬境地的根源，当然不是来自自然界，而是来自研究者自身，"一切都源于研究者心智的限度所致，因为任何学科的研究结果，有一个根本性的同源——即人的心智"[④]。

要解决人的心智问题，依靠科学本身的方法，是不可能的，犹如指头不能指向它自身一样。"科学正是由于它自己的定义、公理和基本的假设，必然是机械的与决定论的"[⑤]，机械论与决

① 见《佛法与科学》，《全书》第23册，第266－267页。

② 波普尔《科学知识进化论》，第409页，三联书店，1987年版。

③ 卡普拉《物理学之"道"》，第54页，北京出版社，1999年版。

④ 周昌乐《禅悟的实证——禅宗思想的科学发凡》，第159页，东方出版社，2006年版。

⑤ 丹皮尔《科学史》，第636页，商务印书馆，1995年版。

定论，是无法完成逻辑自洽地描述客观世界的使命的。因此，科学研究要想解决自身的问题，达到对客观世界的真实认识，“除了落入禅境之中，别无可能。必须注意的是，科学落入禅境并非指科学研究的对象落入禅境；而是指科学的方法、理论表述以及对终极实在的描述，必将落入禅师论禅悟道时一样的境遇”①。禅师悟道时的“禅境”，用佛教的术语来表达，即是悟道时所证得的根本无分别智，达到了对人的心智问题的彻底解决。

二　对科学的引导

太虚大师在《唯物科学与唯识宗学》、《法相唯识学概论》、《法与人之研究》等文章中，对比了科学与小乘佛教的异同，并以唯识学为科学的进一步发展指出了方向。

科学的研究打破了神我执，以物质由最小单位组合而成，与小乘佛教中的愚法声闻以宇宙唯有四大、五蕴、十二处、十八界等元素而无人我相似；科学认为宇宙万有都在绝对的运动之中，与愚法声闻的诸行无常、刹那生灭的思想一致；科学的质能互变规律，与愚法声闻的诸法无我的思想相近。尽管科学与愚法声闻的方法和结论有很大的近似性，但是因为其反思的对象不同，导致的结果恰好相反。愚法声闻以自身为对象，观无我、无常、苦、空而打破我执，根本消灭贪、嗔、痴等烦恼，所以能解脱生死证得圣果。而科学以自身之外的人、物为对象，应用科学方法而鲁莽从事，对待人类、社会犹如对待矿物，消灭宰割而毫无不

① 周昌乐《禅悟的实证——禅宗思想的科学发凡》，第160页。

忍之心，以求发展一己之私我——俱生我执，从而引发个人、国家、阶级之斗争[①]。所以说：“科学对于善的价值之永存仍未达到，且较小乘犹逊一筹也。”[②] 当然，反过来，“科学家若能内弭其贪、嗔、痴，亦便可进入小乘入佛学”[③]。

科学对我执的增长，在伦理道德上给人类带来的是灾难。伦理道德的精神实质，归根结底是对私我之执的节制和对他人利益的尊重，最为透彻的伦理道德应该说是佛教的打破自他分判，纯依真如之胜义，完成世俗之无我利他的实践。而科学恰恰相反，太虚大师说：

> 数千年来建筑在哲学基础上的人生道德，经科学尖锐进步的攻击，也失其根据了！其建设于神权的宗教基础上的人生道德，更被根本的推翻。由此之故，全世界人类道德行为的重心点，全般失掉了！……同时、因科学的进步，生活一天丰富一天，人们的欲望也一天增高一天，利用科学的知识与工具，尽量的向着大自然界去谋发展——所谓征服自然。故人类的力量愈形膨胀扩大，以欲望增高与力量扩大而引起的冲突，演成为有史以来所未有的严重形势，成为一个不易解决的困难时期![④]

在哲学和神学基础之上的道德被推翻之后，建立在物质基础上的欲望蓬勃发展，而欲望在佛教看来是根本烦恼之一，其根源在于我执，而我执是一切非道德、罪恶的渊薮。我执—欲望—冲

---

① 《法与人之研究》,《全书》第10册，第330页。
② 《法相唯识学概论》,《全书》第10册，第202页。
③ 《答某校长问》,《全书》第29册，第408页。
④ 《佛学在今后人世之意义》,《全书》第22册，第59页。

突—战争，这一公式，在大师那个时代，先后演成了两次世界大战的人间悲剧。大师生活在那样的时代，对科学的厚生利用的伟大作用，自然有着真切的认识，同时对科学损毁道德的罪恶也是有着切肤之感。1926 年，大师在新加坡接受访问的时候说："我不怕物质的发达，是怕人类的道德不好，误用了物质。"① 正是从物质的发达对道德的损害的角度说的。

太虚大师对科学的弊端的批判，不是仅仅从科学所带来的污染环境、破坏生态平衡、使能源枯竭等表层的角度进行的，而是从科学片面追求生产力、追求物欲的满足，忽视人类内在道德的修养和提升，从而增长我执、欲望，引发冲突和战争的角度进行的。片面的追求导致片面的发展，片面的极端化，便导致对人类身心和谐、人际和谐、社会和谐、天人和谐的整体破坏，如果忽视这一点，而斤斤计较于科学所带来的某些不良后果，那么显然没抓住问题的根本。有的学者认为，科学所造成的种种不良后果，并不是科学本身带来的，"问题的根子不在科学而在社会，即不合理的社会制度所造成的病态的社会结构"，因此要解决问题，必须"改造这种不合理的社会制度，使社会结构合理化"②。这种观点仍然停留于表层，没有思考到社会制度、社会结构的不良与科学的弊端，是由同样的原因造成的，社会制度、社会结构都只是结果，而不是最终的原因，把科学弊端归因于社会制度和社会结构，无异于下雨天发现地上湿了，于是以飘扬于空中的雨水为终极原因，而没能抬头看到天上的乌云和闪电，没能低头想到形成乌云和闪电的深层原因。进而，想通过进一步发展科学来

① 《拜访太虚法师记》，《全书》第 30 册，第 285 页。

② 吕大吉《宗教学通论新编》，第 850 页，中国社会科学出版社，1998 年版。

解决科学所造成的弊端，认为“这种科学的局限性也只有依靠科学本身的发展来克服”①，那无异于今天被蛇咬了左脚，只好等到明天再让蛇咬一口右脚，才能把蛇毒治好。片面向外逐物，增长我执和欲望所导致的弊端，必须通过协调内外的发展，强调向内治心，减弱我执和欲望，提升道德和觉悟，达到新的平衡和和谐的方法来解决。如果说，进一步发展科学来解决科学带来的弊端的说法也有其合理之处的话，那么一定要注意，需要进一步发展的科学应该是探究、治理人类自身、人类内心的科学，应该是能与向外逐物的自然科学并肩发展、平衡共进的心灵科学，而不是像过去那样的片面和狭隘。人类追求的方向首先应该平衡，然后才有可能通过人类的共同努力达到结果的和谐。而在治理人类心灵的方面，追求自心觉悟的佛教无疑具有最为深刻和透彻的智慧。也正是在这个意义上，太虚大师才极力揭露科学的弊端，而提倡佛教对科学的引导，其实质可以理解为：向内的心灵科学对向外的自然科学的引导。

大乘唯识学对于科学的引导，首先在于唯识学与科学具有近似之处。在太虚大师看来，科学的哲学基础是一元二行论，即客观世界的现象表现为物质和精神两方面的作用；大乘唯识以现量性境为一元，以前六识同时亲所缘缘之物质为实事，以四大极微为精神所假想的认识对象（随顺世俗谛）。然而，科学所研究的一元二行，以唯识学看来，只是似现量、似性境，并非真现量、真性境；如果以唯识学来含摄，那么科学仅仅是大乘唯识学真唯心论中的一部分。以唯识学来引导科学，进可拣择之，退可容纳

① 吕大吉《宗教学通论新编》，第851页。

之；而科学，必须发展而至唯识学，才能将唯识学的真理消归自己成其妙用[①]。

太虚大师以具体的实例来说明。当时最为先进的科学成就之一是相对论，其理论要点在阐明物理事件之时间、空间等性质，概由于观察者之观点而异，这一观点与唯识学之唯心说很接近。相对论又以一切事物无有绝对，彼此相对而生、而现、而变。这种思想，与唯识学的“依他起性”思想很近似，然而时空之见没有根本排斥，所以“于究竟真理，犹未免一间之隔耳”[②]。另一科学成就为能子论，主张物质可以变为能力，能力可以变为物质，宇宙万有，都是能力之所变现，这种思想与唯识学的“一切种识”思想很相合。但是对于这一切种识的功用，佛学由实证而知，而能子论为推测而知，所以虽然很接近，但是一为现量，一为比量，不可相提并论。

此外，科学的光学、电学的进步，已经能够知道宇宙中一切事物都是和合连续的假相，并没有不透明、无空隙的固定实体。然而要凭借光学、电学解决现实所见天地人物与和合相续假相的矛盾，见到宇宙真相，那是不可能的，必须从唯识宗学如实修证，祛除能见之心上的障碍，圆成五眼的功德，才能普遍正确地了知宇宙的真相。对比而言，“藉光电所见者，可准为天眼、慧眼之少分。修唯识宗学则渐得成五眼，一念中平等了知五重境，知藉光电所见者虽境界不同，实即吾人之所平常见者，亦可推知吾人妄造惑业、妄受生死之现行无明境界，即如来之不动智光

① 《法相唯识学概论》，《全书》第10册，第269—270页。

② 《佛学与新思想》，《全书》第22册，第45页。

矣”①。

唯识学对科学的引导之处，还体现在宇宙观方面给予了科学思想一个崭新的境界。大师认为，科学对于宇宙的认识从第六意识推到了前五识，但是对于前六识所不能认识和把握的宇宙境相，却毫无所知。不管前六识产生活动与否都客观存在的宇宙境相，在唯识学看来是第八阿赖耶识的本质相分，它是阿赖耶识见分所直觉感知的性境，世间的科学乃至哲学都无法达到这一高度。但是“非说到第八识，不能说明宇宙……要明宇宙观，非明第八识不可”②。所以，科学要在宇宙观上有明白的、深入的发现，非学习和吸取唯识学的阿赖耶识学说不可。

而且佛教在宇宙观上的思想，对于现代科学的宇宙观来说，还有着更高的意义：给予了科学思想一个宇宙观的新信仰。大师说，一神教的宗教性宇宙观，长期以来以信仰的形式为人们所信奉，科学摧灭了这种错误的信仰。但是，在科学理智的剖解之下，“数学中形数，理学中名相，化学中的质，物理学中的力，天学中的天文、气象，地学中的地理、矿质，生物学中的植物、动物、人类，惟是各件之死的标本，无复全整之活的自然”。尽管在生物界，达尔文寻找出了一条生物进化的线索，孔德、斯宾塞、赫克尔把这种进化扩充为从原子开始的演进，终而至于人类构成机械之宇宙，后来还发展到层创进化论，但是都只是缝缀科学的碎片而成整体的宇宙。倭铿、柏格森从非理智的道路去思考宇宙，可惜完全不能为科学思想所能容纳。至此，宗教的、科学理智的、非理性的宇宙观，都无法成立一个崭新的新信仰，最后

---

① 《唯物科学与唯识宗学》，《全书》第 23 册，第 274 页。

② 《八识规矩颂讲录》，《全书》第 9 册，第 391—392 页。

只留下一堆科学的碎片，使全、整、活的人生，竟然没有栖托的宇宙。而在这样的宇宙观的困境之中，大师说：

> 佛学乃贡献与一个因缘生成即空、假、中的观法，一尘一心皆是全法界。各因亲生，不失多一之独立众缘，互成一多之交遍。既全合科学之思想，而又出于大觉圆智之明证，确为法尔如是之活的自然，绝非摄合科学思想中的碎片以构成之死机械，何等丰富！何等优美！于是在科学思想上，乃能得着一个新宇宙观的新信仰。①

可以说，以唯识学来引导科学，正是将科学引导到人的深层心灵，在那里有科学的广阔的发展空间。而当科学发展到向内心寻求究竟真理的时候，也就是由外学发展到内学的崭新阶段，即归入到佛教内明之学的范畴了。大师说："能将实际的知识学问，推至最明之处，即为佛学本身之学问，亦即宇宙人生一切事理最内彻最中坚的学问。世间的物理、生理、心理等自然科学，追究到最后，皆成了内明的学问"②。这，无疑正是大师努力引导科学以趋向的归宿。

而反过来，大师发现现代物理学竟然已经发展到了与唯识学对接的程度，不禁额手称庆。在《新物理学与唯识学》一文中，大师欣喜地说："东方杂志第六号英国秦斯爵士之现代物理学的新世界观，其深得法相唯识学之神髓，盖不唯形似而已。"③ 并引用了几段，逐段分析，认为秦斯爵士的对现象之因的分析，不

① 《佛法对于现代人类的贡献》，《全书》第22册，第69页。
② 《对于学生救国之商榷》，《全书》第26册，第334页。
③ 《新物理学与唯识学》，《全书》第23册，第63页。

落损减的“恶趣空”见，也不落增益的“实体有”见；阐明旧物理学的错误，即否定了境独立于识之外的唯物论；新物理学所研究的自然即由我们的知觉所组成，则成立了唯识论；主观和客观本无截然的区别而是一个不可分的整体即自然，这种见解同于唯识学中的见、相、自证三分说；引导唯物论发展到更高的阶段，实际上指向了唯识论。大师对此科学成果非常赞叹，说：

> 从完全不同途径的科学物理学，竟走通了唯识的宇宙观，我们佛学者，固然惊异，然使现代物理学的科学者，知道了二千年前，已有从不同迹径上，更加精奥地实证且说明了的法相唯识学，其狂喜又当何若？由此，大乘法相唯识学，实有迅传欧美的需要！①

法相唯识学和现代物理科学，从不同的途径达到了一个相同的目的地，东西方文化于此有了一个完全的融汇点，这正是构建全人类新文化的一个契机，也正是构建世界佛教的一个契机！而相对于现代物理学而言，佛教唯识学对这种全、整、活的宇宙观阐述得更加精奥，而且并非纯粹理论，更是身心实践的真切实证，由此，唯识学如果能迅速传播到欧美，其意义之重大，可想而知！

三 小结

宗教与科学之间的关系，有着非常深远而复杂的历史。北京大学的赵敦华教授审视了近代自然科学的深远的文化渊源之后，

① 《新物理学与唯识学》，《全书》第23册，第70页。

说："从文化的源头上看，我以为近代产生的自然科学是古希腊的'证明科学'和中世纪的'试验科学'的综合，自然科学的这两个源头都有其宗教背景。"① 中国人民大学的方立天教授认为："从历史上看，早期人类文明中宗教与科学是浑然一体的。东方古代的化学、医学和天文学等自然科学成果，许多就是宗教的副产品……因此，有人说，科学更多地是宗教观念的结果，而非其原因。"② 我们看到，无论是西方文化还是东方文化，自然科学是从宗教背景的母体中产生出来的，既然如此，那么要想把科学完全看作是与宗教无关的学说，显然是不可能的。

自然科学产生之后，科学与宗教的关系变得非常复杂。当代的学者们将其概括为多种类型，例如对立说、分立说、关联说三类③，对抗模式、非对抗模式两大类④，对立说、不同范畴说、整体认知论三类⑤等等。其中应用最为广泛的是美国物理学家伊恩·巴伯的类型说，即宗教与科学的关系可分为四类，每一类型又有次类型：冲突、自主、对话、整合⑥。若以这四种类型说为参考，则太虚大师对宗教与科学关系的认识，应大体相当于第四种，但又不同于伊恩·巴伯对这一类型的论述："关于自然的神学以神学为出发点，并试图将科学发现纳入到神学当中，它包括

① 赵敦华《序》，彼得斯、江丕盛、本纳德编《桥：科学与宗教》，第1页。

② 方立天《序》，彼得斯、江丕盛、本纳德编《桥：科学与宗教》，第4页。

③ 参见潘显一、冉昌光《宗教与文明》，第282页—2885页。

④ 参见（英）阿利斯科·E·麦克格拉思著，王毅译《科学与宗教引论》，第39—45页，上海人民出版社，2008年版。

⑤ 参见卓新平《中国知识界对宗教与科学关系之论》，彼得斯、江丕盛、本纳德编《桥：科学与宗教》，第232—244页。

⑥ （美）罗伯特·J·罗素，柯克·卫格特—迈克奈利《科学与神学：互动作用》，彼得斯、江丕盛、本纳德编《桥：科学与宗教》，第16—17页。

根据这些发现来对神学重新阐述；系统综合的目标是把神学与科学合并在一个单一的框架中。”① 很显然，这种观点是以基督教与科学的关系为立足点的，对于佛教与科学的关系并不适用。如果说太虚大师的相关思想也属于整合类型的话，那么这种整合是阐发佛教与科学本来就一致的精神特质，将佛教的众多科学方面的预见和成果与现代科学进行融通，并指出现代科学本身还不够“科学”（科学精神还不够彻底）的方面，进一步引导科学开发出彻底的科学精神（开发观察者的心智），从而使之有朝一日能在更高的层面与佛学相会。

太虚大师的这种意图，在今天已经逐渐成为现实，著名物理化学学家、原中国科技大学校长朱清时先生以佛教的“缘起性空”思想解读了弦论等最前沿的科学理论之后，由衷地说：“当我弄懂了这个道理的时候，心里充满了敬畏和震撼。读到这里，你可能感到：‘科学家千辛万苦爬到山顶时，佛学大师已经在此等候多时了！’”② 很显然，朱清时先生最后套用了美国著名科学家、天体物理学家查斯特鲁《上帝与宇航员》中的名言，表达了他对最前沿的科学在某一层面与佛教理论相会的感慨和欣喜。此外，众多科学家如中国科学院牛实为教授、厦门大学周昌乐教授，以及罗无虚教授、冯培德居士等，都以科学家和佛学家的身份，正在推进着科学在较高层面与佛教理论的相会。

太虚大师对于科学与佛教的会通、融贯与摄化，典型地表现

---

① （美）罗伯特·J·罗素，柯克·卫格特－迈克奈利《科学与神学：互动作用》，彼得斯、江丕盛、本纳德编《桥：科学与宗教》，第 17 页。

② 朱清时《物理学步入禅境：缘起性空》，《慧恩》总第十期，2010 年 1 月，第 27 页。

了一个佛教徒的科学意识以及中国近代佛教对科学的理解。而更为重要的是，这种努力不仅给予了现代科学一个新的方向，同时也是佛教自身寻求新的发展方向的自觉行动。

从现代科学的最显著特色——试验的角度而言，观察者自身的问题，显然要比用来进行观察的工具和观察的对象，来得更为重要且更为关键。随着科学的发展，试图解决这个问题的科学实践，必然会产生崭新的学科并且得到迅速的发展，而由此带动整个科学的前进。这一点，可以从心理学、生理学、人体科学、生命科学等学科的飞速发展得知一斑，而这些学科所研究的对象，主要就是试验的观察者本身。尤其是心理学，迄今已经分化出200多门子学科和交叉学科，在20世纪62项人文社会科学重大贡献中，心理学占了13项，居首位，其成果对所有的人文社会科学都产生了巨大影响。其中，20世纪60年代末70年代初起源于美国的“超个人心理学”，“是西方的科学思想与东方哲学和宗教中的神秘个人主义相结合的产物”，“力求把西方的试验精神与东方传统结合起来，以科学的方法研究超个人的意识体验”①，“调和西方科学与东方智慧之间的矛盾，以西方科学证明东方宗教和哲学的智慧”②，而超个人心理学家所关注的宗教中，佛教是主要的一种。

太虚大师的思想，是自觉地从佛教理论出发，对科学的发展方向进行的指引，尽管其最终的目的地，也许并不为某些科学工作者所能接受，而且大师的这种指引的前提——他对科学的理解，以及这种指引本身，也许还有着某种粗糙的嫌疑。但是，面

---

① 杨韶刚《超个人心理学》，第19页，上海教育出版社，2006年版。
② 同上，20页。

对东西方文化碰撞、交融的时代问题，他能以高度的智慧、敏锐的目光、超前的思想、精细的分析，将古老的佛教与前沿的科学，从前所未有的高度和深度予以对接，并且有着很多值得佛教界、科学界同时借鉴和吸取的精妙见解，这不仅仅是值得我们尊敬和学习的，而且也如前所述，在今天的科学发展中，尤其是在心理学等学科的发展中，得到了部分的实践。

众所周知，中国近代“五四”新文化运动前后，自然科学全面地从西方传入中国的时候，中国知识界正弥漫着反传统和反宗教的情绪，他们“汲取了西方的科学和哲学，但买椟还珠式地拒斥了基督教文化的信仰情怀……不仅造成在科学思想上比西方社会慢半拍，而且在宗教学的认识上缺乏高度和广度，陷入信仰有限之物的怪圈之中”①。后来，“文化大革命”十年的政治动乱过程中，《宪法》规定的宗教信仰自由被否定，宗教文化被斥为封建迷信，宗教学的研究被划为禁区，而宗教与科学更被看成是死敌。直到今天，科学和宗教的“冲突论”还很有市场。在这么一种背景之下，我们就可以发现，太虚大师融通佛教与科学、以佛教引导科学的思想是多么的难能可贵，对于佛教自身的发展是多么的重要。

科学对佛教的影响，以及如何运用科学的方法和精神改革佛教，大师言之不详，尽管他自身改革佛教和重建佛教的努力本身就浸透着科学的精神。陈兵教授说：“（佛教）应以科学的精神、方法、成果来检验自身，促进自身的建设。长期在封建社会流传的中国佛教，不论是在实践方法的整理改进、理论的阐发、对自

① 胡孚琛、吕锡琛《道学通论》，第100页，社会科学文献出版社，2004年版。

身实践史的总结及传布的方式等方面，无疑都有不符合科学精神亦即不符合佛法本有的精神，或落后于现代科学方法之处。中国佛教理应以佛法所强调的离我法二执的客观冷静态度，如实正观自身、正观科学，吸取科学之优长，改进自身之缺陷，因应、运用科学成果发展佛学的理论和修持方法。”① 这就强调了科学对佛教的促进作用，以及佛教应主动吸取科学改进自身的方面。

如果将佛学对科学的摄导和科学对佛学的促进结合起来，可以预见，在未来的科学进程中，大师对科学的指引将会产生深刻的影响；而在未来的佛教发展道路上，大师指引和摄化科学的智慧和方法，将会为佛教建造更为宽广的空间，为世界佛教的最终建成输入动力。

第二节　对进化论的摄导

19 世纪社会科学思想中最重大的发现之一，是达尔文的进化论。达尔文所提出的生物进化的观点，对人类科学的发展产生了巨大影响。后来，一些西方思想家如斯宾塞等吸收了进化论的思想，认为人类社会的发展，也是一个不断进化的过程，而且是遵循着物竞天择、适者生存的发展原则。这种社会达尔文主义的观点，一度产生过巨大的社会影响，近代严复翻译的赫胥黎的《天演论》，其中的社会达尔文主义思想对包括梁启超、章太炎、鲁迅等在内的几代进步知识分子都产生了巨大的影响。而太虚大

① 陈兵、邓子美《二十世纪中国佛教》，第 433 页，民族出版社，2000 年版。

师却正是在这种思想怒潮的冲击之下，竖起客观的批判大旗而对进化论予以佛学的摄导。

一　对社会发展之理论的考察和判定

太虚大师在《真现实论宗体论》、《世间万有为进化抑为退化?》、《大乘渐教与进化论》、《真现实论宗依论》、《人与傍生之取舍》、《佛学的人生观》、《〈大佛顶首楞严经〉研究》、《自由史观》、《论〈周易〉》等文中，将进化论置于有关人类社会发展规律的思想学说的广阔背景之下进行考察，将古往今来的退化论、进化论、循环论等进行比较，体现进化论思想的特点，从而对进化论思想进行批评和引导。

首先是退化论。一种是神本的退化论，即基督教、婆罗门教等认为上帝、大梵等最高神创造了人类，人类离开神的天国或状态；以返回天国或神的本位为目的。一种是自然的退化论，即老庄哲学和卢梭的社会学等，认为人类违反了自然的本性，而发生种种不平等、不自由的烦恼和痛苦，产生种种的文化、文明和制度等等；以回归自然的本性为理想。

其次是进化论。一种是唯心的进化论，最基础的是柏拉图的理念论，主张人的心灵的观念由低到高而发展到最高观念；近代黑格尔则主张“绝对理念”由矛盾冲突经“正—反—合”的阶段，演变出人类的意识和社会；与大师同时的柏格森则主张宇宙本体为一种“精神之流”，精神的一张一弛创造出心理的和物质的世界。一种是唯物的进化论，首先是达尔文、拉马克的生物进化论，认为低等动物由物竞天择、适者生存的原则而进化到高等动物，最后进化到人；斯宾塞、孔德将生物进化论发展到宇宙人生乃至社会的进化论；科学思想和马克思主义则认为宇宙以物质为根本，物质的内在动力互相冲突互相集合，经过无机物、有机物、生物、低等动物、高等动物、人的发展脉络，完成宇宙的基本进化历程。

再次是循环论。东西方都有这种思想，但是中国的文化思想更为侧重，典型的是《易经》，认为宇宙的一切都是从阴阳消长、循环转变中演化出来，其循环的精神就是：穷则变，变则通，周流不息。道家也有这种思想，但是最终以回归自然为归趣。大师认为，在世间各种文化思想中，这种思想与佛法最为邻近，“足为世间之正法也”[①]。

再次是业果蝉联的流转论。这是佛教在世间层面的教理，是对宇宙人生现象的阐明，认为宇宙和众生，就是业报的流转相续，都是因缘生法。体现在宇宙方面，是成、住、坏、空四个变化阶段；体现在众生方面，是本有、死有、中有、生有四个变化阶段。这两种四个阶段中，都是没有开始也没有结束，每一个阶段都可以视为开始和结束。

大师认为，业果蝉联的流转论和前面的循环论，有着本质的不同。因为，循环论是被动的、机械的，而流转论却是主动的、创造的，可以由众生的心识把握善恶、升沉的方向，甚至觉悟到业果蝉联的原理，而解除流转缠缚的根本，获得解脱的结果，创造出美善的宇宙。正是在这种意义上，佛教把业果蝉联的流转论视为人天乘正法，是出世法的基础。

---

① 《论〈周易〉》，《全书》第 22 册，第 329 页。

业果蝉联的流转论，以其因缘生法的法则，否定了神本的、自然的退化论。唯心进化论的无上理念、绝对观念，按照因缘法则，同样无法成立。而唯物进化论，阐明的是运动变化中的事物，“当其生长之期，未尝不骎骎日进；第其日进，即所以日趋乎死限者也。此日进者，剽劫于无常法而不得不进者也”①。任何处在生长时期的事物，可以说是在进化；而当其处在衰老、灭亡时期的时候，则应该说是在退化了。进化、退化，都只是事物运动变化的不同阶段而已，如果固执其一，就陷入偏执与浅陋。究其实质，则进化论“不过是根据片段的进化现象来概说全体，其实不是普遍的整个的世界都如此……世间无实在的进化性，至此可以完全讲明了”②。这就根本否定了一切形式的退化论、进化论以及循环论的实在性，也就否定了世间事物进化的实在性；世间事物的运动变化，只是根据因缘条件流转相续而已。

大师总结道，世间思想学说，或出于俗情世间之推想，或出于科学世间之推想，或出于禅定世间之推想，佛学皆斥之为外道邪见，而以因缘所生法的正确义理予以引导。

再次是流转还灭的解脱论。世间事物没有进化的实在性，根本原因在于众生的无明，如果能够觉悟世间的如幻不实，灭除根本无明，那么就能超越世间而达到出世间的涅槃解脱。这主要是小乘佛教的理论。

再次是增进不退的进化论。这是大乘佛教的理论，即从发菩提心、修菩萨行开始，逐步上进，经过十信、十住、十行、十回向、十地、等觉等五十一个阶段。其中，在第六信位，得信不

① 《论〈周易〉》，《全书》第22册，第329页。
② 《真现实论宗体论》，《全书》第21册，第268页。

退；到初发心位，得发心不退；到第七住，得行不退；到初地，得证不退；到第八地，得念不退。实际上，大乘菩萨道过程中，每一位次都不退，念念不退，直至最终的目的地——圆满觉悟。对比而言，世间思想学说的进化论，是阶段性的进化，到了某一阶段，就会溃退下来；而大乘菩萨道，却念念向前，永远向前，是真正的进化。

最后是圆满无上的均化论。菩萨道的目的地是圆满觉悟，即佛教所追求的成佛境界，这是永远不会退化也不会进化的均衡法界，超越时间和空间，湛然相续，达到圆满无上的均衡："不受熏变，不有增减，无进无退，住于无住大涅槃；现三类分身去化度一切众生。"①

太虚大师站在世界文化的高度，对古今中外的社会发展观进行了大体的梳理，这种梳理让人们能够清晰地看明白进化论在各种不同的思想学说中，其自身的立足点、优长以及局限。

我们发现，退化论中，一种是以神为本，一种是以自然为本。前者已经被进化论等各种学说所批判，其对神、上帝的预设，无法从逻辑层面和事实层面，得到合理的验证。后者预设的道、自然，不仅是一种超越现实的状态，也是宇宙的本源或者本体，其存在的逻辑困难和事实困难，和神本的并没有本质的区别。二者只是名词有异、思维形式有别而已，实际上都陷入一个第一因或者不平等因的思想怪圈之中，而这种思想怪圈的起点则在于以时间、空间为实体性存在，以宇宙事物为实体性存在。一旦这个起点被质疑或被瓦解，那么其整个的思想过程乃至结论，

① 《真现实论宗体论》，《全书》第21册，第269页。

便全体无效。

循环论，侧重的不是某一种理论预设，而是具体的事物现象，在生生不息、运动变化的现象中寻找规律，寻求趋吉避凶的方法，因此，可进而通至个人道德修养、社会伦理教化的道路，与佛教的善恶因果的思想确有共通之处，所以太虚大师视之为“世间正法”，正是从人乘佛教的立场进行判断的。

相对于这些思想学说，进化论的思想深度便可以对比得比较清楚。

大师以佛教的三世因果、六道轮回、十法界的思想为基础，对上述思想中的部分进行了层次的判定。

达尔文的进化论层次最低，取法旁生（动物）之营己蕃类的私欲、弱肉强食的竞争，“于是创为生存竞争之说，成今日器物炽盛、争杀相寻之人世”。而克鲁泡特金的进化论，则取法旁生之同情互助的公德，“于是创为生存互助之说，冀改为器物炽盛和爱相安之人世”①。这两种进化论，都是取法旁生，以对旁生的兽性的观察和思考为理论基点，可以视为以旁生道文化为主，涉及地狱道文化（达氏）和饿鬼道文化（克氏）。

儒家思想（以《易经》为代表）则立足于人性的基础，旨在保存区别于旁生之兽性的人性并将其扩大，而能完成这种人性的人则被称为圣人。虽然也有取法万物自然的象征，但却是为了完成人文人事的目的，或取法旁生中马忠、羊孝、虎节、犬义等来类比人性、完成人性，而非取法旁生之兽性，可以视为人道文化，而局限在人道文化中的帝道（大同）、王道（小康），不知皇

① 《人与傍生之取舍》，《全书》第33册，第416页。

道境界。

至于基督教、婆罗门教、道教等的退化论，则是立足于天道，以回归天道为目的的文化，可以视为天道文化。而佛教的诸论，则是世间正法和出世间正法，是菩萨道、佛道文化，远远超过天道文化，却“以保存人性为始基，而不可以保存人性为限”①，与人道文化最相邻近。

上述各种思想学说的层次参差不齐，根源于对宇宙人生的现实的观察深浅不一。

宇宙的现实即宇宙的本体，可以分为三种活动系：无生物、植物、动物，于佛学分别名为共相种、不共相种、一切种识，以潜能的形式表现为无数的类别。

共相种的特性仅仅为“聚散变化性”，为人类共同变造、共同了知，显现为物理活动规则。自然科学的原则、新新不已的进化论即奠基于此。如果以此原则和理论去分析动物的生理、心理，则无法解释明白。

不共相种的特性，除了“聚散变化性”之外，还有“死限生殖性”，超出了物理活动的法则。如果偏执其“聚散变化性”来概说生理的，就流于机械唯物主义一元论；如果偏执其“死限生殖性”，则流于唯我论，或在死限上求不死，说轮回与解脱（婆罗门教、道教以及小乘佛教等）；或在生殖上观察其流传、止尽，说循环与止息（《周易》等）。

一切种识的特性，除了“聚散变化性”、“死限生殖性”之外，还有“永续统摄性”和“自觉进化性”。“永续统摄性”即

① 《人与傍生之取舍》，《全书》第33册，第419页。

“一切种”，“自觉进化性”即“识”，如果偏执于这两种特性，则流于唯神主义，说全能全知之上帝（基督教等）。依据全部的四种特性，大乘佛教以如实觉知而自觉进化，最后达到圆满无上的觉悟境界。

在大师看来，进化论的基础是自然科学，自然科学所揭示的仅仅是无生物层面的客观规律；进化论的立足处在于动物世界，是对动物世界的生存现象进行观察之后的推论。以无生物的运动规律、动物世界的生存现象，来制定人类社会的生存规范，其结果是弊端远远大于利益。

二 对进化论的批判

至于进化论在理论上的问题，太虚大师以佛教教理为准衡，而予以了全面的分析。

大师批判最多的是达尔文的进化论（严格来说，应该是社会达尔文主义），他在《佛法救世主义》、《唯佛法能对治二障》、《〈楞伽阿跋多罗宝经〉义记》、《论严译》、《论倭铿赫克尔》、《〈救世军〉绪言》、《人生观的科学》、《旧新思潮之变迁与佛学之关系》等文中，展开了全面的批判。

首先，达尔文的进化论，为所知障所障，不能觉知自心的现量境界，不能远离向外的偏执，用语言文字建立起种种思想学说，起惑、造业、受苦，自惑惑人、自乱乱人。

其次，达尔文的进化论，只有客观而无主观，且客观也并非圆满之客观；只有未来而无现在，牺牲实有的现在之刹那，而追求只有一个空名的“未来”，是极大的颠倒。

再次，达尔文创立进化论的动机，不出务求胜人的偏嫉之私；对人心的效果也是鼓舞我慢的恶劣情执，盲目向外驰骋而无法向内返照自心，导致丧己、役物、凌人而不惜自瘝的恶果。

再次，达尔文的进化论的立足点，主要是观察旁生向外竞争而自生存繁殖的现象，取法动物，扩充兽性，炽盛私欲，“恣纵人类保持自己生存与繁殖自己种类之二种欲望，而生存竞争优胜劣败之说，异口同声，佥起倡道”①，与他人及万物相角逐，征服欺压其他种族，导致工、商、党、国、种族、阶级、家庭之间倾轧争斗，没有止境。

大师认为，引起第一次世界大战的各种原因中，宗教、工业、科学方面的原因都是次要的，“而达尔文等以发挥营己蕃类之贪欲，令激烈竞争以求进化，实为最高原因之引业力”②，应该对此次大战负最主要的责任。

再次，达尔文的进化论的后果，使整个世界陷于纵欲败德不可收拾之地位，不再有宏远高尚之志，而“非于肉身上极其衣食住淫之欲，与国群上极其权力财利之欲，殆不复能安其性而有以慰其情矣”③，从理想、志向的层面，降低了人类的生存品位。

最后，进化论的逻辑层面，是根据在一类事物或若干事物的具体的某一局部时间和空间而言，如果从事物发展的整体过程来看，说进化或退化，“则皆据一偏，非万物生化通量也”。而且竞争固然可以成为进化之因，也可以成为退化之因；反过来说，进化之因可以是彼此竞争，也可以是互助合作，可见，进化论“用

① 《佛法救世主义》，《全书》第25册，第108页。
② 《人生观的科学》，《全书》第25册，第43页。
③ 《论倭铿赫克尔》，《全书》第28册，第236页。

偏概全，用不定例必定，其不合论理法”[①]，有着严重的逻辑错误。

当然，太虚大师在《〈救世军〉绪言》、《人生观的科学》、《旧新思潮之变迁与佛学之关系》、《论天演宗》等文中，对达尔文的进化论，也有予以肯定的方面，并结合后来的各种进化论思想，分析进化论思想的合理性和进步性。

首先，进化论打破了基督教的上帝造物之迷信，“俾人心解脱神权之羁绊”，使人们获得心灵的解放。

其次，进化论使人人知道“物竞天择”的进化原则，确信未来美好社会必然到来，这使人们不敢偷安苟活，而怀有虑远忧深的心情，“而向前生无限之祈向，而往上作勇猛之进步”，以无比的希望和勇猛的进步对待生活，即进化论给人们以积极的人生态度。

再次，进化论对其理论的论证和对人类社会发展的思考，严密细致，旁搜遐征，穷事物之变化，尽时间之悠久，这种严谨的科学态度，足以“祛浅人庸妄粗疏之谬论，伧夫卤莽径简之心习”[②]，开拓人们的视野，开发人们的智慧。

再次，进化论建立的基础是自然科学，自然科学同时又以其社会功用，促进社会进化的事实，而反映和证实了进化论思想。近代以来，工业文明的进化，在开物成务、厚生利用等方面，不是胼胝手足、栉沐风雨者所能做到的；政治文明的进化，在裁抑君权、辑和民意等方面，不是专权压制，群怨胥嗟的时代所能比拟的；学术文明的进化，在发掘宇宙奥秘、析质穷数等方面，不

---

① 《破神执论》，《全书》第22册，第288页。
② 《论天演宗》，《全书》第23册，第299页。

是两仪五行、三才七政之类可以想象的；交通文明的进化，在比邻万邦、断港四海等方面，不是扃关锁国、滞迹封域所能达到的[①]。这就肯定了进化论之理论与社会进化之事实，在人类社会发展的历史上，于工业、政治、学术、交通等各个方面都得到了验证和体现。

再次，达尔文的进化论，经过斯宾塞发挥成一种人类社会中自由竞争的进化论，再后经过马克思采取而融和黑格尔和科尔伯克的学说，成为唯物史观的进化论，最后被克鲁泡特金从相反的方向而创为万物互助的进化论，从天文学、物理学、生物学、心理学等种种方面说明互助进化的公例，大师认为可通于佛教的重重无尽之法界缘起的义理，足以成为创造人生幸福的准则，成为"过雍容安娴的人群生活之道德"[②]。

最后，柏格森将进化论发展为创新进化论，极力改革达尔文进化论的弊端，"以有所新生、有所创造为进化，并不是以灭他为进化"[③]，此后的层创进化论、全体进化论，在这一根本点上都是相同的。大师认为，这种创新进化论的观点，与佛教大乘唯识学的唯识变现说相通。

综上所述，我们可以发现，大师对进化论的批判，主要是从其对于人类现实生活秩序的破坏，对于人类幸福快乐的葬送的角度进行的；同样，大师对进化论的肯定，归根结底仍然是以五乘佛教中的人乘佛教为标准，挖掘其在人类现实生活中的积极作

---

① 参见《〈救世军〉绪言》，《全书》第 32 册，第 373 页。尽管此文的结论仍然回到了对进化论的批判上，但是其批判，是以对进化论理论以及社会进化的事实的部分肯定为前提的。

② 《人生观的科学》，《全书》第 25 册，第 42 页。

③ 《旧新思潮之变迁与佛学之关系》，《全书》第 22 册，第 83 页。

用，对于创造现代文明、提供人群道德等方面的正面意义，从而予以肯定。

鸦片战争之后，中国被迫向西方国家开放国门，国家利益不断受到损害，中国逐渐沦为半殖民地半封建社会，亡国灭种的危险笼罩在每一个中国人头上。严复于1897年翻译了英国学者赫胥黎的《天演论》，“物竞天择，适者生存”的思想在中国社会引起强烈反响，成为“变法图强”及现代中国民族主义的理论基础之一。反过来，恰恰是这种社会达尔文主义，常被用来为社会不平等、种族主义、帝国主义、民族侵略正名。然而，不可思议的是，在中国，达尔文学说在社会学中的影响远胜于在生物学上的影响，很多知识分子全盘地接受了社会达尔文主义。在这样一种时代思潮之中，太虚大师清醒而全面地对这种进化论学说给予分析和批判，弥显难能可贵。

客观地说，达尔文本人的进化论思想，一如任何其他的思想，同时具有积极和消极的方面，而作为一种在不断发展和进步的学说，它的缺陷可能被后人偏执地扩大，也有可能被后来人不断地克服，然而其思想的生命力就在这种左摇右摆的发展过程中不断地增长。太虚大师所做的，正是客观、全面地考察进化论的整体，进而朝着正确的方向，予以积极的引导。

三 佛教的进化论

太虚大师认为，进化论客观上存在着积极和消极两方面的特性，但是现实生活中却偏用成弊，其结果是“工业良而生活弥艰，政治美而政役弥苛，学术优而战器弥精，交通便而狙诈弥深！虽有和平真理之谈，终不敌荣誉权利之好；虽有人道慈善之说，卒难治恃强凌弱之习”①。要挽救进化论的弊病，儒家力量微小，杯水无以救车薪；基督教更是无能为力，其缰绳早已被进化论所冲破；道家较前为胜，但是仍有才小谋大之憾；唯一的选择，只在佛教。

在大师看来，佛教的特点是含摄一切而又超胜一切，其智慧圆满、工巧圆满、生活圆满、群众圆满、神通自在、知见无碍，皆能远远超胜进化论引导之下的西方文明，超胜其精密的科学知识方法、巧妙的工作机器技能、丰富华美的生活物产、平等自由的社会言行、广而速的交通、新而奇的发现。因为能远远超胜，所以能高瞻远瞩地予以摄导②。其摄导的方向，即在于将立足于旁生道的进化论，首先导入至人道文化、天道文化，进而由解脱道文化、菩萨道文化，最终到达佛道文化。

在 1930 年于四川大学中国文学院讲的《大乘渐教与进化论》一文中，太虚大师将大乘渐教的教理按照循序渐进以进化至于佛果的次第分为八个阶段。一、五乘佛教概括佛教的一切教理，主张进化的时间和空间皆为无限。二、舍恶趣向善趣的进化，即舍弃恶行，而以五戒十善的行动完成人生道德，与善的宇宙相应而生善趣。三、舍邪见生正信的进化，即舍弃违背大乘教理的见解，发菩提心。四、舍俗世求真常的进化，即修行到初住以上，不为世俗染污而一心追求真理。五、舍下乘往上乘的进化，即修行到七住位以上，不再退却，而舍下往上，唯进无退。六、从解行入亲证的进化，即修行到初地则真见道，名真菩萨。七、从菩

① 《〈救世军〉绪言》，《全书》第 32 册，第 374 页。

② 《西洋文化与东洋文化》，见《全书》第 22 册，第 28 页。

萨到佛的进化，即从初地到十地，随分亲证，直至圆满成佛。八、从佛陀到度有情的进化，即度化众生，随类教化，使之皆能到达圆满究竟的觉悟。

上述八个阶段，概括了佛教由人乘直接进入大乘的修行历程，太虚大师用来统摄进化论，便构建而成佛教的进化论。这种进化论，以佛教"六凡四圣"的十种法界为理论基础，在"六凡"中立足人类的生命形式，以完成人类道德为核心；在"四圣"中立足菩萨的修行心态，以发心修行不断上进为宗旨。这种进化程序，实际上就是太虚大师所提倡的"人生佛教"的修行模式：由人乘直接进入大乘，由完成人类道德至于至极圆满的地步，也就到达了觉悟成佛的境界。

在 1944 年于汉藏教理院讲的《人生佛教与层创进化论》一文中，大师更进一步改造了英国哲学家穆耿亚历山大的"层创进化论"，而具体地建立了人生佛教的七个层次，用来阐明佛教进化论的具体展开：

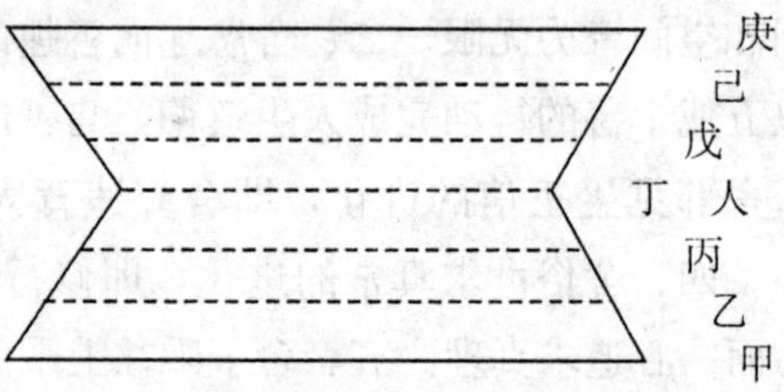

其中，甲指的是"无始终无边中之宇宙事变"，即宇宙中的一切事物，范围最为广泛。乙指的是"事变中之有情众生业果相续"，即造业感果相续不绝的有情众生，范围稍狭。丙指的是"有情业果相续流转中之人生"，从有情中专选创造力特强的人类，人类的力量不可思议，是成凡成圣的枢纽。丁指的是“有情流转中继善成性之人生”，特别从人生的果报层面来说，借助五戒十善的善因而感得人生的善果，使身心相续不失去人生而得到向上修进的基础，是成凡作佛的转捩点，也是人生佛教的重心，所以最为重要。戊指的是“人生向上胜进中之超人”，即超出人以上的三界诸天和三乘初发心者，是从人向上的前进者。己指的是“人生向上进化至不退转地菩萨”，即修大乘行到达不退转地位的圣者，教化除佛之外的其他众生。庚指的是“无始终无边中之宇宙完美人生——佛”，即佛所证到的无上正等正觉的最高境界，穷尽了一切法的边际，因此与第一层同样宽广却又有着迷悟的本质不同。

大师认为，自己对人生佛教七个层次的设计，不管在形式上还是在内容上都远超穆耿亚历山大的“层创进化论”，目的在将进化论摄导进入人生佛教，而“若能将这人生佛教的道理，宣扬于西洋以至全世界，则可综合又超越一切科学哲学，而骎骎乎为世界文化、世界宗教的归墟矣”①。于此可见，大师对于进化论的摄导，是为建设世界文化、世界宗教（佛教）服务的。

四　佛教进化论的原理和方法

佛教之所以能摄导进化论以建设世界文化、世界宗教，从原理上来说，在于佛教对宇宙人生的现实的透彻观察。大师在《真现实论宗依论》、《自由史观》等文中，对此原理进行了系统的

① 《人生佛教与层创进化论》，《全书》第 3 册，第 203 页。

阐述。

如前文所述，宇宙的现实有三大活动系——无生物、植物、动物，其中动物又称一切种识，其特性除了“聚散变化性”、“死限生殖性”之外，还有“永续统摄性”和“自觉进化性”。此一切种识无始以来即有“自我执”与之相依，因为意识等的与宇宙人生真相相一致或相违背的活动造作，于是在“永续统摄性”中熏习成为一种潜能，这种潜能遇到相合的条件，在前一阶段的潜能力量消尽的一刹那，突然现起，从而形成一种新的生命形式。在“自我执”被打破之前，一切种识终究只能随着储存在其中的潜能而不断呈现为新新不已的生命现实，这就是被现实储存为潜能、潜能显现为现实这一自然法则支配的“流动恒转”。这种流动恒转，说为进化或退化，都是偏而不全的判断。

一切种识还具有“自觉进化性”，借助潜能、遗传、环境、先觉的教化等条件，而一旦打破“自我执”，打破对于宇宙人生的真实的愚昧不明，并能保持此自觉心步步上进而永不退转时，那么就可以依据对于宇宙人生真相的觉悟，而走上真正的进化美善的道路，即变为“进化恒转”。这种自觉进化到达圆满彻底的地步，那么就变为“均化恒转”，成为佛果的“无尽常”和“相续常”。

一切种识因为其“永续统摄性”，所以能含摄保持心理、生理、物理现象的一切潜能而为流转的枢纽；因为其“自觉进化性”，所以能在一切潜能中，现起知、情、意而自觉心理、生理、物理现象的真实而为进化的枢纽。“永续统摄性”，使得一切种识超出了无生物、植物两系的完全被动性，不但不至于被断灭，而且能够统摄一切无生物、植物作为自身的一部分；不完全受那现实和潜能相互转化的自然法则的支配，而且能熟习此自然法则，自由无碍、变化无方。“自觉进化性”，使得一切种识超出了无生物、植物两系的完全被动性，不但不至于被解体食肉，而且能够使一切无生物、植物不断进化而成为自身的一部分；不完全受自然法则的支配，而且能进化至明了此自然法则，自由无碍、变化无方。但是，这种“自觉进化”，必须到达对宇宙人生的真相完全正确了知（真现量）时，才能逐步逐步增进于善，有进无退，最终达到最圆满彻底的境界，而成就真正的进化。

这里，我们可以发现，太虚大师完全运用佛教唯识学的教理，以阿赖耶识缘起的义理来阐述“永续统摄性”，以转识成智的义理来阐述“自觉进化性”，前者侧重在众生妄心所现的现实，后者侧重在众生转凡成圣的修行实践。太虚大师曾预言，大乘唯识学与西方科学最为相近，因此唯识学必然大兴；而他自己对西方科学的理解乃至摄导，也往往是以唯识学为工具。他的这种努力，也许在对科学的具体理解上有粗糙之嫌，但是在对科学（如进化论）的引导上，却一如既往地站在世界文化、世界佛教的高度，予以分析、批判、引导和融摄。

对佛教关于真正进化的原理的透彻认识，太虚大师进一步将其运用到人生实践上，以求得整个人类的真正进化。大师在1938年作的《即人成佛的真现实论》一文中说道：“一、经济以资人群的生存，二、政治以保人群的安善，三、教育以求人群的进化。此虽集重人群，亦以经济摄物的生活，而教育摄心的生活。因此中的广义教育，包括教化或文化，与经济及政治为人生三要素。由教化中最高教化即通到佛乘，即为人的佛乘，或即人成佛的人佛乘。换言之，即从人生的进化，走上大乘菩提行果也。”① 以广义的教育含摄经济、政治，而谋求人类的进化，其进化的方向是从人生的进化，直接走上大乘菩萨行，到达大乘佛果境界。

这种教育，大师称之为现实主义教育或自由史观教育。说是现实主义教育，侧重在其理论的依据全为宇宙人生的真现实；说是自由史观教育，侧重在其教育的目的是达成宇宙人生的绝对自由。而从教育的过程来看，是侧重在由人而佛的不断进化，因此亦可称为进化教育。图示如下②：

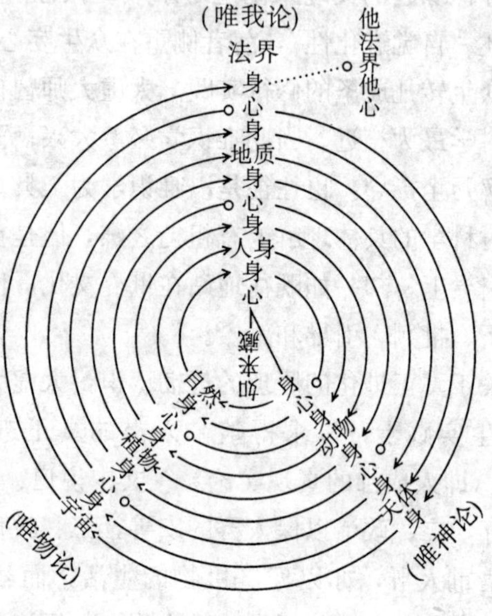

图中一小○符，表提高扩大一度。↻符，表每度之中由内

① 《即人成佛的真现实论》，《全书》第 25 册，第 380 页。
② 《自由史观》，《全书》第 25 册，第 247 页。

而外、由外而内的程序。内表示心，身是中介，外表示自然及人群等。人作为生物，心灵的活动可以统摄身体的活动，身体的活动接触自然将之同化为身体的活动，由身体的活动而提高扩大心灵的活动。这种教育即第一度的生物教育，可以达成社会经济之利，相当于儒家的格物致知诚意正心之学，是其他层次教育的基础。教育若止于此，则教育便成为经济的奴隶，近代西方教育便有此弊端。

以此为前提的发展有一种歧途，即由身体的强健而直接发泄身体欲望，而成为生殖力向下的活动，先秦杨朱以及近代进化论的主张即是如此，演成动物教育。如果由身体的强健而追求心灵的强健，则成为修身的礼乐教育。此处又有两种歧途：由修身直接到达个人的身心修养目的的，便成为个人主义教育，层次浅的如伊壁鸠鲁的快乐主义和后来的个人无政府主义，层次深的如小乘佛教的追求个人解脱。而正确的道路，是由修身而向生殖力发泄所指的夫妇、父子、兄弟之家国天下，进而达到心灵的强健，其外延即表现为身修、家齐、国治、天下平，内涵则为身安乐、心清泰。这种教育称为人群教育。教育若止于此，则教育便成为政治的奴隶，儒家教育便有此弊端。

人群教育继续发展，则由心身到动物及植物的第三、第四度的提高扩大，则能感通动物以提供畜力，感通植物以提供衣食、音乐等，例如北俱卢洲、三禅天人的生活境界。继续向前发展，则由心身到土地、天体等无生物的第五、第六度的提高扩大，感通无生物随身体的有无而显现。这种教育称为超人教育，即超出人类生命的境界而达到更加高等的生命形式。

最后一个层次，由身体到宇宙的无量世界都能随身体之有无而显现，即大乘佛教圣者随心变现百千世界的身体、国土，若到达圆满的境界，则为佛陀的法界身。这第七度的教育称为佛陀教育、佛化教育、宇宙教育，其目的在于进化圆满，以“相对全宇宙之个人，终以体达全宇宙缘成的个人（如来藏）为中心，开发个人实现乎全宇宙（法界身）为极则。在个人曰全人，在社会曰大同，在宇宙曰圆融法界”①。

太虚大师这里的七度教育思想，与前文所述的大乘渐教的八段进化论、七层层创进化论有相似之处。八段进化论，侧重在从人进化到佛的整个系统中的具体过程；七层层创进化论则侧重在对人生意义和价值的强调，为建立人生佛教的宗旨而服务；七度教育思想，则侧重在佛教修行实践的社会应用。相对于进化论而言，前两者侧重在对进化论思想的融摄和引导，而后者则侧重在以佛教所融摄的进化论思想对世界文化、世界佛教的构建，这也正意味对进化论的摄导的完成。

第三节　对心理学的摄导

心理学，是阐释心灵的学问，在西方主要起源于古希腊哲学，在中国则起源于《周易》、《尚书》、《左传》、《国语》等典籍，古希腊和中国的哲学家们如德谟克利特、柏拉图、亚里士多德、周公、孔子、左丘明等人对于心灵的研究，主要运用哲学思辨的方法，所以其学问只从属于哲学思想。心理学成为一门独立

① 《自由史观》，《全书》第25册，第242页。

的科学学科，则始于19世纪70年代末德国心理学家冯特所创立的实验心理学。近现代心理学家们运用新的方法如观察、实验、调查等对心灵现象进行研究，讲究精确，分析严密，用合符逻辑、理性的，经得起考查的论据进行解释，努力使此学科成为一门严格意义上的科学，通常被看作近现代科学中的一门。

心理学从19世纪末以来成为显学，在太虚大师的时代，心理学正飞速发展，用大师的话来说是："近今科学界对于最微妙难知之心理学，纷起研究。旧时以物理学为基本科学者，今渐有移科学之基本于心理之趋势。无论何种科学，皆必推究于心理，若治社会学则须究社会心理学，治教育学则须究教育心理学，治任何一学皆各须有其一学之心理学，各科学之与心理学，犹众星之拱极北辰，万川之朝宗东海然。心理学一学，可对抗其余一切科学而有余，实为知识界之一良现象。"① 其中与大师同时代的美国心理学家华生（瓦特孙）（1878—1958）所创立的"行为主义"心理学，"影响西方心理学甚巨，被称为西方心理学第一势力"，"20世纪20至50年代，其间40多年，各国心理学界几乎全成为行为主义的天下"②。太虚大师对此流派的心理学最为关注，论述也最多。此外还涉及联念派、完形派、生机派、精神分析学等流派。

一　佛教与心理学的相通

太虚大师认为西方心理学与佛教多有相通之处。在他看来，

① 《行为学与心理学》，《全书》第23册，第226页。
② 车文博《西方心理学史》，第358页，浙江教育出版社，1998年版。

西方正统心理学即为意识心理学，又可称为三分心理学，因为将意识从知、情、意三个方面进行分析。知、情、意与佛教的想、受、行三蕴大体相当，佛教五蕴中的色蕴，是心理受生理、物理刺激而反映的对象，识蕴则是心理学所研究的意识。二者对比，如图所示[①]：

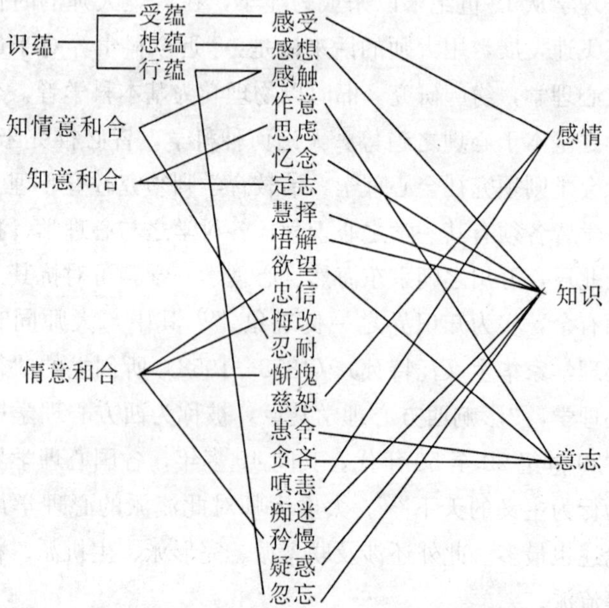

大师认为，知、情、意虽然可分为三，但是彼此并非划然离析的，而往往彼此相和合成为具体的心理功能如理智、忍耐、忠信等心理功能。

大师还以现代心理学的基础生理学知识来解释佛教的五根、

① 《真现实论宗依论》，《全书》第20册，第363页。

四大（内）的理论。五根就是五种有组织的神经系，净色身根是遍布全身的能产生触觉的身体感官神经，净色眼根是眼球之内的能产生视觉的眼感官神经，净色耳根、鼻根、舌根等类此可知。其中，身根是联络眼根、耳根等器官的总机关，同时又相对独立为一遍布全身的神经系统。身根的组织繁密与否，直接是高等动物与低等动物的区别所在，而脑髓、心、肝、脾、肺、肾等都是身根的一部分。其中，心、肝主管血液循环，是水大、火大运行的枢纽，与生命功能（阿赖耶识）关系重大；脑髓主管经络传达，是风大、火大运行的枢纽，与认识功能关系重大等。

太虚大师的这种解释，有其明显的融通佛教与心理科学的目的。如果按照佛教本义，这种融通则显得有点勉强。例如，将五根解释为身体的神经系，然而神经系在生理学上，通过解剖是能肉眼看见的，而佛教认为净色根是“不可见、有对色，能照境发识，乃圣人所知之境，其义深远，非同尘境粗浅，故名清净”①，即净色根是感官的清净性物质，是产生感官认知功能的物质主体，有其质而不可见。此外，净色根一旦被破坏，则该感官不能产生认识，然而，人类身体里某些神经遭受破坏后，对其整体功能并无根本的障碍。另外，在心、肝、脑髓与四大的对应方面，也显然跟后来的科学发展有一定的相违。例如，心、肝固然与生命功能关系重大，而脑髓与生命功能的关系也并非次要，现今科学认定人的死亡便是以脑死亡为主要依据；脑髓固然与认识功能关系重大，而科学发现人的“心脏与脑之间除供血关系外，还表现出频率相关……心脏对大脑的思维过程来说，不仅提供了能

① 法云编《翻译名义集》卷六，《大正藏》第 54 册，1162 页。

源，而且提供了最优势频率，因此很可能又提供了信息源”，“最新研究成果表明，人腹部有‘第二大脑’——能产生神经传递物质血清基的复杂神经网络，能下意识地存储身体对所有心理过程的反应，且能在需要时将这些信息调出并向大脑传递”①。这些，都说明了随着科学的发展，对身体器官功能的认识随时都会有新的发现，因此将五根、四大等佛教对人体功能的揭示与现代科学成果结合的时候，要特别注意各自不同的定义，注意彼此之间的相类和不同。在这里，我们也仅仅只能把太虚大师的类比看作是一种融通佛教与科学成果的方便，并不能以之为定论。

大师还将现代心理学关于认识产生过程的思想类同于《楞严经》中的“唯根论”思想。如前文所述，大师认为在《楞严经》中有与唯识论、唯境论不同的唯根论思想，缩小“识”的范围，扩充了“根”的内容，不仅仅是指物质的根，而且包括了前五识的现量、五俱意识、第七识和第八识②：

五色根
前五识
同时意识 ——根
第七识
第八识

在此基础之上，《楞严经》卷五中所说的“根尘同源，缚脱无二，识性虚妄，犹如空花。阿难，由尘发知，因根有相，相、见无性，同于交芦。是故汝今，知见立知，即无明本，知见无

① 陈兵《佛教心理学》，第122页。

② 《行为学与唯根论及唯身论》，《全书》第23册，第230页。

见，斯即涅槃无漏真净”，通于现代心理学的认识发生论：

所谓根尘同源者，根身器界同陀那变缘也。缚脱无二者，杂染清净同陀那也。识性虚妄如空华者，独头意识性虚妄也。由尘发知，由环境刺激而起反应行为也。因根有相，由有机体反应而有思想知识等所知相也。此所云相见，唯根尘所发，宛然行为派所谓：“有机体受环境刺激而反应之活动”，及由此反应刺激之活动而成知识等。至云知见立知即无明本，知见无见斯即涅槃，意在去独头意识之比、非量，而取诸识现量，故于根大特注意焉。即此唯根论言，可见以根尘反应刺激之相见行为曰心理，佛法中亦尝有其义。[1]

大师还认为，美国行为主义心理学家侯尔特说明意识的学说，对意识的阐述，即同于唯根论的前六识——意识的一部分（独头意识），其对意识的认识发生过程的论述，也同于《楞严经》中所说[2]。

但是，佛教尽管认为意识的发生过程，是因认识对象刺激认识器官而产生认识结果，却并不因此而否定意识。行为主义心理学认为心理学应该是一门像物理、化学一样的纯客观的实验科学，而主观意识是难以用通常的科学方法加以研究的，所以极力排斥把意识作为心理学的研究对象，“否认传统心理学的对象——心理或意识——而代之以行为，又将行为归结为肌肉的收缩和腺体的分泌，而肌肉的收缩和腺体的分泌则归因为外在和内在

① 《行为学与唯根论及唯身论》，《全书》第23册，第230页。
② 《论侯尔特意识与佛学》，见《全书》第23册，第239页。

的刺激"[①]；也反对用内省方法研究意识，主张用客观方法研究动物和人的行为，并认为心理学的任务就在于预测和控制人的行为。行为主义心理学的基本公式是"S（刺激）—R（反应）"，它不仅把各种感觉、知觉看成是对刺激的各种不同反应，而且认为思维就是不显现的全身肌肉、特别是喉头肌肉的反应活动，情绪主要是内脏和腺体对刺激作用产生的一种变化等等。行为主义心理学因为"合于研究物理之科学方法，得多数热心科学者之研究兴味，不断的从事观察实验，对于传统心理学又勇猛的加以攻击，颇有突飞之进步"[②]。

太虚大师肯定了行为主义流派对心理学的发展的积极意义。首先，行为主义主张心理作用由身表身里的种种反应而成，打破了过去以心理作用由大脑、心脏控制的偏执。其次，行为主义从内外种种因素上来阐明心理，否定了灵魂的存在以及类似于灵魂的心、意识等绝对独立的精神主体的存在。再次，行为主义对"感觉"、"印象"的研究，有助于前五识及其所对的性境的认识。最后，行为主义从生命有机体全身观察实验，对研究身体以及第八阿赖耶识的活动很有助益。

当代著名心理学家车文博教授则将行为主义的主要贡献概括为三：一、使心理学走向客观研究的道路；二、丰富心理学一些新的研究领域；三、促进了心理学应用于实际生活[③]。这种评价主要是以现代心理学的发展为依据的，即行为主义在对推动现代

① 高觉敷主编《西方近代心理学史》，第 255 页，人民教育出版社，1982 年版，1998 年印刷。

② 《行为学与心理学》，《全书》第 23 册，第 214 页。

③ 车文博《西方心理学史》，第 400－402 页。

心理学发展的方面有何意义。可以说，这种评价大体是局限于表层现象的。

对比而言，太虚大师对行为主义心理学的积极评价，主要是依据佛教义理唯识学的标准，认为行为主义打破了种种偏执，能为唯识学义理的论证而服务，或者说是在一定程度了论证了唯识学对人类心灵的认识。此外，我们也能比较清楚地看出，太虚大师的评价，更侧重了行为主义在心理学的深刻背景——哲学意义上的积极影响，以及行为主义在境、身乃至深层心灵（阿赖耶识）方面的开拓性意义。大师的这种评价，体现了其深刻的思想和深远的目光。

二　心理学的局限

但是，行为主义否定对意识的研究，乃至否定意识之存在的极端思想，遭到了太虚大师的严肃批判。

首先，能够进行认识的意识，同样可以作为被认识的客观对象，行为主义认为意识飘忽不定，难以精确，于是取消对意识的研究、取消意识，这从动机上来说是畏难求易，没有向前进求确知的勇气。从实践上来说，是没有对其他研究方法进行尝试和训练。大师认为，行为主义的方法尽管有其长处，对于心理学的发展很有益处，但是"内省法、群众意思测验法（社会的、民族的、人种的群众等）、他人语言忖度法、各人内心经验分析法、修奢么他禅定以澄静观察法、发得定通慧通之他心智以观察考验法、两人以上联心作用（催眠术）之试验法，皆可取为研究心理之一涂术”[1]。其他各种方法都有其长处，都应用来作为研究精妙深广的心理学的工具，而不能执著行为主义方法为唯一的方法，更不必以此而画地为牢、固步自封。

其次，行为主义心理学的研究对象之外，不仅意识可以成为心理学的研究对象，而且可以以现实为出发点，建设广阔的研究体系。以人的现实存在为果，以果究因，研究其自然的生机和成分，则有生化学——生理学、生物学等，识团学——完形派心理学及三能变唯识学等，理化学、心法学——心体、本能、感觉、情绪等问题及知识论等，综合研究则成为人类学。以人的现实存在为因，由因致果，研究其行为的刺激和反应，则有养生学、教育学、身行学、心行学等，综合研究则成为人事学。再综合由察果知因之人类学而到从因致果之人事学，完成以现实存在的人为出发点的研究体系，则为人生哲学。人生哲学之外，又有动物哲学、植物哲学、宇宙哲学等。图示如下[2]：

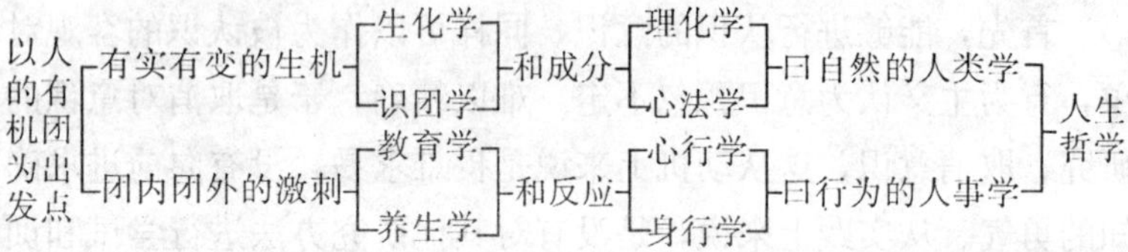

而相对于这繁复的研究体系，行为主义心理学以及完形心理学等，在人生科学中，固然有其一定的位置和价值，但是也仅仅在此限度之内而已。

早在 1927 年，正当行为主义处在如日中天之势，正向全世

① 《行为学与心理学》，《全书》第 23 册，第 225 页。
② 《再论心理学与行为学》，《全书》第 23 册，第 236 页。

界迅速传播的时候，太虚大师就先后撰写了《行为学与唯根论及唯身论》、《行为学与心理学》、《再论行为学与心理学》、《侯尔特意识学与佛学》等多篇文章，发表对行为主义的看法，对行为主义心理学的问题进行精准的分析和批判，并依据人的现实存在设计宽广的理论体系给予引导，对心理学的发展乃至其他学科的发展都有指导意义。

首先，太虚大师批判行为主义取消意识为心理学研究对象的做法，在后来的人本主义心理学那里，有了更为广泛的开展。"人本主义心理学的产生是在和行为主义的论战时开始的"[①]，人本主义心理学家们对行为主义的批判，更从其行为观、研究方法、行为控制、人类本性意向等四个角度展开[②]，可以说是对行为主义的错误进行了全面的清算。

其次，针对行为主义狭隘的研究方法，太虚大师所提出的其他多种研究方法，除了内省法、催眠术等在西方传统心理学上已经广泛应用之外，其余例如群众意思测验法、他人语言忖度法、各人内心经验分析法等，都与后来的人本主义心理学的研究方法——整体分析方法、现象学方法、个体特征研究法（个案研究、个人生活史研究、个别访谈、人物传记分析）[③]——有着非常多的相似。而大师提出的另外一些方法如修奢么他禅定以澄静观察法、发得定通慧通之他心智以观察考验法等，则与后来的超个人心理学家所使用的超个人心理治疗的技术和方法——超觉静坐、

---

① 车文博《西方心理学史》，第543页。

② 参见车文博《人本主义心理学》，第26－31页，浙江教育出版社，2003年版。

③ 同上。

灵性充盈的静坐、瑜伽修炼、身体训练、呼吸训练、感官觉察和灵性充盈等极其相似。之所以这些方法如此相似，其原因便在于超个人心理学家很多都采用了佛教的思想理论和实践方法，而这又正是太虚大师的思想根源之所在。

再次，针对行为主义狭隘的研究对象，太虚大师所提出的将心理学与其他各种学科结合起来，进而产生各种交叉学科的思想，正是当今科学所发展的一个大趋势，而在今天心理学的200多门子学科和交叉学科，正是这种趋势的具体表现。心理学的快速发展，验证了太虚大师半个多世纪之前的高瞻远瞩。

行为主义之外，太虚大师对西方心理学的发展情况及成果整体上是不满意的。他在《真现实论宗依论》、《行为学与心理学》、《答某校长问》、《法相唯识学概论》、《佛学讲要》等文中，认为传统心理学的不足主要在于"浅狭"二字：基于基督教的灵魂而以之为研究对象，而灵魂只是一个虚假的预设，是佛教所破除的一种误执，事实上并不存在；后来发展为以唯心论哲学为基础的心理学以及科学心理学，都只是研究第六意识及其相应的心理功能（心所），而且多有遗漏舛误之处，在此之外，只有精神分析学"讲到潜意识或隐意识，稍涉及第七识及第八识"[①]，而对于其中具体、细密的内容，却没有了解和研究。至于无想定、灭尽定等不相应心所法，心理学完全不知道。对心灵的本来面目真如，心理学更是无法窥及。

太虚大师所说的这些问题，显然都是以佛教唯识学为标准而提出来的。在依据瑜伽修行者之智慧的结晶的唯识学衡量之下，

① 《法相唯识学概论》，《全书》第10册，第224页。

年轻的西方现代心理学确实难逃“浅狭”之评价。

当然，太虚大师囿于当时心理学发展的具体状况，对当时的精神分析学等了解不够充分，更谈不上了解后来出现的人本主义、超个人主义等心理学流派，因此他对西方现代心理学的分析乃至批判，都无法避免狭隘之嫌。这也是难以求全责备的。

三　心理学的发展方向

针对现代心理学的浅狭，大师认为完整的心理学应分为三个层次：情的心理学、想的心理学、智的心理学。

情的心理学研究的主要内容是末那识相应的我见、我慢、我爱、我痴，及其向外影响的前五识、第六意识，向内执著的第八阿赖耶识，还有相应的心理功能，作为认识对象的物质现象（相分）、与心不相应的分位假法等等；主要对象以各种生命形式的凡夫为主，包括没有破除执著的菩萨。如果从内容的广度和深度而言，则远非现代心理学所能及。

想的心理学研究的主要内容是对高远理想、真实境界的追求，超出一般人格境界，以第六意识为主；主要对象是力求超越世俗欲望的修行者，探求真理的哲学家、科学家也从属于此。这是打破情执，而获得如实智慧的枢纽。

智的心理学研究的主要内容是如实证知宇宙人生之真实智慧，即现量了知诸法实相的无分别智，以清净的阿摩罗识、五遍行、五别境、十一善心所为体；主要对象是菩萨、佛，其中菩萨是获得了一部分，而佛是圆满成就。

三种心理学，又可合为两种。情的心理学和想的心理学的一部分（世间），可以合为凡庸心理学；想的心理学的一部分（出世间）和智的心理学，可以合为增上心理学。如图所示①：

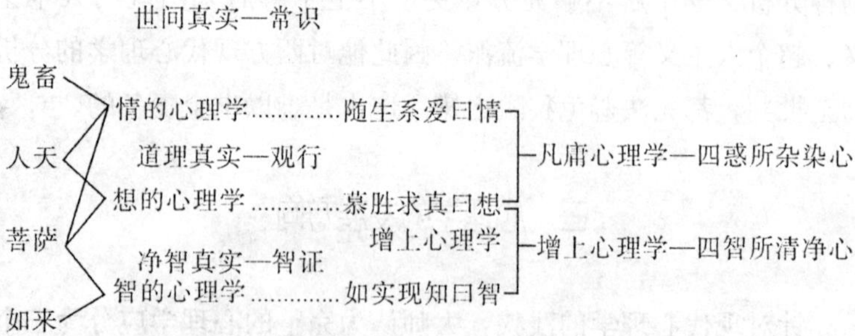

对比大师将心理学分为三类或两类的思想，可以说，后来结合了东方文化中道教和佛教的人本主义心理学，类似于“想的心理学”中染污的那一部分，即如何完成一个合格的人的修养的部分，与佛教中的人乘思想非常相近。

人本主义心理学在反对把人兽性化、非人格化和无个性化的同时，突出人性、人的价值和尊严、人的主动性、独特性和丰富性，把人的本性、动机系统、高级需要、潜能、价值、创造力和自我实现提到心理学研究对象的高度，被视为人类心理学史上的创举②。

而后来结合了基督教和东方文化中的印度教、犹太教、佛教、道教等的超个人心理学，致力于超个人、超时空的宇宙心理和意识、宇宙大我的研究，强调“同情他人的处境，能对他人的需要提供无私的帮助，改善和创造良好的人际关系。由于自我中

① 《佛教心理学之研究》，《全书》第 23 册，第 210 页。

② 参见车文博《西方心理学史》，第 554—565 页。

心意识的消除，我和非我的界限完全被突破，这样的人将更关心社会利益，直至达到和全人类、全宇宙的认同”①，具有“超越性”、“广泛性”、“深刻性”、“终极性”、“精神性”、“意义性”等特征②，近似于“想的心理学”中清净的那一部分，甚至有着发展到“智的心理学”的可能和潜能，与佛教中的大乘思想非常相近。

可以预测，今后心理学的发展，必然会从各个方面、各个角度全面地向“想的心理学”的方向前进，乃至会有一部分向“智的心理学”方向研究的心理学家和流派的出现。显然，这种方向，当年太虚大师即已经天才地予以了指明。

此外，大师对现代心理学知、情、意的三分法不满意，说如果自己写心理学专著，则要分为情感、情识、情习、情性四部，以情为质。他在《教育新见》一文中，把人的心理分为四个层面：情感、情识、情习、情性。四者的善恶为“人之情性无善不善；人之情感亦无善不善也；著积善恶者，其情性；辨执善恶者，其情识；善恶非不含于情感，若苦乐忧喜等，然在情感微乎其微；着之者情习，而辨之者情识，情识之所辨，唯情习之所著也”③。很明显，他的这种划分，立足于大乘唯识学的理论。情性当于第八阿赖耶识，情识当于第六意识，情习当于第七末那识，情感当于前五识。以唯识学的标准，心理学的研究必须将八种心识及其心理功能全盘进行研究，内容才大体完整。

大师还把唯识学的八识善恶的理论和心理学结合起来，提出

① 车文博《西方心理学史》，第571页。
② 参见杨韶刚《超个人心理学》，第44—49页。
③ 《教育新见》，《全书》第24册，第289页。

一种新的心理修养理念：情性是善的根源，含有善的潜能，所以“不得一向矫之以习”，同时又是恶的根源，含有恶的潜能，所以“当克之而不得一向纵之以性”，而对情性起引导和克服作用的，是情识与情习；能够深细地思考和观察的，是情识，对它应“择善固服、而除恶务尽”；通过情识的择善和除恶，情习和情感，最终“必纯粹而善矣”。

究实而言，大师这种修养理念，实际上是佛学诸乘诸宗尤其是大乘唯识学的宗教修行方法的应用：以第六意识（情识）如实不谬的正见、正智修观，照破无明烦恼（情习）而获得解脱，即转第六意识为妙观察智，转第七末那识为平等性智；以此二智的功能，长劫清除第八阿赖耶识（情性）中的杂染潜能，最后转阿赖耶识为大圆镜智，转前五识（情感）为成所作智——至此，则整个修学事毕，人格转化圆满成功，用佛教的术语来说，已经圆满觉悟成佛矣。太虚大师之所以把这种佛教修行方法，结合心理学而发展为一种修养理念，也许在于佛教修行的宗旨根本在心理的建设和净化，在人格的转化和提升，实际上也就是一种自我修养的道德或超道德行为。

联系心理学的发展状况，我们就更清晰地发现了太虚大师的心理学思想的可贵。

第五章　以佛教摄导哲学

哲学的本义是“爱智慧”，从求知的意义上来说，前文所述的科学也是求知，所以从属于哲学。从学术史来看，哲学最初基本上概括了人类绝大部分学科，后来数学、物理学、化学等科学逐渐从哲学学科中分离出来，可以说，科学是哲学的衍生物，而哲学则是科学之母。

太虚大师认为，哲学与科学的关系，是总体与部分的关系：“哲学与科学，只是总统的理知（哲学）与部分的理知（科学）之不同而已。由科学的知识总合起来而认识全宇宙，即是哲学；由哲学的知识部别开来而认识各事物，即是科学。”[①] 哲学是认识宇宙的整体，而科学认识宇宙的具体。从方法上来说，大师认为，科学是以推理为辅、以经验为主，超过了经验范围则往往被视为不科学；而哲学则是以经验为辅、以推理为主，从科学的经验出发，通过层层累积的推论，“由思议的、相对的科学，达到

① 《人生观的科学》，《全书》第25册，第11页。

不思议的、绝对的玄学之学”①。所以，广义的哲学包括科学，而狭义的哲学不但不包括科学，而且为科学所排斥。

从哲学的角度来研究佛学，从 19 世纪以来，西方哲学家例如叔本华、尼采、海德格尔、舍尔巴茨基等人，即是典型的代表。近代的中国，章太炎、梁启超等人，都主张佛法是哲学，而且是哲学的实证者。梁漱溟、熊十力则将佛法与西方哲学进行对比研究。到了 20 世纪 40 年代，王小徐、温光熹等人，则为了适应时代的潮流，试图将佛教哲学化。太虚大师、梁家义、张化声等人则走的是以佛教摄导哲学的道路，其中，最为彻底的应该是太虚大师。

对哲学的分类，太虚大师在不同的文章中，有不同的分法，在 1924 年写的《人生观的科学》一文中，大师认为哲学可分“形而上学”、“知识论”、“宇宙现象系统论”三部分；1915 年写的《论哲学》一文，以及 1930 年在厦门大学所讲的《佛学在今后人世之意义》中，说哲学研究的是宇宙观和人生观的问题；同一年在闽南佛学院所讲的《西洋印度中国哲学的概观》，又把哲学分为本体论、知识论、行为论三部分。其中，“宇宙现象系统论”可简称为“现象论”，在大师的文章中，从哲学的角度来讲的并不是很多，也不成体系，我们略去不论。宇宙观、形而上学、本体论三者基本上是说的同一个问题，人生观与行为论也大体相同，知识论一般称为认识论。

所以，我们就从本体论、认识论、人生观三个方向，来阐述太虚大师总持智的应用，分析大师是如何以佛学摄导哲学的。

① 《人生观的科学》，《全书》第 25 册，第 11 页。

第一节 对本体论的摄导

一 本体论之种种

太虚大师对本体论的思考，在《真现实论宗体论》、《论哲学》、《西洋印度中国哲学的概观》、《生命之起源》、《法相唯识学概论》、《佛法悟入渐次》等文中，均有论述，其开合有异、用词有别，但是总体的见解大体一致。

大师将古今中外的哲学本体论大略分为三种：一类是形的，可测量的，拒摄的，合成的，为西方哲学的主流——唯物哲学；一类是气的，难捉摸的，感应的，裂生的，是中国哲学的主流——唯生哲学；一类是神的，不思议的，变化的，幻现的，是印度哲学的主流——唯神哲学。当然，在这三类之外，西方哲学的本体论还有唯心的、唯神的，中国哲学和印度哲学也有唯物的。

西方哲学的唯物论，始于古希腊，以水或火或风等具体的物质为宇宙的本体，或以原子为本体。古印度哲学中的顺世外道与此很相似。后来发展而以电子乃至更小的单位为本体，近代随着科学的进步又以能子为本体，一切事物便都以最小的实体组合而成。这种唯物论是后来的科学的哲学基础，即认为宇宙是实在的，所以唯物论又被称为实在论。近代以来，科学成为西方乃至全世界的文化主流，所以大师将唯物论或实在论看作是西方哲学的主流或代表。严格来说，大师所说的这种唯物论，是指的机械唯物论。

唯物论之外的唯心论，大师认为严格来说并非唯心论，而只能说是观念论，因为所论述的都只是第六意识的对象，并未涉及第八阿赖耶识。

当然，我们看到，在大师的很多文章中，也直接就用唯心论来阐述西方很多哲学家的思想，那应该只是一种随顺世俗的说法，而实际上大师所认为的唯心论，只有佛教的唯识学才够得上。之所以如此，是因为佛经对“心”的定义并不仅仅指我们日常所熟悉的“意识”，而是有着非常丰富和深刻的内涵。唯识学依据《楞伽经》等，以“心”为第八阿赖耶识，窥基《大乘百法明门论解》卷上总结“心”之六义时，就以第八识为“心”，第七识为“意”，前六识为“识”。这种区分，可谓唯识学的常谈。西方哲学的“唯心论”，在佛教思想的对比下，主要涉及的是第六意识，对第七识和第八识基本上没有涉及。而第六意识，在唯识学看来，其根本功用为“了别”，即认识、区分等，只是“心”的功能极为狭小的一个层面，远不是“心”的本体和全体。

古希腊的柏拉图是观念论的典型代表，他主张事物的共相即关于事物的观念才是真实的，即“据吾人心理上所成各各之普遍的概念为实在者”①，而具体的事物本身并非真实。

到了近代培根、洛克以及休谟，大师认为他们才近于唯心论，他们的哲学思想被大师称为唯感觉论，因为他们主张凡是可以经验得到的只有五官的感觉，“五官感觉经验外，别无可经验到者”②，所谓关系法则、贯通理性等，都只是感觉经验的条理而已。

---

① 《西洋印度中国哲学的概观》，《全书》第23册，第49页。

② 《法相唯识学概论》，《全书》第10册，第205页。

由感觉经验前进一步，即发展到勃克莱（贝克莱）的主观唯心论，否认物质本质的存在，认为宇宙万有都是我的心所知觉的，“一切事物之存在，均在主观意识之内，主观意识之外无事物存在，凡存在者即被知觉者也”①。

其次是主观唯心论穷途之后理性派的客观唯心论，认为宇宙中的一切事物，有着客观存在的共同心或意识，一切事物都只是这客观心的表现。“万有的存在皆此客观的心，惟此客观的心，即为自己他人及万有以至全宇宙”②，客观的心计划和支配一切事物，其典型的代表是黑格耳（黑格尔）。

调和经验派主观唯心论和理性派客观唯心论的是康德，一方面承认凡存在的不能越出五官经验之外，一方面又设立一个不能为五官经验的“物如”或“自存物”，还主张“有先天理性能向杂乱无章的经验中立出法则”③。因此，康德既不是唯物论者，也不是唯心论者；也可以说既是唯物论者，又是唯心论者。

再次是意志唯心论，以深受古印度数论派或小乘佛教影响的叔本华为代表，认为有不知其然而然的求生存的意志，所以人具有继续不断的努力，宇宙一切事物的生机也都源于此，“世界之根本，端在意志；意志存，则万有虽旋灭而旋生，灭生不已”④，一旦此求生意志消灭，宇宙一切事物都随之消灭。

再次是经验唯心论，即扩充经验而将理性含摄其中的唯心论，以詹姆士等为代表，主张一切唯是经验，包括五官、意识、

① 《法相唯识学概论》，《全书》第10册，第205页。

② 同上，第206页。

③ 同上，第208页。

④ 同上。

知觉、思想、想象等的经验，从而“空间则成为经验之大网，时间则成为经验之常流，全部心理之内容，亦即经验之内容也”①。经验可分两种，素朴的和经过雕琢的，素朴的经验原材料经过雕刻之后，成为于此时、此地能解决人们实际生活需要的经验，才是真理。

再次是直觉唯心论，以帕格森（柏格森）为代表，主张宇宙一切事物的根源乃“生命之流”或“生之冲动”，不能为理智所认识而只能为直觉所把握。理智只能认知具体的物体，是实际运用的工具；而直觉是无彼此、自他、内外的分别的直接觉知，才能了知此内在生命之流。这种思想综合了叔本华的盲目意志和詹姆士的经验流而握其枢要，其“生命之流乃产生万有之浑然真体”②，隐藏在意识背后，促使人类时时向前创造而进化。

最后是存疑唯心论，康德的不可知的自存物，可视为存疑的唯物论，也可视为存疑的唯心论。到了安斯坦（爱因斯坦）的相对论，对于客观世界的存在与否，表示存疑而不做决断，认为一切运动的时间和空间，都随观察的不同而不同，成为相对的现象。这已经是存疑的唯心论。罗素的新实在论，尽管极力扩充客观实在的范围，将经验派感官所认知的事和理性派超出经验的理，都包含在不依赖于心而存在和运动的客观实在，建立非心非物的中立一元论，认为心和物都是中立一元所构成，然而此中立一元却为感觉所经验，一元究竟是什么？太虚大师曾在英国亲自询问罗素，罗素表示尚存疑而无法决断。

西方哲学之外，中国哲学的本体论，老、庄、《周易》、宋明

---

① 《法相唯识学概论》，《全书》第10册，第209页。

② 同上，第210页。

理学等大都以道、太极为宇宙的本体，且大体都以混沌一气为构成宇宙的具体材料，一气裂生而为阴阳，阴阳交互运动，最后产生具体的事物。但是，具有本体意义的混沌一气，并无明确的所指，“适成其为诡怪奇异而难以捉摸之一物矣”[①]。这种本体论，与西方的唯物论近似。

在《论哲学》一文中，大师又认为，中国哲学并不重视本体论，而重视的是自然论，即着眼于宇宙一切生生不息的具体事物，顺其自然之化，反求诸身，尽物之性，身与物即是“自然之实”，“天者，无形精神；地者，有形物质；自然之实者人，征人既已征一切自然之实”[②]。道、自然即为宇宙之本元，天、地即为宇宙之二相。天、地依道、自然而立，即为一元而二相；万物由天、地而育，故为并行而一元。

印度哲学的本体论，意指佛教以外的哲学的本体论，前后弥曼萨派都以大梵为宇宙本体，大梵为不可思议之神，创造宇宙的一切事物，人类之真我即为大梵，所谓“我即梵，梵即我”。后来尼犍子（耆那教）从梵即我的义理中，打破我外有梵的见解，而与数论派一样只承认神我的独立存在，每一个生命，都有此不可思议的神我。大梵或神我，都是感官和推理所不能到达的，宇宙一切是根据大梵或神我而幻现出来的。

太虚大师认为古今中外各种哲学对于宇宙本体的思想，都是根据常识而展开的推论，对于天地的起源、星辰的运行、生物的存没等，做出高深玄远的答复，虽然一方面弥补了科学的不超出感官经验的不足，另一方面却也因其理想的推论无法被感官经验

① 《西洋印度中国哲学的概观》，《全书》第23册，第50页。
② 《论哲学》，《全书》第23册，第11页。

所证实，而为人们所诟病、被科学所排斥。近代的许多哲学家如柏格森、罗素、欧根等，大多依据生物学、数学、心理学等学科以建立起哲学基础，但因为“出发点亦仍不出平常人常识之范围，且较科学之经验为浅薄”，没有显微镜、望远镜等现代科学工具以延伸其感官经验而弥补自身感官功能的不足，所以仍然不被科学所承认。究实而言，“哲学之基础完全建于推论悬想之上，非有实际之证验，故与科学较已望尘莫及，遑论乎佛学”①！

二 佛学对本体论的超越与批判

在佛教看来，佛教的经教、理论、践行、证果四个层次，经教是佛陀经过长期的身心实践而亲证四种智慧所同类相续表述出来的，经教所阐发的理论是符合四种智慧的，是与宇宙人生的真实相应一致的；而哲学则是依据哲学家的“推论悬想”而得出的思考成果，表述出来成为言教，包含的理论“不脱理窖与悬谈”②，且其理论的实质是“彼等之所谓本体论者，正是妄见所执，但有名言，都无实义”③。至于佛教教徒依据佛陀的经教、理论而进行戒、定、慧的身心实践，最后亲自验证经教、理论而证果，达到佛陀如是、我亦如是的如如相应的境界，则更不是哲学所能想象的。

在相异之中，佛教徒依据佛陀的经教而推究其深刻义理，以思维的比量而形成高深的学理，那么这一部分可以看做也是一种

① 《佛法是否哲学》，《全书》第23册，第36页。
② 同上。
③ 《与挪威哲学博士希尔达论佛学》，《全书》第30册，第259页。

哲学，可与世间的种种哲学思想之间进行对比和交流。而依据经教进行身心实践乃至证果，这一部分则不是哲学所能范围的。

对比而言，佛教最基本的教理“四念处”讲苦、不净、无常、无我四种义理，其中的无常、无我的义理，古今中外的哲学也多少能够讲到一点。例如辩证法的世界观，也见到万物的无我、无常性，由见到万物的无我性，因而也就见到万物的无常性。辩证法认为，万物都是矛盾对立的统合物，而没有固定的实体（无我）；所以在矛盾斗争的动力下，不能稳定地维持它的常态，而时时刻刻一阶段一阶段地发生变化（无常）；而就在变化运动中，又可确证万物的无我性。中国哲学经典《易经》，主张宇宙由阴阳和合，即无我之义；阴阳有一偏毗时发生变化，即无常之义。

但是，在无常、无我之外，没有哪一种哲学能够发现宇宙万物的不净、苦的特性，根本上是因为世间的一切学说包括哲学，都希望在世间中寻求理想境界。例如最先进的进化论思想，认为事物的时刻变化，是进步的表现，是进化的象征，即使现在尚有苦、不净，而未来却终究可以进化到乐、净的境界，所以仍然没有彻底的苦、不净的义理。

所以说，“苦、无常、无我、不净四义，为佛教思想与世间一般思想的不同点”①，因为即使讲到的无常、无我义并不彻底，更遑论打破我执亲证无我？而此四种义理，归结为一点，即是“空”，包括人我空、法我空；“空”是遮诠之词，即否定世间的实体性、常态性、快乐性、清净性等。

① 《真现实论宗体论》，《全书》第21册，第244页。

从哲学本体论的角度来说，“空”意味着对本体的否定。古今中外的哲学之所以有其本体论，在于“未悟生空……于一切物局执自体，复以执著时、方、宇、宙分位假法为是实有，定执别有最初本体，远在未有天地之前”①，根本的问题在于没有打破对自我的执著。即如当时最先进的哲学思想——罗素的新实在论，认为心、物是相对而有，并非宇宙本元；宇宙的实有只是现在一刹那的具体事情（事物），不一定属心，也不一定属物，而是中立的一元。在大师看来，这种思想，也只是“空于个性，而不空于事情”②，只接近于小乘佛教说一切有部的思想，与既空个性（人我）又空事情（法我）的大乘佛教并不相类。

以“空”义为根本，大师进而在《论哲学》、《真现实论宗体论》、《佛法悟入渐次》、《宇宙真相》、《万有皆从因缘所生》等文中批判说，古今中外的一切哲学思想都无法超出《金刚经》所专门否定的“我、人、众生、寿者”四相。此四相，本是大乘行者修证法性时的微细迷惑，不是哲学家所能观察得到，但是可以大致进行类比。

四相的根本在于我相。《圆觉经》卷一云：“云何我相？谓诸众生心所证者。”以众生对自我精神的直觉主观为我相。我相有恒常、独一、真实、主宰四种特性。依据十二因缘对比，哲学上最为粗浅的心、物二元论，只随顺触、受而执著对象为真实，没有独一、恒常、主宰的观念。一元论在触、受基础上产生爱、取，于是产生独一、恒常、真实的执著。其中唯物论（机械）以身体为我，有独一、真实而无恒常、主宰的执著，只注重现有而

① 《论严译》，《全书》第28册，第223页。
② 《佛学与新思想》，《全书》第22册，第44页。

不注重后有，陷入断灭见；宇宙唯心论和唯神论，统一了过去、现在和未来，增加了恒常的执著；主观唯心论、意志唯心论、经验唯心论等以意识、意志等为主宰，于是完备了我相的四种执著。

其次是人相。《圆觉经》卷一云："云何人相？谓诸众生心悟证者。"即超出自我的主观直觉之外，以对象为普遍的自我即是人相。自然论和新实在论（存疑唯心论），以自内证知的我相为基础，进一步推知触、受的外物，以内在的自我遍入一切外物，一切外物皆有我相，于是将我相发展为人相。

再次是众生相。《圆觉经》卷一云："云何众生相？谓诸众生心自证、悟所不及者。"即自我主观直觉与对象的普遍自我的统一，非此非彼，即彼即此，就是众生相。自然论中的进化论，主张发展进化的恒常性，物种依据条件而不断辗转进化，近于识缘名色、名色缘六入的缘生义理，即是众生相。庄子的"天地与我并生，万物与我为一"的思想，也反映的众生相。

最后是寿者相。《圆觉经》卷一云："云何寿者相？谓诸众生心照清净觉所了者，一切业智所不自见，犹如命根。"即以众生无法觉知的运动变化的动力根源为寿者相，此寿者相只是清净智慧所能了知的。自然论的终极，是以盲冥意志为实体，以不可思议的对象为本体，包括直觉唯心论，老子和《周易》的道、太极，数论派的冥性等，都是以佛教所说的根本无明为宇宙的本体，当于无明缘行、行缘识的层次。

大师认为，这四相虽然层次各别，但是最终也超不出根本无明，由根本无明而起种种的颠倒执著，或认为宇宙的一切事物都是源于某一本体的现象，源于某一精神的、物质的、神的因，陷入不平等因论；或认为宇宙的一切事物不期然而然，产生纯属偶然，变化亦无原因，陷入无因偶然论；或认为宇宙的一切事物偏重于因或偏重于缘，陷入执有论或偏空论。而这种种的见解，大致不出两种错误，一是常见，执著精神本体或神本体，陷入神迷执，希求精神或灵魂的永恒；一是断见，执著物质本体或自然论，陷入物迷执、自然迷执，倡导及时行乐，甚至为满足私欲而肆无忌惮、无恶不作。

《金刚经》对四相的否定，是佛教对各种哲学的本体论进行否定的经典依据。“古今中外种种所计为生起万有的特定本因性，都不能成立。因为在一切现起转变的事物中，是无法能找出一特定的本因性的。若虚妄计有，即成颠倒；能确认无特定本因性，乃顺于真实性。”① 宇宙的一切事物，当体即是因缘生法，没有某种特定的本体，这才是宇宙的真实。

大师认为“哲学上唯一大事之本体论（亦曰元论、玄论），虽各有种种的说明不同，说明到‘离过绝非’、毕竟平等、不可破坏、遣无可遣、立无可立的，必以佛学之真如的唯性论为极则”②，佛教般若空宗（唯性论）一系，核心思想是否定本体论的“空”。如果勉强以语言文字安立一个本无可立的本体“真如”，也是以“空”为基本特性，即此真如本体并非哲学意义上的本体，而只是假安立的本体，随顺世俗的言说而已。

大师还在《法相唯识学概论》一文中，依据大乘唯识学因缘生法的原则，逐一对机械唯物论、唯神论、自然论以及各种唯心论的本体论思想，提出种种质疑而予以了否定。

---

① 《真现实论宗体论》，《全书》第 21 册，第 261 页。
② 《佛学大系》，《全书》第 1 册，第 269 页。

三　本体论的前路

太虚大师在否定各种本体论的同时，也在一定程度上分析和承认了各种本体的相对合理性，作为引导其通向佛学的阶梯。

大师认为，近代西方哲学的发展，与 19 世纪已有完全的不同，因为有科学为基础，于是产生出很多新的哲学，例如新康德派，新实在论，唯用论，创造进化论，层创进化论等，都以“非实质论”为出发点，都超出了以前的那种本体论的框架，其中的新实在论、唯用论分别认为宇宙的真实即是“直接感觉事”和“纯粹经验”，而“新实在论知道存在的东西是论理的构成品，而唯用论、创化论又知都是被经验被知识而受了精神力变化的，这与诸法众缘生、诸法唯识现，可说酷似了”①，代表着西方哲学的新趋势，而与佛学的理论相接近了。

太虚大师在 1939 年讲于云南大学的《唯物唯心唯生哲学与佛学》一文中，更是系统地将哲学的三大类本体论与佛教大乘的三大系予以思想的对接。大师将哲学本体论分为唯物论、唯心论、唯生论三大类，每类又各分三种：唯物论分原子唯物论、自然唯物论、辩证唯物论，唯心论分观念唯心论、经验唯心论、泛神唯心论，唯生论分生命唯生论、太极唯生论、生元唯生论。三大类哲学木体论，基本上概括了古今中外最为重要的哲学流派，且都在不同的角度、不同的层次，能与佛教思想有相似和相通之处。

① 《佛学在今后人世之意义》，《全书》第 22 册，第 57 页。

其中，佛教大乘法性空慧系，主张宇宙一切事物的真实即是“空”，而众生因为智慧不明，见地不真，见假相而误执为实有，即“心因境有”，“这与唯物论的先有物质而后有心灵相近，或可称为‘唯境论’。所谓‘心本无生因境有，境若空时心即亡’。因此可由唯物论进而研究到佛学中的法性唯境义”①。尤其是马克思辩证唯物主义，认为物质是客观的实在，意识和精神是头脑的产物，离开物质而独立的意识是不存在的等，更是与佛教相近，因为“与佛法中明因缘生灭或缘生性空之理论不一定冲突，以并非执最后之极微或原子等为唯物，而但以现变实事为唯物故”②。可以说，客观实在即当于现变实事，意识与物质（大脑）不能相离，意识不能独立存在，这些理论完全为佛教所同具。

大乘法相唯识系，主张宇宙一切事物的产生皆以阿赖耶识的种子为原因，而阿赖耶识即是心，而此外前七识也可说是心，这种思想可以含摄总括哲学中唯心论的各种流派，“前五识的唯心论可以包括经验的唯心论；第六七识的唯心论，可以包括余二派以及其余一切不能融会贯通的唯心论”③。

大乘法界圆觉系，主张宇宙一切事物彼此互为因缘，互主互伴，一即一切，一切即一，随拈一法，即全法界，“此与物各一阴阳，物各一太极，其义相近。而欲将太极讲得圆满，最好研究贤首华严宗的六相十玄之法界缘起义”④。这里将太极唯生论作为代表，以体现法界圆觉系与唯生论的相通。

---

① 《唯物、唯心、唯生哲学与佛学》，《全书》第 23 册，第 103 页。
② 《真现实论宗体论》，《全书》第 21 册，第 210 页。
③ 《唯物、唯心、唯生哲学与佛学》，《全书》第 23 册，第 104 页。
④ 同上，第 105 页。

就具体的哲学家来说，德国哲学家倭铿，祛除基督教的人格神和理性主义的内在个我精神的见解，而提出非人格、非个我的常遍生命，主张人生世界从中直接产生，且世界人生就是此精神生命的活动变化，所以世界人生无不直接切合此精神生命，“颇近于阿赖耶识之义——既为器界、根身之因种，亦即为器界根身之果体也”[①]。大师说，如果倭铿能够进一步研究佛教大乘唯识学，那么不仅对他自身的学问将大有裨益，而且也能创造在全世界昌明佛学的机会。而日本哲学家井上圆了所提出的轮化论，否定了进化论，其思想就是直接依据小乘佛教而建立的。

哲学的发展，为哲学家们建立正确的本体论提供了希望。然而，哲学家们无法证得真正的宇宙本体，其原因何在？以及如何才能真正证得宇宙的本体？对此，太虚大师分析了关键的原因，并且指出了一条道路。

哲学家们失败的关键原因有二。一是其哲学出发点的问题。他们是以无明心为出发点，因此一切推究思考都无法超出无明心的范围，最后自然都要落到思想通不过的边际上去。二是其哲学方法的问题。他们除了意识的推究思考之外，全无方法，既没有科学的延伸观察思考的工具的方法，又没有佛教的改造观察思考者本身身心的方法。

对第一个问题，佛教的做法是改造无明心而为明心，佛教常说的“明心见性”即是，“见性云者，即见实事真理是也；明心、即佛法所说‘转识成智’，即把不明之心转而为明彻之心的意思”[②]，这种改造就从根本上解决了出发点的问题，而能直接以

① 《论倭铿、赫克尔》，《全书》第28册，第238页。
② 《佛学与宗教哲学及科学哲学》，《全书》第23册，第42页。

宇宙的真实为基础，随顺世俗见解即以真如为真实本体，从而建立学说。

对第二个问题，佛教的做法是以系统的改造身心的方法，可概括为戒、定、慧三学，通过长期的身心实践，最终“俾无始迷梦逐渐打醒，色心诸法焕然照了，悟入佛之知见”①，亲实见到宇宙真实本体。具体展开，第一步是从行为上进行改造，举止动静，皆依据律仪，可以达到内心坦荡、理得心安。第二步是从内心上进行改造，修习止观、禅定等，可以达到清明在躬，变化生理。第三步是从认识上进行改造，证得根本智，作为观察一切的标准，打翻根本无明，可以达到法界圆融、清净无碍，从而变化物理。“这是从无明改造成明的方法，也即是改造历程与证明。诸位已见佛书者，于吾言可得一商量；未见佛书者，也可因此得一入门之头绪。”②

佛教的这种达到真实本体论的方法，太虚大师认为有着其独特的优长。

首先，从行为论上来说，凡夫众生皆有佛性，由戒而定，由定而慧修行实践，可致觉悟成佛的结果，这一方面兼具了基督教、婆罗门教等唯神论“人对神”向上希求的益处，而又避免了其神迷执的弊端。修行过程中的菩萨，践行六度四摄，上与诸佛同一慈力，下与众生同一悲仰，兼具了《周易》、儒学、老庄等唯生论“人对人”的亲和的益处，而又避免了局限于人道、没有向上进步的庸俗的弊端。修行成功的佛陀，以其无缘大慈、同体大悲度化众生，既兼具了唯神论和唯心论“神对人”的勇决利益

① 《佛法与哲学》，《全书》第23册，第25页。

② 《佛学与宗教哲学及科学哲学》，《全书》第23册，第44页。

之益处，而又避免了独断、暴害的弊端。

其次，从认识论和本体论上来说，“解行智之推理观察，于色等法及不相应行法，悉能普遍精细而审虑之，有西洋理智之胜而不滞形数；后得智之如量施设，有中国感情之妙而不拘气习；根本智之称性亲证，有印度定慧之德而不落神秘”①，能够总摄西方、中国、印度三系哲学的优长而又祛除其短处，进而向上增进，为三系哲学所不能及。

如果从佛教修行过程中所获智慧的不同层次来看，西方、中国、印度哲学均与佛教智慧的某一层次相应，如图所示②：

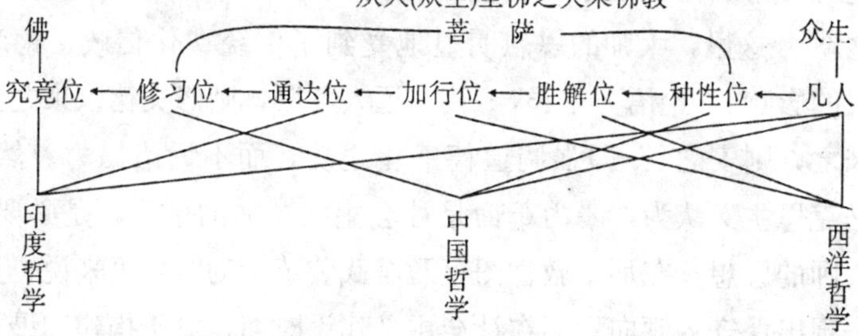

中国哲学相当于种姓位（侧重在戒、定的修养），由此上进而可达到修习位；西方哲学相当于胜解位（侧重在慧的闻思），由此上进而可达到加行位、修习位；印度哲学接近于通达位（侧重在定、慧的观行），可由此上进而达到究竟位。

从上文出发点和方法的问题来看，三系哲学的向上更进，若无佛教之引导，则没有可能。太虚大师所努力的，正是要以佛教的真如智慧和具体的修行方法，引导三系的哲学向上更进发展。

---

① 《西洋印度中国哲学的概观》，《全书》第23册，第59页。
② 同上，第60页。

太虚大师还思考了如何从哲学层面复兴中国文化。他认为，要复兴中国文化，应以唯生论为本位，以唯物论为基础，以唯识论为目的。唯物论发展到马克思的辩证唯物主义，“所讲之物，亦是生灭变化之活泼泼的东西，不是不动的物质，而近于唯生论了”①。这种生灭变化，贯彻到社会的变革、发展问题上去，则“辩证法唯物论之矛盾对立，应用于社会则为阶级对立，由阶级对立而争斗，于是就有痛苦，不是由感通谅解而得到的融通变化，中国文化讲改革之功，不尽由争斗流血而致的，乃潜修感化所得之谅解感应而自生变革。即古时驯服异族，亦是如此；使其优游陶镕于德政之下，自然镕化而变为中国人，所谓修德以来之”②。这里，大师的思想明显地受到了传统文化仁政、德政思想的影响。《论语·季氏》云：“远人不服，则修文德以来之。既来之，则安之。”即强调道德感化之功，而不诉诸暴力。然而，马克思主义认为，暴力革命是社会主义革命的手段，是必要的。大师的思想，在那个救亡图存乃至武装革命的时代里来说，显然表现出保守的倾向；而在社会主义建设时期，对于构建和谐社会的伟大目标来说，却又具有了重大的积极意义。

大师认为，唯生论以气为本质，是中国传统文化的主流，符合中国民族文化心理，而且从哲学层面上看，比唯物论要来得深刻。唯识论，是将因缘所生法的“生生不息”之理讲得最为透彻的，其无生缘生的思想不仅透彻了现象，而且透彻了体性。再者，要证得无生缘生的诸法实相，必须有深刻的修养功夫，正可以摄导中国传统文化儒道二家，“儒家讲修养，不过持戒的修养

① 《唯生哲学》，《全书》第23册，第93页。
② 同上。

而已；道家略略讲到修定之处；惟佛法三学具足，定慧圆明。欲有甚深之修养，须研究佛学”[①]！这从个人的修养实践的层面，以修养实践去亲证诸法本体（实相），给儒家、道家文化指明了方向。

四 小 结

哲学本体论，是一个极为繁难的问题，迄今为止，虽然有种种的定义，但并无一致的定准之说法。

哲学史上，对“本体”的研究，可谓始于古希腊哲学。从米利都学派开始，希腊早期哲学家从“本原”（希腊文 arche，旧译为“始基”）的角度探索宇宙的起源问题。在西方近代哲学中，直到 16 世纪后期，德国经院学者郭克兰纽（1547—1628）才第一次提出和使用了 ontology（本体论）一词。笛卡尔首先把研究实体或本体的第一哲学叫做“形而上学的本体论”。17—18 世纪，莱布尼茨及其继承者沃尔夫试图通过纯粹抽象的途径建立一套完整的、关于一般存在和世界本质的形而上学，即独立的本体论体系[②]。在中国古代哲学中，本体论叫做“本根论”，指探究天地万物产生、存在、发展变化根本原因和根本依据的学说。

不管如何定义“本体”这一概念，以及从哪个角度对此问题展开论述，“本体”问题大致上都不出佛教“自性”的概念的范围。龙树在《大智度论》卷二十说：“若诸法实有自性，则无可

① 《唯生哲学》，《全书》第 23 册，第 93 页。

② 参见梯利《西方哲学史》，商务印书馆，1995 年版；罗素《西方哲学史》上下卷，商务印书馆，1996 年版。

坏……性名不作法，不待因缘有。”又在同论卷三十一说：“性名自有，不待因缘，若待因缘，则是作法，不名为性。”都是强调“自性”的“无待”、“无坏”的特征。《十八空论》说：“自性有两义，一无始，二因。”《显识论》则说“自性”有不杂、不变二义。综合言之，一般将“自性”的特征概括为四：常（永恒不变）、一（独一无分）、主宰、自在（无待）。而“本体”这一概念，不管如何解释，都具有“自性”的一部分或全部的特征。

众所周知，佛教的诸乘诸宗，义理深浅不一，但都否定“自性”的存在，主张“无自性”，即主张“空”。《中论》卷四说：“未曾有一法，不从因缘生，是故一切法，无不是空者。”《大智度论》卷三十一说：“诸法中皆无性。何以故？一切有为法，皆从因缘生，因缘生则是作法；若不从因缘和合，则是无法。如是一切诸法，性不可得故，名为性空。”这种论述在佛教可谓随处可见。“空”否定了“自性”，即否定了“本体”。这种否定是普遍性的、绝对性的，竖遍过去、现在、未来，横遍一切事物。《中论》卷四、《成唯识论》卷一等唱“二空”，《辨中边论》卷中及《显扬圣教论》卷十五等唱“三空”，《大集经》卷五十四及《大品般若经》卷五等唱“四空”，《舍利弗阿毗昙论》卷十六唱“六空”，《楞伽经》卷一唱“七空”，《大毗婆沙论》卷八唱“八空”，北本《涅槃经》卷十六唱“十一空”，《辨中边论》卷上唱“十六空”，《大品般若经》卷三、《大集经》卷五十四、《大智度论》卷三十一唱“十八空”，《摩诃般若经》卷五即以“十九空”等等。这些经典分别从不同角度将“空”贯彻到了一切事物和现象，可谓到了横穷竖遍的程度。另外，“空”的同义语“法性”、“法界”、“真如”、“如来藏”、“涅槃”、“实相”、“如”、“真心”、

“佛性”、“真谛”、“胜义谛”等等，可谓都是对宇宙人生的本来面目的描述，也无不是以“无自性”为根本特征。而“空”本身，也是“无自性”的，也是“空”的，即“空空”，《摩诃般若经》卷五说：“一切法空，是空亦空。”这就在否定了“自性”、“本体”的同时，避免了以“空”为本体的误会。

就在佛教彻底否定“本体”的存在的时候，古今中外诸多思想学说无不孜孜以“本体”为努力的终极目标。这种妄执，在佛教看来，那是因为众生无始以来就没有智慧（无明），不能如实知见宇宙人生的真相，而于“无我”“无非我”的一如不二的真实，横生“我”与“非我”二元对立的错误。在这种无始以来的深层的妄执基础之上，便有有意识和无意识的对“本体”的孜孜追求。要打破这种怪圈，唯一的方向，只在打破无明，打破我执，才能真正见到宇宙人生的真相——无我（人无我与法无我）。太虚大师把这种由智慧所契入的真实，叫做“真实本体”，实质上是勉强以“真如”为“真实本体”，而对各种思想学说进行引导的一种方便说法，并不是否定其他学说之后重建的“真如”之本体。

太虚大师从人内心深层的矛盾展开对古今中外各种本体论的深刻分析、批判和引导，其根本方向是引导各种本体论最终走向否定本体论的目的地，即以“无我”的根本智慧契入“无我”的真如，一如不二，达到对宇宙人生本来面目的如实知见。

第二节 对认识论的摄导

从狭义的角度看，哲学上认识论的问题是近代才产生的事情，大师分析说那是因为之前的古人们只以所知为已知，没有从能知的角度上去思考，所以没有涉及认识论的问题；近代的哲学家们对过去的哲学和宗教的怀疑，驱使他们“从现在能够了知的智识限度上，反转来加以一番研究”[①]，于是产生了认识论，而它所要解决的首先就是本体可知不可知的问题。

一 认识论之种种

太虚大师从主张本体可知和不可知的角度将认识论分为两大类。

认为本体可知的，首先是英国哲学家培根和法国哲学家笛卡尔，认为能知的不是依靠感觉和经验，而是靠理性思维。其中笛卡尔以怀疑的思维，得到“我思故我在”的结论，疑思的存在，故就是我的存在；进而由此思维的存在，“推至为世界万物根源的本体或上帝，亦无不存在”[②]。大师进而认为斯宾洛莎和莱勃尼慈（莱布尼兹）等，也是如此主张，以万物的本体可从思维认知。

其次，是辩证唯物论，以辩证法的思维，认定万物的本体是

① 《真现实论宗体论》，《全书》第21册，第310页。

② 同上，第313页。

物质，物质不离运动，“这变化运动的有本体的物质，是由思维可以知道的；破斥不可知论，认为由辩证法的思维，已知万物本体的真理”①。

再次是新实在论，在感觉和经验上建立实在，认为基本的实有就是感觉、经验的事实。事实既不是心也不是物，由一方面现起心理的作用为心，由另一方面现起与心理相对的现象为物。心、物的现象，不过是此事实的分化，理性法则“不是先于感觉经验而有，就存在于一切感觉经验之中”②。

再次，柏格森的生命哲学（直觉唯心论），以源源不断的生命冲动为宇宙本体，此本体没有心理和物理的区分而浑然一体，却发生心理和物理以及二者对立的现象。而生命本体却是“感觉经验和思维推理都不能知道，这是惟由心灵上直觉到的”③。

认为本体不可知的，首先是英国哲学家洛克，他认为人的知识来自感觉，由感觉的积集而成为知觉，形成概念、观念等，并构成思维的推理作用等。感觉的限度决定了人的知识的限度，结论为“其可知的不过为现象，至于现象后面之本体，人是不可知的”④。

其次，英国哲学家休谟建立了唯感觉论或唯现象论，认为人类最基本的只是感觉，而感觉到的只是现象，本体不可知，既然不可知，于是“进一步否定了不可知的本体”⑤，走到了思想的极端。

---

① 《真现实论宗体论》，《全书》第 21 册，第 314 页。
② 同上。
③ 同上，第 315 页。
④ 同上，第 311 页。
⑤ 同上。

再次，美国的经验派或实验派哲学将经验从感觉扩大到观念、概念以及思维推论的理性，能发生实际功用的便是真实的，但此真实并非永久不变的本体；永久不变的本体不可知或不存在。因此，“从理性上所要讲明世界万物统一的根本体，在经验派的知识的限度上，便无从讲起”①。

再次，康德将哲学的理性哲学与科学的经验哲学相沟通，主张平常的知识是由感觉的基本经验构成，但感觉经验的发生又决定于先于经验的理性或先验的观念，否则便无法感觉到现象。这样，先验的理念和感觉经验便得以调和，“这种先验理念，既在感觉经验之前本有，则本体虽不可能就感觉经验上以认知之，由有先于经验的理性存在，而可能推到本体，不可否认其为有”②。

上述的狭义的认识论，主要是考察的西方近、现代哲学。从广义的角度来说，认识论在古今中外的哲学思想中普遍地存在，太虚大师将它分为三大类。

第一，西方哲学的认识论，主要是数理的，以数度数的计算。这种传统从柏拉图、亚利斯多德开始，以数学为知识的基本，向外趋向客观的物质，推求事事物物的长短、广狭、厚薄与重量、速率、时分等数量，以得到明晰确定的观念。对于宇宙的本体，“分析而又分析之，一至于极微，指人所不能见闻者以为宇宙之本体，虽无可得，而其推认为占空间时间之一实质之观念，则尚存乎中心”③。近代虽然有很多哲学家否定本体，但这些进行否定的思想，往往也受到数理模式的影响，而且数理的认

① 《真现实论宗体论》，《全书》第21册，第312页。
② 同上，第312—313页。
③ 《西洋印度中国哲学的概观》，《全书》第23册，第53页。

识论仍然是主流。

第二，中国哲学的认识论，主要是情理的，以情洁情的忠恕。这种传统主要体现在儒学，认为“理”即存在于人“情”之中；人“情”之外，无所谓“理”的存在。“洁”是推度的含义，“以情洁情”，指的是“审知自己之人情而推及于他人者，即忠恕也”，可谓儒家伦理思想的核心。这种以自身的情感来推度他人情感的原理，向外展开便成为“由尽人之性至于尽物之性，则其推之宇宙本体，适成难以捉摸之气矣。盖因人之心气和平时，每有若天地人物混然而为一者，一旦稍有偏激之感，则反应而为分裂之形势，卒就冰炭二者不相容，又调和而成第三者焉。一生二，二生三，天地之道，何独不然”[①]？人情的展开而为物情，乃至成为宇宙的本体；而对宇宙本体的认知，恰恰就在对人情的认知。

第三，印度哲学的认识论，主要是心理的，以心观心的定慧。这种传统不仅体现在婆罗门教、数论派等，都是从心出发来观察外物，以外在的森罗万象为内心的转变呈现。他们认为，要认清宇宙的真相，必须清除扰乱浑浊心识的习气，即借助集中心力的禅定功夫和能审谛观察事物真实的智慧力量，由定而得慧，因为“定深则境若无，逮心动则境随现，宛然若由一论理推理所不及之‘一不思议的神’变化而幻现为万有也”[②]。基督教等也有这种认识论，不过对比而言，就显得比较粗糙肤浅。而佛教，则在定慧的基础上，“由清静明觉之心，照见宇宙万有之本相……成佛，即是将心修成清净明觉之心，而明照宇宙万有之生起

① 《西洋印度中国哲学的概观》，《全书》第23册，第54页。
② 同上，第55页。

变化，能觉证一切事物之本相，故称为佛”[①]，将以心观心的认识深入、透彻、精致到终极境界，便达到成佛的目的。

与三种认识论相应，太虚大师将人类的知识分为三大系统：研知外物、改善身心、妙契真常。

研知外物指的主要是西方唯物论哲学，近代发展为科学知识，“不顾身心，专研外物，得其因果定律，变化原则，改造利用，以满足人类之欲望为目的者也”[②]，根据无有穷尽的欲望，创造无有穷尽的物质文明，而发展无有穷尽的科学，善于利用可以有厚生利用之益，反之则助成恶业、扰乱社会。

改善身心指的主要是中国的儒学、道教，以及西方的苏格拉底、柏拉图、康德等，“主改善身心以适合自然环境，使天真之乐流畅乎身心，则人人各适其所适矣”[③]，其方法以节制欲望为主，其目的以人格修养为功。与前类知识相比，一则向外追求，一则反求诸己；一则刺激欲望，一则节制欲望。二者大相径庭。

妙契真常指的是渊源于印度的佛教，针对众生的烦恼痛苦，佛陀阐述诸法本来如是的真相，“以显缘生性空，因果不紊，使闻者生解，因解起行，远离颠倒，妙契真常，方为究竟”[④]，从而解决一切烦恼，而解除一切痛苦，获得一切快乐。

这种对比所揭示的知识层次之差异可谓一目了然，西方哲学的认识论解决的是认识外物、厚生利用的问题，中国哲学的认识论解决的是认识人情、修养身心的问题，印度哲学（佛教）的认

① 《唯生哲学》，《全书》第23册，第92页。
② 《佛学与新思想》，《全书》第22册，第41页。
③ 同上，第42页。
④ 同上。

识论解决的是认识心性、圆满真理的问题，前前应至后后，后后胜于前前。

二　种种认识论的特点和真实之知

上述各种认识论，之所以会呈现出不同层次的差别，太虚大师还以佛教大乘唯识学为标准，从认识的对象（境）和认识的结果（量）的角度，分析了古今中外的哲学认识论的特点。

从认识对象（境）的角度，可分为实感境、测信境、设想境、幻觉境、倒取境、圣证境六种。

实感境。《周易》中说："寂然不动，感而遂通天下之故。"《论语》中所言："天何言哉？四时行焉，百物生焉。"以及古希腊哲学家赫拉克利特关于运动变化的思想，印度佛教认为一切事物都在刹那刹那微细生灭的思想，所描述的事物的微细变化。它是凡夫前五识、五俱意识以及阿赖耶识所现量了知的境界，但是不能为凡夫的平常意识所了知，因为凡夫所能意识到的认识，已经是意识对前五识和五俱意识的认知的回忆（随念计度），而不是现量认识。其认识特征可总结为"实变而不觉且不现"。

测信境。根据曾经见闻觉知的境界，或相关系、相类似的事物，而做出的推测，深信其结论，而事实上可能正确也可能错误。这种境界为理智所觉知，不能为感官见闻所觉知，正确的可称为"觉实变而不现"，错误的可称为"觉变而不现且不实"。

设想境。根据实验的推论而假设某一结论，如同科学的假说，只是假设的变化而非事实如此，以意识的寻求伺察而借语言文字假设想象，只能为意识所觉知。其认识特征可总结为"觉变而不现且不实”。

幻觉境。现前知觉到的种种虚幻变化，往往错认为实，亦称错乱境或乱实境，最难辨别。最为微细而不易觉了的，是众生无始以来无明迷乱以及烦恼业习所障而产生的认识，见到有众生生老死灭和物质世界成住坏空的种种变化，以为都是真实，其实都是幻觉，如梦境一般不实。这种幻觉境，有少部分可以察觉它的不实，大部分不易认识其为幻，其特征为“现觉变而不实”。

倒取境。即对假设想象的设想境执著为真实，或对虚幻变化的幻觉境执著为真实，即执著不真实的为真实；另一种是执著真实的为不真实的，都是倒取境。其中，在没有获得佛智、证得诸法实相之前，对幻觉境极易生起执著而为倒取境。其特征可总结为“不实亦不觉不现”。

圣证境。即圣者打破无始以来的烦恼业习，而对宇宙真实如实了知的境界，可分为两种：如实见到普遍真实的不变性，即诸法的体性真如；如实见到诸法的极为微细而实际的生灭变化，即诸法的作用、现象。相应而言，其特征也可总结为两种：“现觉实不变”和“现觉实变”。

以上是从认识对象（境）的角度进行的分析，与之不能截然分开的另一方面，即从认识结果（量）的角度，太虚大师从三种层次进行了分析：常识、理智的非量，学理、圣教的比量，凡情、圣教的现量。非量、比量、现量本来是唯识学中三个非常重要的范畴，“量”指的是认识的正确结果即正确的知识，一般分为两种，即“现量”和“比量”。“现量”是现在的直接显现在前的知识，“比量”即利用意识的思维推理所获得的知识。错误的知识则为“似量”或“非量”。大师从哲学的角度予以分析，大大拓宽了其思想的面向，赋予了其以新的内容和时代的意义。

首先是常识、理智的非量。宇宙的一切事物，在凡夫的认识上，前五识、五俱意识以及阿赖耶识所了知的境界都是现量的，如果执著这种现量认识是正确无误的，那就成为非量。科学的观察也是现量，而以观察的结果为基础进行推论建立学说则是比量，多有落于拘弊和错谬的，即多为非量。世间禅定，在内心的修养境界上为现量境，出了禅定而加以推度而建立学说，则为比量；如果以圣者的智慧来衡量，则世间禅定显得比较粗浅，其学说中非量亦多。哲学，间接地依据科学或世间禅定境界则为似现量，进行推理而建立学说则为似比量，即皆为非量。所以说，“无论是随类的常识也好，习俗的常识也好，学者的理智也好，大部分都是非量的。所以、我们要得到现事性的真实证觉，世间的一般学说，皆未足依赖”[①]。

其次是学理、圣教的比量。前面所说的学者的理智，虽然多为非量，但是也有部分的比量，即符合客观事实的那一部分。而圣者根据契理、契机的原则，利用世俗文字、随顺时代特征所建立起来的思想学说，是度化众生的方法和技巧，也是比量。另外，圣者根据亲自证得的清净智慧而流露出来的清净言教，真确无谬，同样是比量。

最后是凡情、圣教的现量。凡情的现量，即是凡夫前五识、五俱意识以及阿赖耶识所认识的境界；科学之中，有前五识和五俱意识的现量；世间禅定中，有定中意识的现量。这些现量，都被称为世俗现量，因为归根结底是染污的依他起性。圣者的现

① 《真现实论宗体论》，《全书》第21册，第308页。

量，是打破了无明烦恼业习而如实证得真如实相，见到了宇宙人生的本来面目，为胜义现量。

太虚大师认为，要真确地认识宇宙，证得宇宙的本来面目，必须有现量智慧，而不能依靠比量推理，更遑论本身错误的非量谬见。但是，世俗现量的有等于无，并无用处。凡夫的意识现量，并不能形成明确的认识，只能从五后意识上以比量推知其存在；而科学和哲学直接依据或间接依据这种现量，同样没有意义。另外，世间禅定中的定心现量，也没有多少意义，因为“定心现量亦同澄净不动的镜光照色一样，并未生起思维；从定出后再起思维、记忆，已非现量，因此定心现量也不能发挥功用”①。至于第八识的现量，是第八识见分对相分的直觉认识，向外寻求的意识是无法认识到这种现量的；而且第八识的存在，还必须依据圣者的后得无分别智才能觉知，借助语言文字建立学说使人了解。

世俗现量的无用，从反面确证了胜义现量的重要，因为只有圣者的胜义现量，才能如实地认知宇宙人生的本来面目，才能成为真确的认识论。太虚大师总结了佛教获得胜义现量的方法有二：

> 一、即禅宗向非量的心中参究，谓从一切身心世界都无所知的无意义非量中，直截地参究它究竟是个什么？二、即依明白正确的圣教量，生起正确的比量智，依比量智实践修习，由戒生定，由定修观；此比量智与定心相应，引生真实

---

① 《真现实论宗体论》，《全书》第21册，第323页。

智，乃得出世清净现量。[1]

这两种方法，具体来说，前者即宗下的方法，后者即教下的方法；前者是直接超越理性而达智慧，后者是利用理性而达智慧；前者简捷，适合中国民族文化心理，后者繁琐，适合印度民族文化心理；前者极高明，只接引上上根机，后者可高可低，往往能三根普被。

三 小 结

结合认识的对象（境）和认识的结果（量），我们可以发现太虚大师最后都以圣者的认识（圣者自证量）为最高境界、终极目标，这也就明确地表现了大师引导哲学认识论的方向。大师认为，相对于本体论而言，认识论显得更为重要，因为本体论阐述的是本体的客观，而认识论则是要从主观上正确认识宇宙的本体，以及宇宙现象的实质，对宇宙本体的认识越真确，那么宇宙现象的虚渺就越明显，而“理正那错误的知识成正确的知识，则本体洞彻现象、现象洞彻本体，便理事一致了”[2]。而这一点，正是佛教才长处之所在。

前文在阐述如何证得宇宙本体的时候，涉及了佛教认识论于其中的重大作用，其中阐述戒、定、慧的修养步骤和大致过程，不仅是证得宇宙本体的方法，而且其方法本身就是佛教认识论——唯智论。《宗镜录》云：“心即是理，理即是心，心能平等，

① 《真现实论宗体论》，《全书》第21册，第324页。
② 《佛学大系》，《全书》第1册，第269页。

名之为理；理能照明，名之为心；觉心、理平等，名之为佛。”①即是说能认知的心和所认知的理，完全打破了二元对立的状态，即所谓“能所双亡”，心、理一体，证得根本无分别智。

如果以一句话概括佛教认识论和其他思想学说的认识论的差异，那就是不二和二分的差异。佛教的认识论（唯智论）关键之处即要打破二元对立而智证真如，其他思想学说的认识论，则无法摆脱能认识和所认识的二元对立。在佛教看来，将能认识和所认识对立起来，则陷入生灭、有无的二元对待之中，成为生死轮回的根本——根本无明。所以，紫柏大师在《紫柏老人集》中说：“智入三世而无来往，此本光之常也；识涉三世，此本光之变也。本光变而根尘封，痴痴众生睡梦浓……知之一字众妙门，知见立知祸大矣，率情率性霄壤隔，相逢几人辨端的，两者从来一而二，用处在人悟与迷。”众生率情，故迷真如，则“知见立知，即无明本”；诸佛率性，故悟真如，则“知见无见，斯即涅槃”。《坛经》中慧能大师说：“二法不是佛法，佛法是不二之法。”又说：“无二之性即是佛性。”

对于佛教之认识论的辨析，以唯识学的八识思想最为清晰。唯识学创宗者依据其所得后得智，将心的功能划分为八个方面，而建立为八识，这是一种横向的分析；同时又将每一种识剥为四分（或为一、二、三分），这是一种纵向的分析。纵横交错，就构成了唯识学对心灵的整体分析。另外，从所认识的对象（境）的角度来说，则可分为性境、独影境、带质境三类；而从认识的正确性来看，又可分为现量、非量、比量三种。我们可以发现，

① 永明延寿《宗镜录》卷一。

前文所述太虚大师的理论中，无疑是参照了唯识学的理论，而又结合西方哲学的认识论，有着自己独到的创见。

在唯识学看来，一切认识无非分别。而所谓分别，最根本的特性即在于有能认识和所认识的二元对立，造成二元对立的根本原因，在于与第七末那识相应的根本无明，此根本无明体现为俱生我执，将本来无我无他、无有自他之分的宇宙人生的本来面目割裂为二，形成认识主体和认识客体的自他二元对立。建立在这种二元对立基础之上的分别，终究在无明的笼罩之下——即使前五识、五俱意识的自性分别和阿赖耶识的根本分别，虽然是客观的依他起性，却因为不脱根本无明，所以仍为染污分依他起，更遑论五后意识和第七末那识的随念分别和计度分别了。

而要打破八种识的分别之特性，关键即在于打破其二元对立的认识特性，这样溯源而上，就可知其关键在打破与末那识相应的根本无明。如果不能打破与末那识相应的根本无明，那么自他二元对立就不可能打破，众生也就不可能如实认知，不可能有真知。《成唯识论》卷五说："如是染污意，是识之所依，此意未灭时，识缚终不脱。"因此只有"灭""此意"，才能解脱内在的识缚与外在的相缚，获得如实的认知即真知。而"灭""此意"并非消灭第七末那识，而仅仅是消灭与第七末那识相应的根本无明或俱生我执，使末那识的思量功能从刹那思量自我转变而为刹那思量无我。《成唯识论》卷四说："未转依位恒审思量所执我相，已转依位恒审思量无我相故。"此时，末那识的恒审思量的功能便被称为"平等性智"，即无有自他二元对立、一切平等、能所消融为一的直觉之智。但是，因为末那识的思量功能本身非常昧劣，所以只有依靠意识深入的理性思维功能，形成如实的正见、正智，不断修观，达到“周遍寻伺”，一旦妄念刹那顿断，俱生我执刹那不起，即能如实认知而获得真知，此时的意识的思维观察功能也一刹那转为“妙观察智”，即不仅如实见一切事物之相，也同时见一切事物之性，相性一如不二，无有内外二元之对立。《大乘入楞伽经》卷六说：“意识若转依，心则离浊乱，我说心为佛，觉了一切法。”即是说意识转为妙观察智，心就脱离了无明的染污（浊乱），获得了如实的认知（佛，觉了）。依据这两种智慧，逐渐转化阿赖耶识中的染污种子而为清净种子，最终至于圆满，则前五识和第八识分别转为“成所作智”和“大圆镜智”。这四种智慧的获得，具体表现为转识成智的漫长修行过程，即太虚大师所说的教下的方法。

从纵的一面来看，以后来占据唯识学主流的四分说为例，则见分认识相分，可有现量、比量、非量三种可能；自证分认识见分、证自证分认识自证分、自证分认识证自证分，其认识结果都是现量。四分之中，只有证自证分被认为是终极的真实，自证分和证自证分的相互认识因而也是真实的。明蕅益大师《灵峰宗论》卷二从体、性、相、用四方面来观一心之四分，“一切相分，皆是心影；一切见分，皆是心光；一切自证分，皆是心体；一切证自证分，皆是心性。光影妄则体性亦妄，体性真则光影亦真”。自证分、证自证分为心之体、性，“终日在妄，终日恒真”，众生因不能见自证分、证自证分，终日只在见分、相分，故起烦恼而造业。唐不空所译密教《大乘瑜伽金刚性海曼殊师利千臂千钵大教王经》卷六说：“照寂证灭相分、见分，入自证分，达证自证分，得住寂灭心定，发根本圣行，起道实性。”证入证自证分，就能入住寂灭定，证得真如。如果对识之四分进行区分，那么见分对相分、自证分对见分的认识，或为遍计所执性的错谬，或为染污分依他起性的相对真实，不脱根本无明笼罩之下的二元对立。而自证分对证自证分、证自证分对自证分的认识，都是自心的性相一如不二的自我证知，打破了二元对立，即为不二之智慧。

明憨山大师《梦游集》卷四三，从心识分析的理论上将八识纵横结合起来，在《楞严通义补遗》中，以阿赖耶识为自证分，第九阿摩罗识为证自证分，前七识的证自证分为见分，四大、虚空为相分。

太虚大师在讲于1932年的《大乘本生心地观经》中说："凡夫眼等前五识和第六同时意识，在各现量缘性境时，不起自他内外分别，清净无瑕无遍计执——因执有无，皆由于独头意识之功能故。所以，禅宗一面要不离前五识境，而另一面要不落于第六独头，即在六识现量刹那之间，若能智慧相应，则当下内无身心、外无器界。所以'众生现行无明，即是诸佛不动智光'；所以'见色闻声，只可一度'。临济云：'无位真人在六根门头放光动地。'永明云：'夫禅宗者，真唯识量，但入信心便登祖位。'三祖《信心铭》之信心，皆此义也。所以名此凡夫现量心即觉悟心也。"这里则从前文所说宗下的实践上，结合唯识学的理论，将八识纵横结合起来，认为凡夫当下于前五识和五俱意识的自性分别上，以五俱意识刹那与智慧相应，即刹那打破与末那识相应的根本无明，直接在相上见其本具之性，性相一如不二，打破一切二元对立（内无身心、外无器界），即得"妙观察智"和"平等性智"，则直见"无相之相"。此时便得"众妙之门"之"真知"。而这种"真知"，并非离根本无明而得，而仅仅是根本无明的一个转向而已——刹那思量自我转为刹那思量无我。

悟道之时所获得的智慧，一般称为般若，无有自他、有无、生灭、性相等一切二元对立，就在意识现量上真如全体皆是，同样透彻前五识，故现量直见“青青翠竹尽是法身，郁郁黄花无非般若”，可谓全体（性）是、全事（相）是，法界圆融，理事不二，性相一如，根本没有能知和所知之分别可言，但又了了自知自见，却非能所对立之知。从没有二元对立的分别的角度来说，般若可谓无知——无能知，亦无所知；从前六识现量境上，一刹那转第七识思量自我为思量无我，从而透彻阿赖耶识之全体以及真性（真如），无能知所知而又无所不知。这种境界，并非一下子一个活人变成了死人，或者变成了瞎子聋子之类，而是一刹那转二元对立的认识（了别）为一如不二的智慧（妙观察智和平等性智），是绝对的真知，而非相对的妄知。僧肇《般若无知论》中对此说得明白：“默耀韬光，虚心玄鉴，闭智塞聪，而独觉冥冥者矣。然则智有穷幽之鉴，而无知焉；神有应会之用，而无虑焉。神无虑，故能独王于世表；智无知，故能玄照于事外。”又说：“是以言知不为知，欲以通其鉴；不知非不知，欲以辨其相。辨相不为无，通鉴不为有。非有，故知而无知；非无，故无知而知。是以知即无知，无知即知。”这里即说般若之真知，有无所不知的功能，而又无形无相，不可以知和不知来分判。而从其体用不二的角度来看，非有非无，非无知非知，而又即有即无，即无知即知，有无不二，无知与知不二。进而“智虽事外，未始无事；神虽世表，终日域中。所以俯仰顺化，应接无穷，无幽不察，而无照功”，依据根本无分别智，而应接万物，度化众生，成其大用。

对照而言，西方哲学的认识论，表层上不及佛教认识论之深细，深层上不达佛教唯智论之高明。太虚大师即在透彻了知其他思想学说的认识论的基础上，衡以佛教唯智论之准绳，而揭示其根本错误之所在，引导前往不二的智慧之途。

第三节　对人生观的摄导

如前文所述，太虚大师将哲学分为三大部分，其中本体论即宇宙观，而行为论即为人生观，人生观的定义也即从人的行为而来："凡人身语意志之动作，皆曰行为。择定人生有价值之目标而行，即人生观之意义也。要而言之，决标乎行为之价值与否，即以之而确定人生应如何行为之旨趣也。"① 人的行为价值、方向和旨趣，即是人生观。行为论的依据在于本体论，即人生观的依据在于宇宙观，前者是具体，后者是一般："宇宙观属整个的，人生观属特殊的。"②

太虚大师从唯识学的角度分析宇宙与个人的关系，宇宙是物质方面的法界，是阿赖耶识的相分，相分是见分所变缘的，不能离开阿赖耶识而独立，因此，"人生即一宇宙，人生各一宇宙……故明宇宙万有是什么，即是明人生是什么，明人生是什么，即是明宇宙万有是什么。所以，有万有之区别，及万有中一有的人生之区别，只是从一主动中心集一切关系而成'一有'时，由其特殊之功能（一切法的自种），于一切现象的关系（现行的一

① 《西洋印度中国哲学的概观》，《全书》第23册，第56页。
② 《佛学的人生观》，《全书》第23册，第388页。

切法之增上缘等），有亲疏顺违等之差异，故成无数之差别耳。”① 阿赖耶识因与末那识相应的俱生我执的作用，产生主观和客观、自和他的二元对立，而由客观的万有缩小为主观的一有。在这个意义上，所以大师说：“要明宇宙观，非明第八识不可；要明人生观，非明第七识不可。”② 实际上，要弄明白人生观，必须将第八识和第七识联系起来进行思考，因为二者本来就相互依赖而不可分离，这一点，我们在分析太虚大师具体的人生观思想的时候，就会看到。

由探讨宇宙的本体，进而确定人生观，这正是哲学的现实意义。而佛教也必须以其透彻宇宙实相的智慧，贯彻到人生问题上去，解决现实生活的问题，才能对现实人生发挥积极向上的指导作用。这个问题，在近代引起了众多革命家、先进知识分子的高度关注。

一 世俗的人生观

晚清之际，佛教积极救世的精神对康有为、谭嗣同、梁启超、章太炎等人产生了深远的影响，为其资产阶级改良或革命的实践提供了思想的支撑。新文化运动前后，李汉俊、瞿秋白、毛泽东等人，都曾受到佛教大乘菩萨道无我利他思想的影响，“因研究佛学试解人生问题，而有就菩萨行而为佛教人间化的愿

① 《人生观的科学》，《全书》第25册，第22页。
② 《八识规矩颂讲录》，《全书》第9册，第392页。

心”[①]。孙中山先生1922年在对滇赣粤军的演说中，宣扬佛教“以牺牲为主义，救济众生”的“救世之仁”[②]，对佛教界产生了很大的影响。佛教界内的高僧谛闲、圆瑛、印光、虚云等，以及居士周叔迦、李石岑、福善等，都依据佛教的教理，认为佛法就“改造人生的方法”[③]，“说做人的道理”[④]；做人的准则是“诸恶莫作，众善奉行，依之立身齐家治国，则人道主义尽”[⑤]；依据佛法的准则，可以“完全人格”[⑥]。20世纪30年代后，对佛教人生观的认识，影响比较大的有熊十力，他认为“在人生论方面，则于染净，察识分明，而以此心舍染得净，转识成智，离苦得乐，为人生最高蕲向”[⑦]。常惺则系统地分析和批判古今中外的人生观，分为“依理智而出发的人生观”和“自感情所发动的人生观”，前者又可称为“横的人生观”，后者又可称为“竖的人生观”，而佛教则是“竖穷横遍”的人生观，是“长久快乐的生存”[⑧]的人生观。

在社会普遍关注佛教人生观的时代背景之下，太虚大师也对此问题进行了深入而系统的思考。在《人生问题之解决》一文中，结合古今中外的各种文化，探讨人类解决人生问题的方式，即将人生观区分为十种。

---

① 瞿秋白《俄乡纪程四》，《瞿秋白文集》第一卷，第72页，人民文学出版社，1954年版。

② 《孙中山全集》第六卷，第22页，中华书局，1985年版。

③ 《谛闲大师语录》，第283页，上海佛学书局，1995年版。

④ 《圆瑛法师讲演录》，第24页。

⑤ 《虚云和尚开示录》，第12页。

⑥ 黄夏年主编《圆瑛集》，第73页。

⑦ 熊十力《佛家名相通释》，第6页，中国大百科全书出版社，1985年版。

⑧ 常惺《人生的意义何在》，《海潮音》第11卷第10期，第18页，1930年。

一、是不成问题不须解决的，现实生活中大部分人皆是如此，浑浑噩噩醉生梦死，从不思考人生问题，自然也就无须解决。二、以生养死葬为目标，即生的时候解决衣食住的问题，死了之后解决安葬的问题，就达成其人生目标了，这是很多人的取向。三、以三不朽为人生追求，集中在对名声的追求上，这主要是中国士大夫的人生观。四、追求现实生活的快乐，生前死后以及国家民族的问题都无需关心，而只需求得一生的快乐，以中国先秦的杨朱和古印度的顺世外道为代表。从古到今，绝大部分人都是持前面四种人生观。五、乐天安命的人生，即顺应自然（天），保全区别于禽兽的自然之人性（命），长养和完善人格，这主要是儒家的人生观。六、弃人取神的宗教人生观，基督教、婆罗门教、道教等以成仙或死后升天，与神同住，安享永恒的幸福，即是人生的最大价值和意义。七、无为任化的人生，认为生命无始无终，变化无穷，只需达观一切，任其变化，不必思维，无须标准，无为而为，这主要是庄子、列子等的人生观。八、冥物存我的人生，即否定外物，不务外求，而追求精神深处自由、活泼、光明、永存的真我（神我），即获得了人生的最大意义，这主要是印度数论派、尼犍子派等的人生观。九、否定自我，从而解决人生问题，即认为只要有个自我的追求和执著，就是痛苦的根源，只有彻底打破自我，才能获得真实的、永恒的快乐，这是小乘佛教的人生观。十、追求正觉的人生，即正确地觉悟人生的真相，分为三个层面：首先，人生其实无人无生（空）；其次，人生缘起无性、无性缘起（有）；再次，人生无始终无边中而本来圆通（空有不二之中道）。只有觉悟到人生的真相，才能获得真正的快乐，这是大乘佛教的人生观。

太虚大师结合近代哲学，针对当时人们对于人生观的争论，又在 1920 年写的《近代人生观的评判》一文中，从哲学的层面，将各种人生观又概括为四大类。

第一，人本的人生观。即从伦理道德着眼，建立人生的种种行为规范，横的方面推而广之以至天下万物，纵的方面则希求以三不朽而获得人生的意义。这种人生观的长处，在于对现实人生、社会和道德教化的重视；其局限和前提，是只着眼于现前的人类生命而且人类社会必须永久地存在，一旦离开人类或人类社会消亡，此人生观便毫无意义和价值。这主要是儒学所采取的人生观。

第二，物本的人生观，包括物质学的、物种学的、物类学的三种，但最后都归结在唯物的物上面，认为人首先是物中的一种，而后才有人生和人生意义等问题。这种人生观的长处，在于立足唯物论，注重认识自然、利用自然为人生服务，“使人观念精深，心量远大，能察破群俗情伪，摆落功名富贵，得一较为明确的理智系统，因任自然之巧，取宇宙万有之利以为人用”[①]，解决厚生利用的问题。而其弊端极大，因为将人看作物等同于物，“终必与蚁犬、木石、大地、群星同化为游离太空的元气，聚而散，散而聚，起而续，断而灭”，所以必然取消道德、责任，摧毁人本的人生观，最终必然“觉得人生无目的、无价值、无意义，遂百无聊赖，但纵放数十年的逸乐，听数命，任运气，或恣逞其暴恶，而以能早死为佳”[②]，甚至肆无忌惮、无恶不作，陷入人生虚无主义的泥潭。这主要是西方的唯物论（机械）的人

① 《近代人生观的评判》，《全书》第 23 册，第 351 页。
② 同上。

生观。

第三，神本的人生观。即先认定有一个无始终、无内外的宇宙的本元创造者，及人生的究竟主宰者，人生的意义即在奉戴、归依、顺从神意，以获得死后与神同住而永享安乐的结果。这种人生观可分为两种，一种以轮回论为基础，孜孜为善积累善行以求善报，对伦理道德和现实生活都有积极意义，强调人为的努力，近于人本的人生观；一种以两世论（今生和来世）或永定论为基础，则纯粹以神意为本，降低了人的尊严，妨碍人为的努力。这主要是墨家、道教、婆罗门教、基督教等的人生观。

第四，我本的人生观。我即自我，包含有舍身受身、永续不断、普遍自在的意义。人生的追求在神灵不灭的我性的实现，而且是我性全体的实现，人生所有的意义、价值、目的，都在这里。这种人生观，以印度的数论派为正宗，以进化论、轮回论、解脱论为旁支，而瑜伽派、胜论派等则徘徊于神本、物本的人生观之间。

19 世纪之前，西方以神本的人生观为主流，19 世纪则为物本的人生观最发达的时代，20 世纪初由孔德、斯宾塞等人的物本人生观发达到极点，将人等同于物而取消了人生的意义，从而酝酿了对物本人生观的反动，产生出人本的和我本的人生观，并进而渐渐形成一种新的调和、融化的人生观，于这新的调和融化中，德国的倭铿（欧根）稍侧重于人本的，德国的柏格森稍侧重于物本的，英国的罗素稍侧重于我本的；俄国已故的托尔斯泰稍注重于神本的。

太虚大师认为，四种人生观各有特点，其中人本的、神本的比较侧重和有利于人生的幸福和快乐的获得，物本的、我本的比较侧重和有利于对理性的真实的追求。在佛学看来，“各种人生观，皆有所是，亦皆有所非，然尚无一能到达佛学的真际者！”① 从哲学根本上来说，那是因为它们都没弄清楚宇宙的本体，“宇宙之本体既终未明，则人生之正道亦终无由定”②。而从现代社会复杂的需求上来看，四种人生观都有其适应性，但同时又必须祛除其偏弊迷谬的成分，而予以正确的引导。而能够引导四种人生观进一步发展至于理想境界的，正是佛学。以佛学为标尺，可以列表如下：

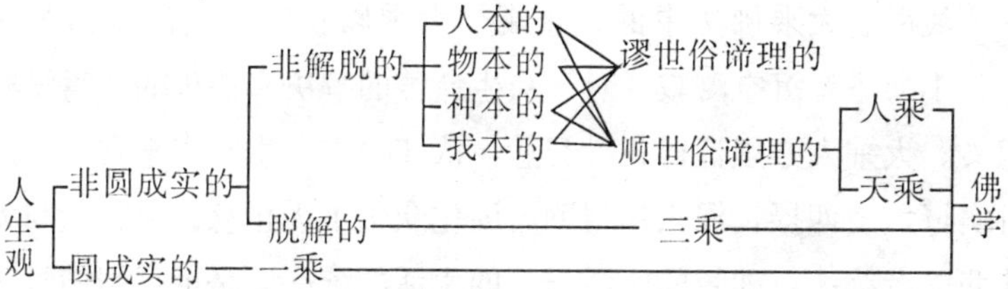

二　佛学的人生观

佛学的人生观，大师将它分为三个层次。首先是一心十法界大系统中的人生观，即将人类置于宇宙中六凡四圣的十种生命形式（十法界）中，在人类之下有地狱、饿鬼、畜生、神（阿修罗）四种恶道，在人之上有天人这一善道，以及声闻、缘觉、菩萨、佛四种圣道。十种法界，终归为一心的显现。如果从一心的体性来看，众生皆是真如，不必自高也不必自卑，心佛众生，三者平等。如果从一心的现象来看，十种法界差别不等，不必因为

---

① 《近代人生观的评判》，《全书》第 23 册，第 363 页。

② 《法相唯识学概论序》，《全书》第 32 册，第 488 页。

是人而自贱，相对于四恶道而言应该欣慰，从而必须防止作恶而退堕到四恶道；不必因为是人而自贵，相对于佛菩萨而言应该悲戚，从而必须努力进善而证得圣果。

其次是三乘佛法中的人生观。以三界之中，一切生命形式都在无始无终的轮回流转之中，各种痛苦没有穷尽；而人处在苦乐参半的地位，有着多思虑、勇猛刚强的特性，最能观察无常的道理，而修证无生之法，证得永出轮回的涅槃。人生的最大意义，即在解决生死轮回的痛苦。

最后是大乘佛法中的人生观。大乘以获得圆满的觉悟为宗旨，小乘圣者沉空滞寂，对于众生痛苦的解决和快乐的获得没有意义。大乘人必须证得各种智慧，认知宇宙人生的本来真相，同时实行六度四摄，深入、帮助、度化众生永无止息。大智慧与大慈悲二者统一，即智的生活与仁的生活的统一，是证得圆满觉悟的正因，而其起点即在于依据人乘正法，发菩提心、行菩萨行，直入大乘。

太虚大师在此，否定了当时梁漱溟所提出的主张："全盘接受"而又"根本改过"西方文化，使之与中国文化对接，同时排斥印度佛教文化而留作将来之用。大师认为，相对于大乘佛法统一智的生活与仁的生活的人生观，中国哲学侧重在仁的生活，西方哲学侧重在智的生活，印度哲学侧重在近于沉空滞寂之小乘的天（天人）的生活，三者必须统持在大乘佛法之中成为有机的一个部分，否则必然趋向自私之途，不免邪魔外道的终局，无法成就中正的人道生活。如果统持于大乘佛法，"则不唯即得成就中正之人道生活，且即为大乘始因之修习信心菩萨”[①]。

大师说，佛教本来就具有人乘正法，并非像梁漱溟所说一旦提倡人乘佛教就失去佛教本色。现在所要提倡的，正是大乘佛法的人生观。中国哲学的根本点在强调人与禽兽的区别而保持、完善人格，避免沦为禽兽（旁生）；西方哲学则在强调人是由旁生进化而来，或希冀神的救赎而生到天国；印度哲学则在强调出离人生的痛苦而回归梵神或神我的境界。这三种哲学，都可以作为大乘佛教人生观的辅佐，一是避免沦落到四恶道，二是可以进善而具有超人（天人）的道德。此外，小乘佛教的无生智慧，可以用来破除三种哲学对于天魔、外道、鬼神的执著，而为大乘佛法人生观的前驱。

太虚大师对当时科玄人生观论战中的科学人生观进行了批评。大师认为科学的人生观是机械的，其机械唯物论的哲学基础与小乘佛教相近，有破人我执而执法我执的倾向，而进化论（社会达尔文主义）增长人类的贪、嗔、痴等烦恼，愈演愈烈，纵我制物，扰乱人类社会，如果能够泯灭贪、嗔、痴等烦恼，则可进入小乘佛学的人生观。而玄学的人生观执著精神、灵魂为实我，堕入常见，执著人我之执，从理性认知事物的真相方面来说比不上科学的人生观，但是在促使人类的道德、责任方面，克服了唯物论的弊端，而显得更有意义、有价值、有目的。如果玄学人生观能够破除对实我的执著，了知事物的如幻虚妄，便可进入大乘佛学的人生观。而佛教的人生观，正可从科学人生观、玄学人生观的缺陷之处，“进观如梦如幻，迁变不停，流行不息；不执迷

① 《佛教的人生观》，《全书》第23册，第369页。

以为觉，因破迷而成悟，便是转识成智”，破除人我和法我二执，获得妙观察智和平等性智。此外，依据妙观察智和平等性智，了知宇宙一切事物平等平等，从而克服科学和玄学人生观的有取有舍、虚实相对、无法圆满的弊端，而“一实一切皆实，一虚一切皆虚，取则无不取，舍则无不舍；是为佛法人生观，亦名中道第一义谛”[①]。

依据智慧而圆满觉悟，是佛教人生观的最终目的，这体现了佛教宇宙观和人生观一体贯通的特点。太虚大师说：“佛法无他缪巧，不过阐明正确的宇宙观以立为从基本进向究竟的人生观耳。”[②] 由宇宙观演成人生观，反过来，即是以人生观贯彻宇宙观，“佛是要发达吾们的人生观，发达到圆满的境地，便成了无穷尽之发展、无穷尽之进步的全宇宙性”[③]，即最终转阿赖耶识为大圆镜智，转前五识为成所作智，证得法界身，全体宇宙即无我之大我、真我，得常、乐、我、净的大涅槃，真正实现了人生观和宇宙观的统一和完满。

三　佛学人生观的实现之途

太虚大师还在《身命观与人生观》、《现代人生对于佛学之需要》、《人生观的科学》等文中，系统地阐述了佛教由人生行为贯彻宇宙性的原理和程序，即从人生观贯通宇宙观的原理和程序。尤其是在1924年所作的《人生观的科学》一文中，更是结合了

① 《答某校长问》，《全书》第29册，第490页。
② 《即人成佛的真现实论》，《全书》第25册，第380页。
③ 《佛学与科学哲学及宗教之异同》，《全书》第22册，第21页。

科学人生观与玄学人生观的论战，以及梁漱溟对中、西、印三种文化的思想，将人乘佛教的精神，以及由人乘直入大乘，经十信、十住、十行、十回向、十地等觉、妙觉等五十二个层次，历时三大阿僧祇劫的漫长修行，而最终圆满佛果的步骤，作了详细的阐述，其内容在前文的章节中，已经以解决其他相关问题的形式出现过了，故此不赘。这里，我们只结合大师对古今中外各种文化的统摄，而阐述大师对人生观的设计。

太虚大师首先树立了人生的三大标准：如实觉知宇宙真相的圆满境界，即真实意义上的佛；阿赖耶识中种现相生的现象，以及唯识的实性真如，即真实意义上的法；整体宇宙与具体个体之间一即一切、一切即一的，相互摄入的关系，即真实意义上的僧。大师认为，在进入佛法三大阿僧祇劫的修行以圆满宇宙性之前，有培养大乘信心人生初行（十信位），虽然可以以世俗假说的佛（释迦牟尼佛）、法（释迦牟尼佛的经教）、僧（和尚尼姑）为标准，然而“心志所归向者，则当在胜义三真相之佛教的佛陀、达磨、僧伽，故此初行得成为进达究竟之初行也”[①]，直接趋向究竟彻底的佛教。这样，就打破了世俗意义上的佛、法、僧只局限于佛教内部的不足，而能普遍地适用于所有的文化、民族和国家。

以此三大标准，便可抉择世界文化而成为人生初行的文化根据，指导人类向上增进，完成人生的意义和价值。这种抉择从三个方面进行，一是人心的生活方面，即精神的方面；二是人群的生活方面，即社会的方面；三是人物的生活方面，即自然的

① 《人生观的科学》，《全书》第25册，第33页。

方面。

一、人心的生活方面，根本在于了彻胜义三真相，树立对因果业报的信仰。首先，依据现代的心理学，结合佛教《瑜伽师地论》等详述心理的经典，反诸自身以协调和治理心理，从内心动机的层面实践十善之行，养成和谐的心理德行。其次，以心理学说明伦理学的动机，以科学来协调和治理伦理学的实践。依据根本的三真相，将中国的孔、颜、孟、荀及宋明新儒学，与老、庄等玄学，西方的柏拉图、笛卡尔、康德及新唯心哲学，及基督等一神教（含托尔斯泰、倭铿、詹姆士等的思想），印度的数论派等外道与吠檀陀等泛神教（含泰戈尔的思想），用科学方法以批评抉择之后，或否定或吸收，选择而利用。而对于鬼神迷信等，则应排斥肃清。

二、人群的生活方面，根本在于从纷繁复杂的生活现实中，找出条理秩序的关系法则，从信仰出发，现实实践十善之行。利用克鲁泡特金的无强权、无私产主义及基尔特社会主义等，融摄现代生物学、社会学、文史学、名数学的原理，从根本上改造近代根源于社会达尔文主义的资本主义和霸权主义，以及资本主义和霸权主义的伦理学、法律学、经济学、政治学、教育学、艺术学等，最终成为克鲁泡特金互助合作的进化论之下的、和乐的无强权、无私产主义，以及和乐的无强权、无私产主义所产生的伦理学、法律学、经济学、政治学、教育学、艺术学等。而中国儒家修身、齐家、治国、平天下的礼乐仁义文化，同样应经克鲁泡特金的思想进行科学的洗练、批判、修整，便可成为雍容安娴的人群生活之道德法则。至于基督等天神教、道教等鬼神教的教团生活规则，则应当予以排斥肃清。

三、人物的生活方面，根本在利用现代的天文学、地质学、数量学、物理学、矿物学、植物学、农业学、工业学等，以谋求资养身命，供给人类社会所需。同时修养十善之行，厌弃一味追逐外物以满足无尽欲望的痛苦，以享受人间生活的幸福快乐。对于中国、印度等贫弱之国来说，尚有努力开发振作物质生产的需要，而欧美等国，则不必充填无底之欲壑，痴守无义之物财。

太虚大师从三方面的生活出发，将古今中外的文化全盘统摄于人生观的旗帜之下，却恰恰又为其建设世界文化的宏图，增添了现实的特征，使以佛教精神统贯的世界文化，就在人类的寻常日用之中，赋予文化以生活的质地，赋予生活以文化的精神。

第六章　以佛教摄导其他宗教

第一节　佛教与宗教的关系

一　佛法非宗教

何谓宗教？这是一个根本性的问题。恩格斯说："一切宗教都不过是支配着人们日常生活的外部力量在人们头脑中的幻想的反映，在这反映中，人间的力量采取了超人间的力量的形式。"①这一定义，是恩格斯在对西方基督教文化进行了深入了解的基础上作出的，主要是以基督教为宗教模式的定义。在很多学者看来，这个定义是普遍的，具有普遍的真理性，"这一对于宗教的表述，把一切不同信仰形式的宗教和各种不同的历史形态的宗教所具有的普遍共性特征都高度地概括进去了，其中包括原始宗教的信仰形式、民间民俗的宗教信仰形式和传统高级宗教的神学信

---

① 《马克思恩格斯选集》，第三卷，第666—667页，人民出版社，1996年版。

仰形式所具有的普遍共性特征都被包容了”[①]。

恩格斯对于宗教的表述，对国际学术界产生了深远的影响，并被作为界定宗教的核心思想。英国《牛津字典》的宗教条目中，把宗教界定为：“人类对一种看不见的超人间力量的承认，这种力量控制着人类命运，人类对它服从、敬畏与崇拜。”此外，日本《大汉和辞典》、《世界大百科事典》和《大日本百科事典》，德国《柏特尔斯梅小百科全书》，美国《大美百科全书》，中国《中国大百科全书》中，关于宗教的定义大同小异，根本上都是一致的。

如果用宗教的这一定义来衡量佛教，那么答案只可能是：佛教不是宗教。近代中国的众多知识分子及佛教界的精英，都参与了一场轰轰烈烈的“佛法非宗教非哲学”辩论，涉及佛教与宗教的关系的基本结论是：佛教非宗教。

章太炎在逃亡日本期间发表的讲演《论佛法与宗教、哲学以及现实之关系》中，即以是否崇拜超自然力量（鬼神）为标准，认为佛法并非宗教，而是哲学，“佛法只是与哲学家同聚，不与宗教家为同聚”[②]，而且是“哲学之实证者”[③]，并在《建立宗教论》一文中，将佛法与柏拉图、康德、斯宾诺莎、黑格尔等人的西方哲学思想进行了深入的对比。

杨仁山则进一步从佛法的出世间思想的特色出发，认为佛法也并非哲学。他说：“出世妙道，与世俗知见，大相悬殊……盖

① 陈麟书、陈霞主编《宗教学原理》，第 45 页，宗教文化出版社，2003 年版。

② 章太炎《论佛法与宗教、哲学以及现实之关系》，《中国哲学》第八辑，第 299 页，三联书店，1982 年版。

③ 唐文权、罗福惠《章太炎思想研究》，第 232 页，华中师范大学出版社，1986 年版。

因所用之思想是生灭妄心，与不生不灭常住真心全不相应……非哲学家所能企及也。”[①] 这就从身心实践层面区别了佛法与哲学。

欧阳竟无提出的观点“佛法非宗教非哲学”，可以视为是对章、杨二位先生观点的统合。他从四个角度区分了佛教与宗教：是否绝对信仰超自然的神或创建宗教教主的无上威权，是否绝对信仰宗教之教义，是否绝对信仰宗教的信条、戒律，是否有着纯粹宗教感情的服从。他的结论是：“一者崇卑而不平，一者平等无二致；一者思想极其锢陋，一者理性极其自由；一者拘苦而昧原，一者宏阔而证真；一者屈懦以从人，一者勇往以从己。二者之辩，皎若黑白，而乌可以区区之宗教与佛法相提并论哉！”[②]

王恩洋继承并发展了欧阳竟无的观点，以基督教为宗教，以唯识学代表佛教，来进行比较，得出佛法非宗教的结论。他认为，宗教信仰的唯一依据在人，而佛法的唯一依据在于宇宙人生的真相；宗教以上帝为万能，佛法以自心为万能；宗教以宇宙为上帝所造，佛法以为三界唯心、万法唯识；宗教视教主为至高无上，佛法则认为心佛众生三者没有差别；宗教以天堂的安乐为目标，以自己上升天堂为目标的达成，佛法则发大菩提心，自未得度而先度他[③]。

欧阳竟无“佛法非宗教非哲学”的观点在当时及后来影响巨大，如李圆净、弘一法师、周叔迦、虚云法师等，以及当代的净空法师、茗山法师都如此认为。

---

① 杨仁山《佛法大旨》，黄夏年主编《杨仁山集》，第 26 页。
② 黄夏年主编《欧阳竟无集》，第 4 页。
③ 见王恩洋《佛法为今时所需》，附载王雷泉编选《欧阳渐文选》，第 20 页，上海远东出版社，1996 年版。

“佛法非宗教非哲学”的命题，对于区分佛法与宗教、哲学的不同，从而体现佛法本身的特色来说，无疑是鲜明而有力的。结合当时的历史背景，可知佛教界人士自觉地维护佛法“非宗教”的形象，是因为“五四”运动后期席卷全国的反宗教神学的浪潮，对佛教的命运构成了又一次严峻的威胁。尽管这次浪潮主要针对基督教，但是佛教等其他宗教也都不可避免地受到了强烈的冲击。1923 年，宁达蕴、张宗载等居士发起成立佛化新青年会，创办《佛化新青年》，后又于广州组织“楞严佛学社”，创办《楞严专刊》，阐发“佛法非宗教”和“非宗教的佛法”，并在武汉、北京和广州等地进行了广泛的宣传活动，在社会上影响很大。可以想见，这类活动以及佛学先进们对“佛法非宗教”的本质的阐述，对在反宗教的浪潮中维护佛法的命运，有着多么重大的意义。

另外，在当时这个西学东渐的时代，基督教和西方哲学的大规模传入，给已经本土化的中国佛教带来深刻的挑战，如何在文化的碰撞中保持自身的特色，是一个很重大的任务。然而，挑战同时也是机遇。中国传统文化的一大特色，就是在每次深刻的挑战乃至危机面前，都能以包含、融摄的胸怀，迎来一次发展的机遇。由保持自身到发展自身，这无疑是一个更为重大的任务，而要自觉意识到这一任务，并努力去完成它，毫无疑问，需要的是广博的学识和高度的智慧。历史证明，太虚大师以他的总持智，完成了这一任务。

二 佛法乃唯一之宗教

针对佛教与宗教的关系问题，太虚大师的观点是：从胜义谛的角度看，佛教是唯一真正意义上的宗教；从世俗谛的角度看，狭义而言，佛教不是宗教；广义而言，佛教是宗教中的一种，包含其他宗教而又超出其他宗教。在此基础之上，太虚大师以其总持之智对其他宗教进行摄导。这一摄导可分为几个步骤：区别佛教与其他宗教的不同，以佛教批判其他宗教的错谬，以佛教融摄、引导其他宗教向上发展。

太虚大师在《三明论》、《人生观的科学》、《人群政制与佛教僧制》、《与挪威哲学博士希尔达论佛学》、《佛之修学法》、《佛法导言》、《成实论大意》、《佛陀学纲》、《佛学讲要》、《唯佛法能对治二障》、《佛乘宗要论》等文中，从胜义谛的角度，阐述了佛教的根本特征，指出佛教是唯一的真正意义上的宗教，而不是世俗意义上的宗教。

“宗教”一词，在佛教内部是分开为二的，指“宗”与“教”。“教”，指的是释迦牟尼佛为适应教化对象而建立的言教；“宗”，指的是“教”中的根本旨趣。在佛教的发展过程中，“宗”“教”又与分宗立派的判教思想结合在一起。《华严五教章》卷一云：“分教开宗者，于中有二。初就法分教，教类有五；后以理开宗，宗乃有十。”此即华严宗“五教十宗”之说，是对佛教的言教宗派的判摄，一般以“宗”为后来主观、个人的宗派见解，“教”则指佛陀客观的言教。

太虚大师根据其禅宗修行证得根本智而后起差别智的见地，

从胜义谛的角度定义宗、教："心明自心，见心自性，证一切法性唯自心，悟入自心更无一法，境智如如言思永绝，宗也。自心起心，缘心自相，自心无相，相即万法，开示自心，具一切法，德业重重，名理无尽，教也。宗唯自证，无表无示，离名绝义；教待缘起，有师有资，建言立行。"[①]"宗"即是证得心性的根本智，完全是现量的、普遍的、直接的知识，是佛教追求的目标，非言语、文字、思维所能及；"教"即是依据根本智而起差别智，针对具体的对象，结合社会文化、民族心理、风俗习惯、对象根机等种种条件，而以语言文字等符号系统，建立起的完整的思想学说。"宗"和"教"之间的关系有四：相违各立、相持同立、宗依教立、教依宗立。套用佛教中很常见的一句话来概括"宗"与"教"之间的关系的话，应是不二而二、二而不二。

以这种定义为基础，佛教发展史上，常"宗"为无言之"教"，以"教"为有言之"宗"。或以"宗"为宗门或宗下，指的就是教外别传的禅宗，因为禅宗是专重实践，要证得离言的根本智，且采取以心传心的方式传承宗旨；以"教"为教门或教下，指的就是依据大小乘经论等言教而建立的宗派，如天台宗、三论宗、法相宗、华严宗等侧重在理论的阐发，是依据根本智而起的差别智建立的。

上述的"宗"、"教"之义，简言之即为"自觉圣智境界（烦恼障净智所行真实、所知障净智所行真实）为宗，应机方便宣说为教"[②]，显然只有佛教才称得上，所以大师说"在此种意义上

① 《三明论》，《全书》第23册，第10页。
② 《人生观的科学》，《全书》第25册，第7页。

讲，佛法才真正的是宗教”[①]，“若从法界众生观之，唯佛法为能普遍随类应化妙用无穷，为法界众生之所归依，故知佛乘为法界真正宗教”[②]。相比之下，其他任何宗教都不具备佛教的这种特征，“除佛教外，一切宗教无有经得起空无我慧批评者。故在佛教前，一切宗教皆失其为宗教，唯佛教为智者之宗教”[③]，经不起空无我慧的批评，即是没有证得根本智。因此，甚至可以说“佛法乃尽法界众生界唯一真正之宗教”[④]。

三 佛法乃宗教之一种

然而在上述的定义之外，若采取世俗思想学说对宗教的定义来进行衡量，那么佛教是不是宗教？对此，太虚大师有着系统的思考和明确的回答。

太虚大师对世俗思想学说的宗教概念有着明确的认识，并非有的学者所认为的“太虚大师对宗教的论述虽然十分丰富，但是他关于宗教的定义‘宗教者，有内心修证之经验为宗本而施设之教化’却是威廉·詹姆士的宗教学心理学的理论……并非完全意义的宗教学理论上的‘宗教’概念”[⑤]。实际上，大师在1923年于沙市佛教会所讲的《惟佛法能对治二障》一文中，即对“宗教”一词的来源、大致种类、基本特征作了描述：“宗教这名词，

① 《人群政制与佛教僧制》，《全书》第24册，第47页。

② 《佛乘总要论》，《全书》第1册，第171页。

③ 《成实论大意》，《全书》第3册，第424页。

④ 《佛法导言》，《全书》第1册，第87页。

⑤ 圣凯《近代中国知识分子对佛法、宗教及哲学的理解》，2008年6月4日，佛学在线网。

有了不久，原于日本，由日本传入中国，可概括为信天、信鬼神，分开言之，不外一神教、多神教。一神教者，如耶教、回教、婆罗门教是。多神教者，如中国之墨教、道教、日本之神道教以及旧婆罗门教是。一神教信天能父一切、主一切，多神教则奉事各种禽兽、水火、鬼神等。然无论为信天、信鬼神，皆可总名之曰宗教。"[①] 并且已明确地涉及了恩格斯对宗教的定义："有人说宗教在万有之上或在幽冥之中而有大力量，不可观察，是拿来安定人心的，操纵人心的，如俗言神道设教是。"[②] 作于 1943 年的《人群政制与佛教僧制》一文，更深入一层，揭示了宗教对集体、国家、民族精神的约束，"据希腊拉丁文字的语根，宗教含有约束人心的意义。现在通用的宗教名称，是由西洋经日本翻译来的，中国沿袭承用"[③]，"在有些宗教教徒看来，平常人的力量以外有他种的力量，为常人不可窥知，不能显现的，是由人的偶然灵感或特殊的神人才能有的……这神秘可依赖信仰的东西，在人类的无形中，由一家一村至一邦一国，都有这种共同的信仰，而成为一家以至一国的精神上共同的趋向约束"[④]。这些文字，证明了太虚大师对世俗思想学说的"宗教"定义以及其他宗教的共性，是有着非常清楚的认识的。

正是在此基础之上，太虚大师态度鲜明地回答了对佛教是否"宗教"的问题，区分了佛教和"宗教"的不同。

大师在《惟佛法能对治二障》、《佛学讲要》、《以佛法解决现

① 《惟佛法能对治二障》，《全书》第 26 册，第 89—90 页。
② 同上，第 91 页。
③ 《人群政制与佛教僧制》，《全书》第 24 册，第 46 页。
④ 同上，第 47—48 页。

世困难》等文中，从两个最主要的方面区别了佛教与宗教：宗教的思想起点，与哲学一样，是烦恼障和所知障，而佛教以缘起性空的思想，正是要打破烦恼障和所知障的；宗教都崇拜超出人类的、与人不平等的神，以之为万物的创造者和主宰者，而佛教却主张佛与众生平等平等，佛是已经觉悟的众生，众生是尚未觉悟的佛，万物的创造者和主宰者是众生自己的心识，"三界唯心，万法唯识"。对比可知，宗教从情执出发，可称为"迷信的宗教"，而佛教从实相出发，应称为智信的佛教。针对当时的破坏宗教迷信、追求科学文化的思潮，大师主张对待迷信和智信的正确态度，应该是"迷信当破，而智信不当破，不惟不当破，且正为科学等所求之最高智果耳"①。这种区分，不仅在当时来说，有着重要的时代意义，即使到今天乃至未来，对防止"新文化运动"和"文化大革命"中不分青红皂白、一律乱棒打死的极"左"路线错误的重演，仍然有着深远的意义。

正是从佛教与宗教乃至哲学的本质区别着眼，太虚大师与欧阳竟无等人一样主张，"佛学不特非宗教，且非世之所谓哲学"②，"佛之学理，非如哲学，空谈理想，难成事实；亦非宗教，假定一尊，使人崇拜以求解脱"③。

然而从广义的"宗教"概念出发，太虚大师认为，佛教亦可说是"宗教"之一。当然这个广义的宗教概念，那就不是前文所述的世俗学术界对"宗教"的定义，而是大师自己的独特看法。

太虚大师在《人生观的科学》、《人群政制与佛教僧制》、《我

① 《以佛法解决现世困难》，《全书》第24册，第128页。

② 《与挪威哲学博士希尔达论佛学》，《全书》第30册，第259页。

③ 《佛之修学法》，《全书》第19册，第198—199页。

之宗教观》、《宗教构成之要素》、《佛法是否哲学》等文中，一再强调广义宗教的根本特征在于宗教教主特殊的内在经验，他对广义宗教的理解是："以特殊之感验（对于通常人所感验的世间真实而言其特殊，即为神秘的、超绝的、或不可思议的）为宗，而向他人表示其特殊的感验、及达到其感验之方法的说明为教。"①联系前文《三明论》中对胜义宗教的定义，我们能很清楚地发现，大师对广义宗教的定义，实际上是对胜义宗教的一个自然下降或平行下移，将胜义宗教定义中的"自觉圣智境界（烦恼障净智所行真实、所知障净智所行真实）为宗"，下降为"以特殊之感验（对于通常人所感验的世间真实而言其特殊，即为神秘的、超绝的、或不可思议的）为宗"；将胜义宗教定义中的"应机方便宣说为教"，下降为"而向他人表示其特殊的感验、及达到其感验之方法的说明为教"。所以说，大师的广义宗教的定义，最终的根据，不仅是在于其自身的参禅证悟的境界，在于其自身对佛教精髓、智慧的亲证，而且也是完全符合佛教对宗门、教门的共同宗旨的。有学者认为太虚大师"对宗教本质的认识，仅是心理上的，而完全忽视心理因素背后的更深层的社会因素，这当然也是其受了威廉·詹姆士心理哲学观念影响的结果"②，这显然是没有注意到佛教宗门、教门之判的事实，没有注意到佛教极为丰富的心性理论及实践方法，没有注意到太虚大师本人的证悟心性的宗教实践。

从广义宗教的角度出发，太虚大师认为佛教可以算作宗教中的一种，他说："夫佛教固为世人以宗教著称，以佛教亦不辞自

---

① 《人生观的科学》，《全书》第25册，第7页。

② 何建明《佛法观念的近代调适》，第363页，广东人民出版社，1998年版。

居为宗教之一，虽佛教徒不无自辨佛教为非宗教者，其实当来考其真相，不必于此名词上争是非也……若以由人类修学结果，凭其理解上、经验上之所证信者为宗，为悟他故而施设声名文物之教化，据是而云宗教，则佛教固不得不谓之宗教也。”①与其在是不是“宗教”的名词上争一日之长短，倒不如扩大“宗教”的内涵，自居为宗教之一。之所以如此，那是因为，只有将佛教与宗教贯通起来，才能彼此对话、交流、沟通，一方面吸收其他宗教的长处（尤其是在宗教改革、服务社会等方面）来增强和圆满佛教契机适时、度化众生的作用，另一方面能比较顺畅地以佛教的高超智慧、圆满义理来融摄、引导其他宗教向上发展。

按照太虚大师的这种定义，那么先秦儒学和宋明理学，也就是宗教之一种——儒教。因为在太虚大师看来，先秦儒家孔、颜、孟、荀都不仅有其禅定的实践，其著作中也往往流露出只言片语，而且都有其特殊的体验。“是有其‘特殊感验’为中心的——孔子之于‘天’”②，且在《论严译》一文中，大师更认为孔子、颜回都已经破除了人我执，当于小乘佛教初果须陀洹或禅宗参禅破了重关。尽管孔子等人并没有将自己的证验完全表达出来，拿来教人，但是其伦理道德之理论，无不是以此证验为基础而透发出来的，可视之为证验在人伦纲常上的平行下降。另外，宋明理学则被大师明确地判定为静虑教，都受禅宗影响而注重禅定、参究本心，而且将自己所得以教人。杨仁山与太虚大师所见

① 《以佛法解决现世困难》，《全书》第 24 册，第 128 页。

② 《人生观的科学》，《全书》第 25 册，第 7 页。太虚大师此处说孔子有此特殊体验之宗，但并未以此教人，所以没有形成教，故与宗教不同。但是又在《宗教观》等文中说孔子所创为儒教，只是没有取得政权而已。

略同，判孔子、颜回、曾参皆破重关，而孟子则“六识开豁，透第一关，大末那识现前”，当于禅宗破了初关；而宋明儒者周、张、程、朱，只是“在明了意识上用功，初关尚未破，其寂默不动感而遂通之说，皆是静中景况”[①]。尽管未破初关，宋明儒者于静坐禅定之中，也是皆有所得。

太虚大师之前，从南北朝以来，儒教便与佛教、道教并称为三教，《牟子理惑论》中便已有调和儒教和佛教的言论，吉藏的《三论玄义》和宗密的《原人论》则开始了以佛摄儒的道路，“二教（儒、道）惟权，佛兼权实”[②]，业已三教并论。唐朝以来，人们以佛教为空门，道教为玄门，儒教为政门。宋朝则更以儒教治国，以佛教治心，以道教治身。明朝之后，“三教合一”形成一股思潮，多为士大夫所接受。清朝利玛窦来华之后，儒服传教，提倡儒教非宗教；利玛窦死后，其继任者重新主张儒教是宗教。清亡之后，陈独秀等人极力提倡儒教非宗教，这种观点，被人们所广泛接受。1978 年底，任继愈先生重新提出儒教是宗教的思想，后又认为“佛教与儒教有着直接继承的关系，特别在心性论这个问题上，儒教是接着佛教讲的”[③]；儒教的正式形成在北宋的张、程等人；其核心为“敬天法祖”、“忠孝”、“三纲”[④]。这些观点，显然很接近太虚大师的思想。1999 年，李申的 150 万字《中国儒教史》上下卷，正式出版，对儒教的渊源、产生、发展等漫长的过程进行了系统的论述。此外，德国著名社会学

① 杨仁山《评方植之〈向果微言〉》，黄夏年主编《杨仁山集》，第 120 页。
② 宗密《原人论》。
③ 任继愈《佛教与儒教》，见《儒释比较研究》第 328 页。
④ 任继愈《序》，李申《中国儒教史》上卷，第 5 页，上海人民出版社，1999 年版。

家、哲学家马克斯·韦伯也视儒家为儒教，其名著《儒教与道教》即是思考儒教伦理与东方资本主义发展的精神阻力之间的关系，其结论是儒教“心态”（伦理）阻碍了中国资本主义的发展①。

对于儒家的宗教性的认肯，以儒家为儒教，尽管古已有之，并长期成为人们的共识，但是，在当今的学术界，并没有取得广泛的共鸣。其原因当然很多，不过笔者认为，最大的原因之一，也许和近代“五四”运动后期，佛教先进者们大力宣传佛教非宗教的出发点是一致的，那就是避免儒家受到反宗教的浪潮的打击。梁启超曾明确地说：“吾以孔教者，教育之教也，非宗教之教也，其为教也，主于实行，不主于信仰。”② 便力图把儒教和宗教区分开来。而如果不考虑基督教、伊斯兰教等宗教，只将佛教、道教与儒教对比的话，我们就会发现梁启超的理由难以成立：佛教、道教同样主于实行，不主于信仰，例如佛教的“四依四不依”，即是打破一切外在信仰，最终归结于内在的亲证之智；而且，佛教、道教同样有着“教育之教”，尤其是佛教，其“教下”的经典，归根结底无非是对众生解决无明烦恼问题的教育、教化，而其“宗下”的实践，归根结底无非是对“教下”之教育和教化的实现。因此，如果学术界认为佛教是宗教，那么儒教同样也是；如果认为儒教不是宗教，那佛教又何尝是呢？

另外，近代以来，人们常常将宗教和迷信捆绑在一处，将二者混为一谈，对宗教颇有不屑一顾的风气，这也应该是“儒教是宗教说”不能为学界所普遍接受的重要原因。不希望自己所宗信

---

① 见马克斯·韦伯《儒教与道教》，第300—301页，商务印书馆，2002年版。
② 梁启超《论佛教与群治之关系》，《儒释比较研究》，第5页。

的儒教沦落而为为人所不屑的"亚迷信"，这种心情是可以理解的。然而，正如李申先生所言，"一个民族，和一个人一样，只有敢于面对现实，才有希望和前途"，"习惯于儒教非教说的同仁们……（应该）有勇气去面对真实，而不论这个真是距自己的想象有多么辽远"①。

太虚大师认为，广义宗教的根本特征在于教主特殊的内在经验，这是宗教与科学、哲学、玄学等不同的根本所在。宗教家从自己的特殊经验出发，认为通常人无法思议和达到，更无法进行批判，所以他的主张极为坚定有力。虽然他讲出来的错误内容不免要被科学、哲学所批判，但是因为他所讲的内容仅仅是针对具体的对象，常常是不得不为了适应具体对象的水平而建立不圆满的思想学说，而实际上其思想学说的漏洞并非他自身真实经验的漏洞，他是随时可以"随势变更"的，所以"仅有常人感验的哲学家、科学家，虽有若何猛烈攻击的批评，决不足以摇动其'内心特殊感验'的信念"②。反过来，没有实际感验的科学、哲学乃至玄学的思想理论，却是宗教家随便就能拿来作为其特殊经验的证据，"解决其所信仰之事的"，如亚里士多德的目的论为基督教所利用正是一例。因此，对于有特殊经验的宗教家来说，科学、哲学、玄学等都是苍白无力的。而"唯有遇着了一般有其特殊感验而又看破其特殊感验更超越其上的（若释迦于印度诸外道禅等），乃能说破其错误之点而变动其信念，若迦叶等外道，后皆从佛得小乘果。故唯有高等宗教乃能破除劣等宗教，亦唯有佛

① 李申《中国儒教史·自序》上卷，第4页。
② 《人生观的科学》，《全书》第25册，第8页。

教乃能摧破一切宗教，融收一切宗教也”[①]。从这个角度来说，要融摄其他的一切宗教的，只有佛教，而佛教的融摄不仅能使它们成为自己有机的一部分，更能引导他们向上。

结合狭义和广义的宗教定义两个方面，对佛教的界定，全面的说法就是：“佛法从表扬其特质方面，以非一般的科学、哲学、宗教的定义所能范畴，故可云非科学、非哲学、非宗教的，但而不得云非文化的。而且从贯通方面说，则可云佛法为融贯科学、哲学的宗教，所以在科学、哲学发达进步到现代的人群，佛法实为唯一的宗教，亦为综合的圆满的最高文化。”[②] 从其内蕴的独特性上来说，则佛教非宗教；从其内蕴的广博性、包容性来说，则佛教是宗教，甚至是最圆满的宗教。

联系前文，我们发现，欧阳竟无等人为了体现佛教不二的特色，以“佛法非宗教非哲学”的命题，以否定和排斥其余的方法进行。而太虚大师则以“佛法才真正的是宗教”或“唯一真正之宗教”的命题，以超出和融摄其余的方法进行。目的是同，方法则异。对比而言，欧阳竟无等人否定和排斥其余的做法略显狭隘，彼此对立，无法对话交流，无法相互利益，更谈不上佛教对其余宗教的融摄和引导，犹如于拥挤闹市中要推开他人而独占一隅为自己立足之地；而太虚大师超出和融摄其余的做法则显得高迈而宏伟，若欲独立则其余一切皆非，若欲融摄则其余一切皆是，犹如独立峰巅而其余一切尽收眼底，仰视唯见昊天澄湛，俯瞰却是苍山如海，俯仰之间，收放自如。

---

① 《人生观的科学》，《全书》第 25 册，第 8 页。
② 《提供谈文化建设者几条佛学》，《全书》第 22 册，第 109 页。

第二节　对宗教的分析

太虚大师对宗教的起因、本质、构成要素、发展状况等，有着极为系统的思考。

太虚大师根据宗教的起源及其发展过程，将宗教分为三类：农家、牧群之原始宗教，并合改进之宗教，理性创建之宗教。

首先，农家、牧群之原始宗教。作为一家、一村乃至一国的人们精神上共同的约束力量的特征，在人类社会发展过程中的采猎时代，宗教以种子的形式存在，并没有具体地发生；到了农耕时代、牧群时代，宗教才得以产生，是为原始宗教。其中，农耕社会生活稳定，注重家庭，所以其宗教首重对具体家庭的祖先的信仰和崇拜；其次，因为农耕生活的特色，所以对天时、水土、山川、木树、日月星辰、风雨雷电等都产生信仰和崇拜。中国的道教是这种宗教的代表。牧群社会往往是百千人所组成的大群落，因此所信仰的祖先便非单一家庭的祖先，而是人类公共的祖先；生活居无定所、流动迁移，因此所信的神并非固定一处，而是无处不在，是人类共同的神。犹太教是这种宗教的代表。

其次，并合改进之宗教。两种不同的原始宗教，随着人类社会的发展，农耕社会与牧群社会的交流融合，其宗教便并合改进，从而形成新的宗教。印度的婆罗门教，即是由最初土人崇拜祖先山川风雨等神的农耕宗教，经后来刹帝利的牧群宗教的侵入和征服，而并合改进的；中国的儒教，即是由神农的农耕宗教，为黄帝的牧群宗教同化，而形成“敬天”（牧群特色）“法祖”

（农耕特色）的新宗教。伊斯兰教则是由牧群的宗教，结合渐渐传入的农耕宗教，并合改进而成的。

最后，理性创建之宗教。太虚大师对理性之宗教的创建的内在逻辑有着极为深刻的思考和觉察。他认为，并合改进的宗教内部，来自农耕宗教的重祈祷的特性和来自牧群社会的重创造的特性，并未消失，而是以各有偏重的意义含蓄于新宗教。这种新宗教，一方面的特色是认为有能创造且承受果报的主体，是为灵魂或者神我；另一方面的特色是于祈祷时认为有不可捉摸，无始无终，无所不知，无所不能，普遍唯一最大的神存在于众神之后。宗教发展到打破了这两种错误执著的，只有佛教。佛教是在并和改进的北方印度宗教的基础上，一方面打破了对于唯一根本的大梵天神的执著，而发现普遍平等的理性；另一方面打破了对于众生个体的神我的执著，而发现众生世界的平等理性。这种崭新的宗教——佛教，正从相反的意义上体现了对于并合改进之宗教的革命：一方面，破除了迷执的、已经觉悟了的众生，去教化其他一切尚在迷执的众生，其理性完全平等，而迷执的众生仍以觉悟的众生为祈祷的对象；另一方面，理性上的绝对平等，并不抹杀事实上业报差别，众生自身创造业行且自身承担起果报，而业报的差别正体现了理性的绝对平等。

这种理性创建的宗教，因为其打破一切执著的特点，所以不再是一家一族的宗教，而必然成为全世界、整个人类乃至一切众生的宗教，那就是佛教。“在教义上，有空去了‘内我’‘外神’的普遍常住真理，并有业报差别的众生万物。而在教团僧制上，一面出家离俗，返到个人自立生活，达到自觉自度；一面在教化众生上，建立平等无限的广大僧团，并随顺摄化世界人类和一切众生。把这一切为自私的限制皆予以打破，成为大公无我，无论在教义上或教团上都是如此”[①]。由理性创建的佛教，便与其他一切宗教皆不相同，独有着普遍的理性。而后来其他宗教也部分地强调理性，也是受了佛教的影响。

上述的宗教产生的起源，显然侧重在其社会生活的背景、内在发展的逻辑。另外，太虚大师还从认识论的角度，分析了宗教产生的起因。一、由偶感奇幻神秘之灵境，即由梦境、幻境及某种“心理变态”而引起的神奇灵境，而产生“诸灵魂教”，二、由对宇宙造作者及主宰者的推想，因为见到宇宙万有如此繁密严整，于是便设想必有唯一的创造者和主宰者，这种“假想”同“内心灵感”结合起来，而产生基督教、伊斯兰教、婆罗门教等天神教。三、由对于人世缺陷的不满，以及希图超登天界，即希望“除所苦而臻所乐”，以“求超脱以遐登乎满足之域”，这包含了基督教、伊斯兰教、婆罗门教、道教等死后升天或现世成仙的内容，也是大小乘佛教产生的原因。四、由对无限价值的永恒存在之追求，“视人世如牢狱，感人生之空虚，于此须了解人生之真相（本来面目）究竟如何”[②]，这是大乘佛教产生的原因。

然而仅仅具有这些因素，宗教还不能自然出现；宗教要创立起来，还需要宗教教主的人为努力，这就涉及了宗教的构成要素。太虚大师在《宗教构成之要素》一文中，归纳为四个方面。第一，宗教教主必然“在其内心的心灵上必有超于平常理知之经验”，或由于生来禀赋之不同，或得之于对特殊环境的感触，但是须出于特殊修养工夫，才足以成为根据。这种经验，是基督

① 《人群政制与佛教僧制》，《全书》第24册，第61页。

② 此段引文均见《我之宗教观》，《全书》第22册，第221—222页。

教、伊斯兰教、佛教及中国的儒、道等教的教主所共同具有的。第二，宗教教主由“大悲愿力”即仁爱心、奋勇心、或博爱心的驱动，“觉察宇宙万物与乎世界人类，皆可得达超出尘俗之非常灵知经验，以同享彻底之安宁快乐。但观世人皆未自臻此境，于是大悲哀悯之心生焉”，将自己的经验阐发出来，使世人都能同得此觉悟，同享此安乐。第三，宗教教主必须具备“通达事理之知识”。第四，宗教教主必须具有适合时机的道德行为。四种要素中，以“非常之灵知经验”最为切要、最为根本，如果只具备后三者，则成为政治而非宗教。

对于宗教的本质，太虚大师《我之宗教观》一文中做了四个方面的分析、概括。第一，自心信解、修持所获得的超乎常人见闻觉知之上的不可思议的证验，这是一切宗教最重要的本质，如佛教的“三昧”、基督教的“圣灵感通”等，都不是“学理上研究之可得”的，而是“自心信修”的不可思议的证验。第二，开显指示超常的证验以及趋入证验的方法和道路，使他人也能遵循而证得这种超常的经验。第三，表现超常证验或者根据需要显示种种灵迹，使人钦慕；第四，引导及规范徒众的仪轨制度，以各种“相好庄严之仪式”使得人们注意并生起信心，制定各种“应守之规范”作为徒众的行为标准。第五，宗教形成及传播之后，必然产生“为损或为益于人心世道之旁效”，即多数宗教是有益于人世，但也有“害人之邪教”，社会功效各有不同。

根据不同宗教超常经验的层次差别，太虚大师将宗教划分为三大种类。一、鬼灵教，是“最低限度之宗教”，这种宗教大多用灾祸、福报等引起人们信心，奉行崇拜的多为迷信、盲从、没有文化知识的人。日本的多神教，中国的道教，当时流行的同善社、道院等就是属于鬼灵教。二、天神教，高过鬼灵教之上，推想宇宙万物有唯一的创造者、主宰者，否认其他种种鬼灵，如印度的婆罗门教，还有基督教、伊斯兰教等。三、自心教，这是依据自心信解、修行所获得的超常证验，认定宇宙万物惟是自心的心境，否认种种鬼灵及宇宙的创造者、主宰者。自心教又分为四种：一、静虑教，即重禅定修养以平和统一其心力，如宋明理学等。二、存我教，即依据静虑的修养，更加上哲学的理性思想，以追求自我的独存为最终解脱，如印度数论派与耆那教等。三、无我教，即小乘佛教，否认自我的独存而主张无我。四、正觉教，即大乘佛教，以对宇宙万物的本来真相如实觉知为追求的目标，"发起求此正觉之心，即无上菩提心。此心，情与无情悉皆平等，惟须由众生而至成佛，乃成正觉而得圆满"①。

在这里，我们联系前面章节的相关内容，从五乘佛教的思想来看，就会发现鬼灵教、天神教、自心教中的静虑教和存我教，都侧重在人道、天道，可以含摄进入佛教则为人乘佛教、天乘佛教的部分，而且前后层次之间往往有交叉的现象。例如，道教虽为鬼灵教，但也有静虑教的部分，老、庄、列等人的思想也以静虑教为主；宋明儒学虽有自心教的内容，但侧重的还是人道层面，包括孔、孟、荀等人的思想也是如此；甚至基督教、伊斯兰教等虽为天神教，但也不乏人道思想的部分；等等。此中，孔、孟、荀、宋明儒学、老、庄、列等，之所以把它们归入宗教的范围，不过是从太虚大师的广义宗教的定义出发，可以做此划分。如果从现代学术界对于宗教的定义来说，儒学和道家最多只能说

① 《我之宗教观》，《全书》第22册，第225页。

有一些宗教的成分，很难说完全就是个宗教，至于佛教，就可以说完全不是宗教。

这所有的宗教发展过程中，从其精神是否为人们所理解，是否为社会所接受和应用的角度，太虚大师将他们分为三类：已行已死之宗教、已生现行之宗教、已生未行之宗教。

已行已死之宗教，例如基督教、儒教等，因为这些宗教都建立在农业社会的经济基础之上，“人民仰仗自然之恩惠，故信天神；今入工业中心之社会，人皆自信其身心之力，故黜天神之信也”①。已生现行之宗教，例如墨索里尼之教等，以及历史上被罗马广泛信仰和应用的基督教，以及被中国封建王朝所采取应用的儒教等，都曾经是已生现行之宗教。已生未行之宗教，例如克鲁泡特金主义，以及大乘佛教等。儒教在汉武帝之前，耶教在孔斯坦帝之前，也曾是已生未行之宗教。其中，小乘佛教在阿育王时代的印度，以及当今的锡兰、缅甸、暹罗等处为已生现行之宗教，大乘佛教中混合了印度婆罗门教的一小部分，当今还为西藏、蒙古所施行。而大乘佛教的大部分，即“释迦大觉且广说人类与众生及万有之实事真相，以为全世界人类自觉自治以进化于完全自由之指针，故虽至今犹为已生未行之宗教”②。

太虚大师认为，之所以各种宗教的精神为人们所理解、为社会所接受和应用的情况彼此不同，是因为“宗教是适合某区域、某时代人们心理上普遍的需要而产生；在各种宗教产生时，都能把当时人们信仰精神结合起来，成功为共同一致的行动。它的本身将过去优良的文化承继过来，同时向着将来新的园地去开展新

① 《宗教观》，《全书》第22册，第230页。

② 同上，第232页。

的文化”[1]。与科学、哲学是以怀疑为基础，去研究、去推论，将各种学科细化、深化，是社会的离心力不同，宗教是以信仰为基础，“是一个时代的文化、思想、信仰的结晶……是共同思想的结晶，是大众心理的集中点，不许怀疑而重在用信仰去接受。所以，宗教的作用，是社会的向心力”[2]。

而社会到底需不需要某一种具体的宗教，需不需要这种向心力，是和人类社会的形态、社会的政治形式息息相关的。太虚大师认为，人类社会发展过程中先后出现的政治形式与各种宗教的不同形式之间，存在着对应的关系，“政治界之进化：由酋长而君主，由君主而共和，由共和而无治。宗教界之进化：由多神而一神，由一神而尚圣，由尚圣而无教。其进化之程，实有不期而同者”[3]。这种不期而同，反映的正是人类心理上的普遍需要在政治层面和宗教层面的相通表现，某一层次的心理需要，决定了相应层次的政治形式和宗教形式。

从当今社会发展的趋势来看，太虚大师认为，人类走向共和已经是不可阻挡的世界大势，这决定了政治形式必然以选贤任能的共和政体为归宿，同样决定了宗教形式上必然会选择一最理智、最神圣，与道德、学理合一的宗教而全人类共同信奉之。从现代世界文化来说，在科学发达、知识进步的时代，“其他各宗教，一经科学的知识进步，则根本即被动摇，而佛法适与相反……故佛学是知识上、思想上经得起研究的学理”[4]，所以“佛

① 《佛学在今后人世之意义》，《全书》第22册，第50—51页。
② 《国家观在宇宙观上的根据》，《全书》第24册，第202页。
③ 《无神论》，《全书》第22册，第262页。
④ 《佛学》，《全书》第26册，第281页。

教尤为现代唯一需要之宗教。以佛教为理性的智慧的宗教，公认为哲学的宗教，亦有认为科学的宗教故”[①]。而佛教从维护众生平等、人类和平、民族团结、心灵自由等方面，“即为将来大同世界人类，犹能不涣散而进化之结合精神也”[②]。至于社会发展到“无治”（政治消亡）时代，那么宗教（包括佛教）必然也走向消亡，即“世界底于大同，则政治既归无治，宗教亦复无教”[③]。

太虚大师立足于对宗教有深刻、透彻的认识的基础上，将宗教发展的趋势予以揭示，表明一切宗教的发展最终只有融摄进入佛教，成为佛教的有机部分或某个层次，才能顺应时代特色，取得新发展。当然，这必须是在批判其不足，引导其优势的基础之上。

第三节　对其他宗教的摄导

前文已述，太虚大师认为哲学和其他宗教都是建立在无明、烦恼障的基础之上的，离不开意识层面的遍计所执：偏执有灵魂、真宰等，则为人我执；偏执有实性、物如等，则为法我执。而且，哲学和其他宗教所追求的最高目标，“印度之婆罗门及欧罗巴之斐洛苏非派（哲学）所谓真者，是佛所谓幻有，仅得体用

---

① 《佛教为中国文化及智慧的宗教》，《全书》第26册，第409－410页。
② 《宗教观》，《全书》第22册，第232页。
③ 《无神论》，《全书》第22册，第263页。

显现之道理世俗谛少分耳”[1]，仅仅相当于唯识学四重四谛中的第二重世俗谛——道理世俗谛的一部分。

一　批判基督教

太虚大师对其他宗教的批判，主要在针对基督教，在《因缘所生法义》、《答边润寰问》、《法相唯识学概论》、《佛乘宗要论》、《爱之崇拜》等十余篇文章都有批评，其中作于1913年的《无神论》和1914年的《破神执论》，破斥得最为全面和彻底。

大师之所以非常严厉地批判基督教，与近代佛教深受基督教冲击的背景不无关系。鸦片战争之后，基督教在中国的传播迅速展开，对佛教、道教等本土信仰的冲击可谓巨大。以传播文明者自居的基督教传教士们，把佛教、道教等一律视为魔教，尤其是对中国本有宗教中势力最大的佛教视为最大障碍，以之为进行攻击的主要对象，传教士指使教徒捣毁佛像、改佛寺为教堂的事件也时有发生。“随着基督教在中国影响的扩大，一些传教士已经不再满足于仅仅劝勉个人信教，而试图转向使中国社会全部基督教化这一扩大的目标”[2]，具体表现为基督教在教育（教会学校）上的迅速发展。另外，太平天国运动，也以基督教为指导思想，“洪秀全式”的基督教几乎成了太平天国的“国教”[3]。太平军所到之处，捣毁庙宇，驱赶僧尼，烧毁佛教经书，对大半个中国的佛教事业造成了极大的破坏。“嘉、道以来，一以因佛教内部的

---

① 《论严译》，《全书》第28册，第188页。
② 刘成有《近现代居士佛学研究》，第23页，巴蜀书社，2002年版。
③ 见王治心《中国宗教思想史大纲》，第218页，东方出版社，1996年版。

腐化，一以因太平天国的影响，佛教遂一蹶不振了”[①]。

此外，太虚大师对基督教的批判，还与近代科学的反鬼神迷信的浪潮有关。日本在 19 世纪前期，就有人主张无神论而反对神佛，20 世纪二三十年代，更是把佛教作为主要批判对象。在中国的晚清，梁启超、章太炎等人，在科学、无神论思想迅速传播的背景之下，极力阐明佛法的无神论特征及其与有神论宗教的本质区别。“五四”前后，梁漱溟、杨度、刘仁航等纷纷撰文，坚持佛法与有神论的根本区别，甚至将佛法与有神论对立起来。太虚大师的《无神论》（1913 年）和《破神执论》（1914 年）即是其中的代表之作。“到了 20 年代末和 30 年代，佛门反对外道神教以及其对佛法的依附和侵害，已成为一种较普遍的潮流”[②]，到了 40 年代，佛教界和学术界就已经比较一致地认为“佛教是反神教的宗教”。

对于佛教的反神教或者无神论特征，“宗教学之父”、英国宗教学家麦克斯·缪勒，早在 1870 年就已阐述道：“至于无神论的宗教，看来好像完全不可能有这样的宗教，但是，事实是驳不倒的，因为佛陀的宗教从一开始就是清一色的无神论。”[③] 麦克斯·缪勒是立足于佛教的理论内蕴、精神实质而做出的结论。而汤用彤先生则从宗教教主形象的历史演变的角度，认为佛陀形象后来被弟子神化，就如同基督教耶稣被后来的教徒神化一样，因此佛教与基督教同为有神论。他说：“悉达多·乔达摩这个人随着他所创造的宗教的扩大，很快成为神，而被认为是‘出世’

① 王治心《中国宗教思想史大纲》，第 91 页。
② 何建明《佛法观念的近代调适》，第 369 页。
③ 麦克斯·缪勒《宗教学导论》，第 58 页，上海人民出版社，1989 年版。

（即超世界、不是凡人）的了。”[①] 但是这种观点显然经不起思考和追问。后来者神化某一教主、思想家、革命家等，是人类历史上常常发生的事，并不能因为这种神化而把某一宗教、思想和革命理论等看作是有神论，例如“文化大革命”期间，毛泽东被神化，但是我们并不能因此而视“毛泽东思想”为有神论。另外，佛教跟基督教有着本质的区别，即基督教在教主耶稣被神化之外，其最高神上帝观念、上帝创造和主宰一切的思想，显然是典型的有神论；而佛教的缘起性空思想，否定一切创造者、主宰者、最高神的存在。只从教主形象的演变，而不从其思想的内蕴去判断，显然是迷于表面，离开了事实。

也有学者认为，佛教是无神论这一论点最早由西方学者提出，西方学者的文化背景是基督教文化，所以在他们的概念中，神就是上帝，上帝具有创世、主宰等属性。以这种标准衡量，结论自然成了佛教是无神论。“但是，在东方人的心目中，一切超验的存在都被视为神灵”[②]，因此，佛教尽管没有创世者、主宰者、最高神的思想，但是却承认超自然的阿修罗、天人、鬼神的存在，因此是有神论，而不是无神论。我们以前被西方学者的治学方法和思维模式影响了，“现在应该是扭转在佛教研究中存在的‘西方中心论’影响，澄清这些问题的时候了”[③]。这种观点结合了佛教的具体教义，以新的有神论、无神论的定义来做判断，有着一定的合理性。但是，这种观点显然没有注意到近代以来佛教界力陈佛教非有神论而是无神论的背景。如果不是因为那

① 汤用彤《汤用彤学术论文集》，第 317 页，中华书局，1983 年版。
② 方广锠《渊源与流变》，第 4 页，中国社会科学出版社，2004 年版。
③ 同上，第 5 页。

种普遍到盲目程度的反宗教、反有神论的思潮，而是能给宗教、有神论以合理、正当的地位，给宗教信仰以自由、以尊重；如果没有那种或有意或无意地歪曲佛教教义，将之等同于基督教而予以批判、谩骂、打压、迫害的做法（这种做法在新文化运动时较低程度地存在，在“文化大革命”期间较高程度地肆虐），而是还佛教以教理上的本来面目、以精神上的本来实质——那么，佛教先进者们力陈佛教是无神论的愿望也就没有那么强烈，其动力就没有那么强大。歪曲必然激发辩护，真实才能迎来从容。而且，佛教教义中，尽管承认天人、阿修罗、鬼神等的存在，但只是同等地把它们看作与人类、动物等相同的某种生命形式而已，这种存在虽然还不为科学所证实，但并不具有超自然力量的特性，并非崇拜的对象，而是缘起性空的，这与前文所述的承认以及服从、敬畏、崇拜超人间的力量，更有着本质的不同。

在《无神论》一文中，太虚大师对基督教的破斥，主要是针对其上帝创造论而展开，具体的角度有几个方面。一、从伦理学的角度追问：上帝创造罪恶和痛苦的理由，逼人信仰否则即以地狱之苦予以折磨的合理性，上帝创造出不信仰自己的人们的原因等。二、从逻辑的角度揭示：魔鬼和上帝的对立，即是对上帝全能之特性的强力否定。

在同样主要破斥基督教的《破神执论》一文中，大师针对基督教徒对《无神论》一文的反驳，严格界定了所破斥的“一神”必须同时具有三种特征：具有人格特征、具有实体特征、具有创造和主宰力的全能特征（主要指基督教的上帝）。而对此“一神教”的破斥，具体从十个方面展开：神父天帝是否为具体事物，神创造一切需不需要条件，神自身有无产生过程，神创造一切是否全知，世间万物的现实产生除上帝外需不需要其他条件，神是真实之父还是假名之父，神是否唯一、普遍、实在、常住，神唯一、普遍、实在、常住的认知根据何在，神的存在取消了人类主观努力的必要性，神全能、全知、全善的特性取消了"一神教"本身存在的必要性。这十个问题，"一神教"不论肯定回答还是否定回答，都是同样的结果：无法与现实或自身的教义相符。大师对此"一神教"的评判是：

> 以彼所执天神亦是物故；亦有待故；非全能故；非遍知故；所执造治之功，神物两无用故；父主之称，名义略无实故；诸事义，自不相容故；诸语据，了不可得故；如所执，则人间事业皆当废故；彼教事业，先应绝故。夫然，彼一神教师徒所执之神，都无道理可得存立，可容证明，可取研究，可生信仰，决矣！若彼徒曰：此是全知上帝所能解说，非彼能解说者，则汝曹以不知为知，妄以自信信人，可知唯是迷信，唯是诬世惑民。①

太虚大师除了从事理逻辑的层面全面批判基督教之外，还从认识论的角度，以大乘唯识学的教理分析了基督教的理论实质。首先，基督教所虚构的上帝，是平常的散位独头意识的对象，属于独影境，是构造出来的遍计所执性，有其名称而无其实物，如果以之为实，这种认识纯粹是非量（错误认识）。其次，基督教所说的上帝创造万物，近似于唯识学的第七识执著第八识为内在自我，属于真带质境，是俱生我执。从意识层面来说，是"不了

① 《破神执论》，《全书》第22册，第283页。

能缘心现，不符所缘本质”①，如果以之为实，这种认识也是非量。最后，基督教所说的上帝住在天国，类似于人天乘佛教中的欲界天、色界天的天王，仅仅是善因所感的善果，是因缘生法，属依他起性，如果以之为实，则是似带质境，这种认识也是非量。总的来说，基督教有关上帝的思想，全部都是独头意识所认知的幻象，其认识都是非量。

二 批判各种迷谬

在基督教之外，太虚大师还将中国宗教的其他错误，概括为四种迷谬，即鬼灵的迷谬、数命的迷谬、空定的迷谬、神仙的迷谬。

鬼灵的迷谬，主要体现为中国的民间宗教、墨子的鬼神思想。即以鬼神为本位，一切生物生从鬼来，死向鬼去，鬼神具有监督和主宰的权力。对这种迷谬，可以用佛教的三世因果、六道轮回的思想破斥，则可知鬼仅仅为一种生命形式，并非万物的本位。

数命的迷谬，主要体现在中国的民间宗教以及儒家的一些思想。一方面以一切皆为命定，不可改易；另一方面又以为可以占卜、推算、预测，从而于不可改易的数命中强求趋避，而生意外之想、侥幸之心。这种迷谬，自相矛盾，取消了人的主观努力，可以用佛教万法唯心思想予以破斥，即“人生夙业亦由心造，既由心造改亦由心。是以人若不觉固必为业果之所缚系，既能觉知

① 《答边润寰问》，《全书》第29册，第4页。

则可以从心改善而销除恶业，权在自心，非如数命主之于天，正因果之义即在于是”[①]。佛教的因果思想的核心即是：心既造命，必能改命，一切都由自心掌握。

空定的迷谬，主要体现为道家的思想。空定是一种禅定，即在此定中，暂时截断意识而不生起，以宇宙之中一无所有，出定之后，即以此定中境界为宇宙本体，认为宇宙即从此一片空无中产生。在佛教看来，这种禅定境界，仅仅是意识的暂时停止，并未明见心性，而以空晦为心性，而意根（末那识）之中无明烦恼丝毫未动，却“于意识忽动，万有重现处，取作妙窍，则堕落外道矣”[②]。

神仙的迷谬，主要体现为道教的思想。道教以长生不死、白日飞升为追求，运用各种修养方法，以成其神仙之功。在佛教看来，神仙仅仅是一种生命形式，以色阴坚固妄想为本修习其因，即可得神仙之果，也只是随业受报而已，并未超出生死轮回。

严格来说，太虚大师所说的这四种迷谬，有一部分通于中国的民间迷信，盛行于封建社会的国民心灵。这些迷谬，也曾被封建社会中的普通百姓作为理解佛教的思想基础，将佛教民俗化、通俗化、庸俗化，使佛教成为又一种迷谬。长期以来，直至今天，众多的国民还误以为这种迷谬就是佛教，成为佛教发展的巨大障碍。太虚大师将这些迷谬予以批判，对人们消除对佛教的误解，进而理解真实的佛教，有着非常重要的意义。

---

① 《佛乘宗要论》，《全书》第1册，第169页。
② 同上。

三 宗教可成为人天乘佛教

在批判宗教的各种谬误的基础之上，太虚大师进一步指出宗教的有利之处，将各种宗教融摄入五乘佛教之内，以充分发挥其有利之处的，并进而走向小乘乃至大乘的路途。

对批判得最为严肃的基督教，太虚大师在《我的佛教观》、《中国需要耶教与欧美需要佛教》等文中认为，基督教能在利益民众的社会事业方面精勤有为，是人乘、天乘之行，与其余近于残暴的阿修罗的宗教，以及教淫、教杀、教盗的各种非律仪宗教，以牛戒、自饿、投灰而近于畜生、饿鬼、地狱的各种苦行外道相对比，有其不可忽视的优长，这也正是其兴盛于世的根本原因。近代以来，随着科学的发明、工业的进步，欧美国家取得了飞速的发展，但是“基本的原因，是由于欧美人有组织力；而此种组织力之养成，又由于中世纪基督教信仰之普及”。但是，基督教的优势能否长期持续下去，必然要看是否经得起当今时代的考验，经得起科学理智的考验。太虚大师敏锐地发现，当今欧美国民因为深长的宗教信仰的习惯，仍不能不需要宗教。然而，他们所信仰的基督教却无法经受科学理智的考验，在科学思想上，基督教无法成立，与实际的科学生活相脱离、相矛盾。这就造成了非常尴尬的局面：

> 欧美人的生活是科学的，而信仰是非科学的；欧美人现需要宗教，而他们的宗教，又是与实际之科学生活脱离的，矛盾的，所以就成了一种破裂的不一致的人生。因此、在宗教信仰上，必须丢掉理智；到现实生活上，又必须丢掉信

仰，这是欧美现时之苦闷。[①]

在这种情况之下，只有既与科学思想不冲突，并且可以作为最高精神寄托的宗教，才能满足欧美人的需要，这正是佛教所能做到的。

而且，在解决全球人类生活的需求方面，世界三大宗教中，佛教的教义最为博大精深，而且平实切近适合现实人生，最适合人类实际生活的道德需要，“足以补科学之偏，息战争之祸，以维持世界的永久和平与幸福”[②]。其他宗教则与佛教中的人乘、天乘内容相近，共同为人类社会的进善服务。

太虚大师认为，要想将各种宗教融摄为佛教的一体，必须以宗通或说通，才能从实践层面或理论层面，达到目的。其中，“儒、耶二教教徒，文字精深，智慧聪睿，知识开通，好学下问，故藉文字为媒介，可使一般儒、耶二教徒广究研求印入脑海，终可佛化”[③]。而道教徒书符、炼丹、扶乩、示药、长生不老，足以迷惑世人，不易同化。

① 《中国需要耶教与欧美需要佛教》，《全书》第22册。
② 《人生之佛教》，《全书》第3册，第207页。
③ 《大林答问》，《全书》第30册，第45页。

第七章　对国学的摄导

太虚大师在《国学钩玄叙》、《建设现代中国佛教谈》、《佛学与文化》、《汉藏互派僧侣游学与何键电请提倡纲常》、《致湖北教育厅长书》、《佛教与中国女学》等文中，将国学界定为中国固有文化，主要包括六支：周秦子学，汉唐文学，魏晋玄学，隋唐佛学，汉清经学，宋明理学。他认为，要把握国学的精神，必须将这六支“融会贯通起来，方能观察到整个的中国固有文化……若要发扬固有文化，应该注重这六个特点。否则，所谓固有文化，就未免遗漏不完全了”①。很显然，佛教传入中国至今两千年来，经过中国化之后，已经完全融入而为国学的一个极为重要的部分，而且在隋唐之时，与儒、道二家并列为三，形成三足鼎立的局面。“唐时明通博达之士，皆知儒家为‘有’门，所以提倡伦理，握政权，主教育；佛家为‘空’门，所以使人止恶向善，净意修德，以辅于治安；又以道德经中之‘常无欲以观其妙，常有欲以观其徼’，与‘玄之又玄，众妙之门’之义，而定道家为

① 《建设现代中国佛教谈》，《全书》第18册，第194页。

'玄'门。"[①] 经唐、五代，到宋朝时，禅宗不仅成为佛教的主流，而且成为学者思想的"结核"，渗入儒、道二家，"道家、儒家，亦取禅宗为骨，涂附或道、儒之旧业为皮肉，以号为性命双修之仙学，及宋明儒之理学者"[②]，形成三教合一的新思潮。

对于国学的六支、三教，作为佛教徒的太虚大师，不仅精通佛教，深得其真，而且以佛教为主线，将国学中的其他部分融贯为一体，予以思想的引导。其中，大师最为关注的对象，是周秦子学的源头《易经》、儒学（先秦儒学和宋明儒学）和墨学，他都有比较系统的论述。而对于墨学，分析、批判得多，融摄、引导的内容没有形成系统。此外，对于道家，大师也颇有论及之处，赞成多而批判少，而且老庄的不少言论，常被用做批判儒家、墨家等的论据。而在融摄、引导道家等的方面，大师也没有做系统的阐述。

第一节　对《易》理的摄导

《易经》是中国文化的源头，是道家、儒家等的思想根源。《易经》有《归藏易》、《连山易》、《周易》三种，前两种已经失传，流行于后世的是《周易》，"周"指"遍常"；易则指"变易"、"交易"、"简易"三义：一切事物都在变化中，相互对待而进行，以此原理可知宇宙物理、人事。

太虚大师将《易经》的精要概括为"三才"、"二性"之说。

① 《佛教对于中国文化之影响》，《全书》第 22 册，第 95 页。
② 《论宋明儒学》，《全书》第 22 册，第 420 页。

"三才"即人处其中仰天而观象化，俯地而取物用。三才皆材，以乾、坤为性，非材无性，非性无材。乾坤二性，从星气而言为阴阳，从数理而言为奇偶，从形势而言为动静，从行状而言为健顺，以阴阳为言最为普遍。乾、坤二性不能互离，乾不离坤，乃即动之静；坤不离乾，乃即静之动。乾、坤不可一异，贯之则大生，炽之则广生，"大生、广生，原始彻终，不离三才二性，互错交构而成象者也……其生生也弥蕃，其存存也弥异，要以三才、二性之交变为共依"①，宇宙万物之物理，人类社会之伦理，无不建立在此三才、二性的基础之上。

一 《易经》的哲理

大师认为，《易经》之学的精要如以一语概括则为"物各一乾坤，物各一太极"，即物各阴阳，物各一宇宙。"阴阳变化，品物流行"②，阴阳平衡之体为太极，依据平衡而有偏阴偏阳的不平衡，于此不平衡中，重新趋于平衡，如此循环往复，即是《易》学"生生不息"之精神，具体而言便是"阴阳协和与偏毗的继续变化，由阴阳二气的渗透融合，便成五行；由五行便生长万物。所谓阴阳太极，太极是阴阳的均衡。由此说明天地万物皆是活泼泼地流行着而不可拘定……各各物都在刻刻变化生动"③。

《易》学的这种哲学原理，大师命之为"唯生论"，又称之为"自然论"，因为可视"气"为万物本体，然而此"气"的特点

① 《真现实论宗体论》，《全书》第22册，第216页。
② 《唯物唯心唯生哲学与佛学》，《全书》第23册，第101页。
③ 同上，第102页。

"是不可测量，不可把捉的，溯之不见其前，随之不见其后，视无形，听无声，欲固执之则无，而虚容之则又有，乃是由感应而变化生长的；唯于感应交互之中成为宇宙万物……天地之生生不息，属乎自然，并不要如何去造作才有"[①]。由此可知，"生""气"为"自然之体"，而"自然"为"生""气"之用，"气"与"自然"，一体一用，体用不二。

《易》理之阴阳交互变化的规律，太虚大师认为极似于黑格尔的辩证法，都讲矛盾对立导致斗争，斗争变化而合一，不断进行，以成万物之运动变化。但是，二者又有着方向性的区别："辩证法在演变的世界中发挥其矛盾对立的冲突性，主张争斗；易在变易的宇宙中发挥其阴阳调协的均衡性，注重和平。故易为生理的，而辩证法为病理的"[②]。从中国文化的传统看，《易》理影响之下，传统文化注重感通谅解而融通变化，此即对敌人、异族的根本精神，"使其优游陶熔于德政之下，自然熔化而变为中国人，所谓修德以来之"[③]。这种思想应用到国家的立国之道，则不在追求本国的富强和优胜，而在追求世界各国共同的和平安宁，"由天下各国皆得其平安，以保全己国和平安宁之幸福……以世界人类息息相通，决无天下不平安，而己国独得其宁之理"[④]。大师在这里，显然是把整个世界看作一个整体，即一个太极，其阴阳交互变化的手段，是以整个世界的和平和安宁为目的，而不是以战争为目的。

---

① 《唯生哲学》，《全书》第23册，第90页。
② 《真现实论宗体论》，《全书》第22册，第217页。
③ 《唯生哲学》，《全书》第23册，第93页。
④ 《发扬中国文化与佛教以救国救世界》，《全书》第22册，第161页。

在大师看来，这种注重和平与德政的唯生哲学，比注重斗争和征服的辩证法思想，显然要高明得多。大师的这种判定，不仅仅是出于对唯生哲学的情感认同，更是针对当时刚平息不久的第一次世界大战的人类社会的现实，而提出的营造全世界长久和平与安宁的救国救世之道。而这种“修德以来”的德政，固然是儒家根据《易经》的根本原理而阐发的，也是佛教缘起论的自然结论，甚至佛教是以整个宇宙、整个法界为太极，以追求绝对的平衡（和平安宁）为目的。正是在这样的文化背景之下，太虚大师高声呼吁：“中国有为民的中国文化与为众生的佛教，故我们应担负这种由救世界而救中国的大责任来，以造成中国与世界的和平安乐！”①

《易经》的唯生哲学，是针对现实事实的运动学说，从其循环往复的方向来看，又可以说是循环论。这种思想，从哲学层面而言，如前文所述，是最接近佛教的。从伦理学的角度来说，基于循环论而趋吉避凶的取向，集中表达为“继之者善，成之者性”，太虚大师认为“这种学说在纷纭繁变的人界中，推为至当的格言，在讲世间法的学说里也算是最完满的哲学了”②。儒家思想家以此为依据，认人性为善，要保持而扩大以成贤成圣，以佛教的教理来看，正是善恶因果规律及其具体的运用，即造人道的善业，感人道的善果，以五戒十善为人世间的伦理标准，完成人伦道理，堪为佛教人乘教法的典范。

---

① 《发扬中国文化与佛教以救国救世界》，《全书》第 22 册，第 169 页。
② 《人生佛教与层创进化论》，《全书》第 3 册，第 198 页。

二 《易经》哲理的困境

然而，《易》的“唯生”哲学，有着其不可克服的问题。

首先，大师认为，“‘生’与‘病’为必然的连结，故《易》之既济终于未济，实为现变实事上莫可逾越之缺陷!”大师所言“唯生”哲学的“生理”与辩证法的“病理”，二者不可分割，也许是从阴阳平衡的动态性的角度来说的，既然平衡与不平衡、和平与斗争彼此交互变化，那么，其结果只可能是“未济”的无奈！尽管唯生哲学与辩证法在手段和目的上彼此恰好相反，然而，二者并无本质不同，即和平与斗争、平衡与不平衡终究都只是相对的。

在佛教看来，《易经》讲“生生不息”，即佛教的“生生相续”，而“六十四卦既济之后，继以未济，可见暂时能济，终久不济，也是不能离一切苦、得究竟乐”① 的。其根本的原因，在于对宇宙人生的真相认识不透彻，讲“宇宙由阴阳和合，就是无我；阴或阳有一偏毗时即起变化，就是无常。但也只讲明世间相的一分，没有说到苦、不净性”②，没有认识到宇宙人生的苦、不净的面向，必然没有解决痛苦、不净，而获得真实的安乐、清净的原理和方法。而佛教却在无我、无常的基础上，进一步认清了宇宙人生苦、不净的事实，追求的涅槃境界，正是无有痛苦和不净的安乐、清净的终极真实。

大师在这里所批判的《易经》的缺陷，其本质应该是：《易

① 《学佛应先解决三个问题》，《全书》第26册，第83页。

② 《真现实论宗体论》，《全书》第21册，第244页。

经》阐述了无我、无常的理论，这是对宇宙人生的客观事实判断，是对客观面貌的揭示；而不知苦、不净的面向，则是没有如实的主观价值判断——陷入的正是主观、客观二元对立的窠臼。而价值判断的失误，根本上还是由于事实判断的不透彻，即对无我、无常的认识仍只停留在事实的表面，没能深入到对本体的否定，深入到对众生心识深处的无明烦恼的揭示和破斥。而佛教恰恰是将主观和客观的二元对立予以彻底的打破，“无我故空（不净）”——我即实体，无我即无实体，无实体即空；“无常故苦”——常即安宁，无常故成逼迫，逼迫性即为苦。这不是简单的推论，而是内在逻辑的必然，是客观事实判断和主观价值判断的有机统一。

其次，《易经》以宇宙人生为阴、阳双方的交互变化，实际上只是部分的真实，不是全部的真实。阴阳的对立只在欲界存在，从动物、植物、矿物乃至最小的极微，“都是一团的矛盾性，不调和性，冲突性，不平稳性，不纯粹性，不统一性”①。然而，色界、无色界则超越了阴阳，事物和生命，都没有阴阳性，当于《易经》所说的“阴阳不测之谓神”。从物质层面上说，不占空间、没有重量；从心理层面来说，“由欲界散乱、忧嗔心理，变成色界定静、喜慈心理”②；从身体层面来说，已转粗重四大为清净四大，超脱了障碍，可以随心自在。其原理在于：“定心成熟了的上界，心的观念统一了，精神界得到和平。所以，定心相应的精神界，是平稳、纯粹、和平、统一之域。”③ 由定心的成

① 《大乘本生心地观经讲记》，《全书》第5册，第45页。
② 《原子能与禅定神通》，《全书》第22册，第198页。
③ 《大乘本生心地观经讲记》，《全书》第5册，第45页。

熟，而达到物质、身体对阴阳的超越。

而承《易经》精神而来的儒家思想，“根本没有超欲界之法可言”[1]；道家因为有修行的观念和方法，有超越欲界的意味和可能。当然，这种对阴阳的超越，还只是相对的超越，因为凭借的仅仅是禅定的力量，并没有得到无漏智慧而超出三界，“仍有限量……仍未能断尽烦恼”[2]。佛教所追求的超越，却是超出三界的根本性超越，是即阴阳而性空的超越。

太虚大师在阐述这种超越的时候，结合了当时的科学成果，认原子、电子都是有分别、有阴阳性的，而能子、光子、波子等则超越了分别、阴阳。显然，从科学成果的角度来说，能子、光子等也并非没有质量、不占空间，只是更具物质的灵活性、自由性。当然，这只是大师根据契机、契理的原则，将佛教的教理结合当时的科学文化背景而阐述的方便说法而已，并非从科学家的角度所建立的严格的科学理论。

三　对《易经》哲理的改造

太虚大师在批判了《易经》的理论缺陷的基础上，进一步以佛教的理论与《易经》进行类比，在《易理与佛法》和《论周易》等文中，将唯识学的思想渗透进去，实现对《易》理的引导乃至改造。

太虚大师认为：“《易经》所讲的为世间根本法与枝末法，与

① 《大乘本生心地观经讲记》，《全书》第5册，第45页。
② 《原子能与禅定神通》，《全书》第22册，第198页。

佛法上所说的唯识缘起与因果流转相近。”① 对《易经》予以解释的《易传》所言之八卦，是世间根本法；重为六爻而演为六十四卦，概括一切吉凶、悔吝、福善祸淫等法，是世间枝末法。世间根本法与枝末法统一起来，即通于佛教唯识缘起世界众生的道理。《易经》卦象的初一画，即当于唯识的第八识。无始无明之动，即《起信论》中“三细”的无明业相而成第七识，第七识执第八识为内在自我，即《起信论》中“三细”的能见相与能现相，能执第七识与所执第八识之我，当于阴、阳两仪。第七识相应之四种根本烦恼：我爱、我见、我痴、我慢，当于太阴、太阳、少阴、少阳之四象。根、尘、识三和合即为八识，当于八卦，其中乾当于八识，坤当于七识，艮、震、坎、离、巽、兑分别当意识、眼识、耳识、鼻识、舌识、身识。以上即为根本法。由八卦演为六十四卦，当于八识三能变而成世间万法，此即枝末法。

世间根本法与枝末法的缘起缘生，太虚大师又称之为“天观”，即对于宇宙的本体和现象的观察，当于哲学的本体论和现象论。具体展开，可依据三细和四惑，有见有现故有能所，有贪有慢故有内外，内能为意识，外所为对境，生成六相：一、智相，即执外境为真实，而生爱憎之分别，当于可生万变的震卦；二、续相，苦乐感受相续不断，当于盘旋不息、似相连续的巽卦；三、著相，依感受而生执著，当于流陷深注，不能遍达的坎卦；四、执名理相，由执著而分别安立诸名相，当于现诸差别的离卦；五、起行业相，由执著名理而造种种业行，当于起诸山

① 《易理与佛法》，《全书》第22册，第335页。

林、嵯峨崱屴的艮卦；六、业系苦相，因业力牵引而随业受报不得自在，当于水入陂泽、更难上涌的兑卦。以上六相，都属于意识，而意识依据阿赖耶识为种子、末那识为根本，三者和合，当于卦有三画。一切生灭现象，始终不出无明、三细、四惑、六相，当于六十四卦，始终皆依八卦。其演生原理亦有相通之处，即唯识学阐明世间流转的阿赖耶识缘起，动力为种种我执，当于《易经》所说自然而然却不知其所以然之理：六十四卦皆依二爻八卦，其不易之理当于俱生我执；六十四卦一一皆有其自然之理，当于意识分别人我执；每卦六爻，一一皆有自爻必然之理，当于意识分别法我执。卦成而象万物，万物流转不绝，依其自然之理——我执作用，而有流转变化、善恶吉凶。

这是二者可以相通的理论。但不同的是，佛教在此世间流转法的基础上，更有出世间法，并以此为根本宗趣：

> 惟佛法只以此了世间法，而所宗则在出世间法，如《般若》、《中论》的道理，明此等因缘变化之法自性皆空，在空性中无法可得，所谓一相无相，平等如如，才达到出世三乘的解脱法，亦曰寂灭法，亦曰涅槃法。更进为大乘圆满法，则本空无性故，生死流转当下即清净法界，亦即具足无量功德之圆满法身，无欠无余，无障碍，无隔别，是为不可思议解脱的出世大乘圆满法。①

佛教的出世间法为《易经》所或缺，但是若以佛教教理予以融摄贯通，则《易经》的世间法，亦可通于佛教之出世法。其可通之处即在于"定志、修业、成德之序，学一艺，习一术，莫不

① 《易理与佛法》，《全书》第 22 册，第 337 页。

皆然”[①]，世间法的成办固然有其决然之序，出世间法的成办亦未尝不如此，不过一为染污，一为清净而已。

在《论周易》一文中，太虚大师认为修学大乘佛法，必须经过十信、十住、十行、十回向、十地、等觉而成佛，这些阶段皆可相类于乾卦之意义。

从十信位满，发菩提心而入十住位，从不定聚进入正定聚，可谓“确乎其不可拔”。但是对“空慧”的悟解多，而“悲心”较劣，利他之行少，“遁世无闷”，似于乾卦初九爻之“潜龙勿用”。

从十住位进入十行位，利他的行为增多。到十回向位，则自利和利他之行平等，心忆觉悟、观照涅槃，而常住世间、不舍众生。十行和十回向的特征，当于乾卦九二爻之义：“庸言之信，庸行之谨……善世而不伐，德博而化。《易》曰：见龙在田，利见大人也。”

十回向位满而入四加行位，解行发心，所以“进德”也；“知至至之，可与言几也”。证得真如，真正发心而入极喜地，所以“居业”也；“知终终之，可与存义”也。以大精进修习佛乘，绝无退堕之咎，“居上位而不骄”，虽现八相成佛，而不忘上求究竟佛道；“在下位而不忧”，虽居菩萨地，而所证性德与佛相齐。所以即九三爻曰：“故终日乾乾，夕惕若，厉，无咎。”

从初地菩萨修行至七地菩萨，七地为有相行之边际，有相行与无相行彼此相违，极难一致，所以“上下无常”；但是决定不起边见，所以“非为邪也”。由七地入八地，只见一相无相，证

① 《论周易》，《全书》第22册，第332页。

极第一义空，如果没有佛的加持，或堕二乘之位，所以“进退无恒”；但是，决定能得佛之加持而不堕二乘，所以“非离群也”。在十地中“进德修业”，而后得大自在，所以“为欲及时也”。总之，这段进程，当于九四爻：“或跃在渊，无咎”。

从第八地菩萨到十地菩萨，得三大自在：色自在、心自在、土自在，而作诸佛事，即当于“飞龙在天，利见大人”。从第八不动地到第十法云地，合之即是妙觉，亦称等觉。这五个位次，分而不分，所以从世间角度而言，即君位而是天人；从出世角度而言，即菩萨而是佛。八地之后，都是任运自然的无功用道，当于“同声相应、同气相求”等。

到了佛地，则似于“亢龙”，因为种子、习气俱尽，异熟识全空，佛的自性身、自受用身，一一功德真实无边，故“无位”；以下九界众生，皆无法了知佛果功德，故“无民”；十地乃至等觉菩萨，也都不能了知佛果功德，故“无辅也”。但是佛位与小乘入无余涅槃不同，因为受用身恒常度化十地菩萨，变化身恒常度化世间众生，所以不是“有悔”，而为“无悔”。此即上九爻，而应为：“亢龙无悔。”

太虚大师以佛教修行历程之各个阶段的特征，来类比乃至统摄《易经》乾卦的内蕴，可以说赋予了后者以崭新的意义，既可以说是以佛摄《易》，也可以说是援《易》解佛。显然，这是太虚大师作为宗教家，根据佛教的宗教实践之特征，将《易经》的思想进行改造，作为其宗教实践的证据，“解决其所信仰之事的”①。这种做法显然是自由的，但不是随意的，其中贯穿着大

① 《人生观的科学》，《全书》第25册，第8页。

师自身的宗教经验，以及依据经验而获得的对于佛教实践各阶段特征的深刻理解，这种理解不仅是具体的，更是严肃的。

大师以乾卦的内蕴来类比佛教修行实践，最为关键的原理，还在于《易经》所揭示的世间法规律，以无我、无常为特性，遵循着缘起的法则；而佛教修行实践的阶段特征，同样以无我、无常为特性，遵循着缘起的法则。二者不同之处在于，前者为杂染的，后者为清净的；前者随顺自我的执著，后者随顺无我的慈悲；前者归因于世间的无明，后者起源于出世间的智慧。但是，最根本的是，二者都遵循缘起法则，客观地阐述了杂染缘起与清净缘起，指导着人们完成人伦道理、过好世间生活，或者完成出世间修行，获得最终的觉悟。大师视二者都是正法，而世间正法正是出世间正法的基础，不仅可以融摄在人乘佛教之中，更应引导而至于出世间佛教。

第二节 对先秦儒家的摄导

大师对自己的儒学背景以及对儒学的理解，曾经做了自我评价：“我未入佛法以前，亦曾寝馈于孔、孟学术之中。迨皈佛修学以后，复将孔教经籍之精华，取而与佛乘相印证，觉以前见解，不如学佛以后所得之别有精微广大深切著明之处。”这里，大师明确地认为，以佛学的修养来理解儒学，是“别有精微广大深切著明之处”的，不仅仅是对儒学的客观认识，而且贯穿着佛学的根底和精义。

一　先秦儒家的精义

太虚大师对于儒家文化的功用，有着相当的肯定。他说："儒家以仁义为本，所谓'立人之道，曰仁与义'。溯儒家仁义的动机，可对治人世的战乱……儒家仁义礼乐，足以维系人类的安宁，俾免人生的堕落，而出世的胜善，亦基础于是。"①

对于先秦儒者，太虚大师最为赞同的是孔子、颜回，其次是荀子，其次是孟子。在《佛法与孔子之道》、《论王阳明》、《人生佛学的说明》等文中，大师说孔子为"天纵之圣"，当于佛教所说的"菩萨应化"，甚至已经达到佛教十信位菩萨的层次。在《论严译》一文中，大师依据《庄子》中对"心斋"进行描述的文字，"回之未始得使，实自回也；得使之也，未始有回也。可谓虚乎？"而判定颜回"分别我执忘而见惑上之生相、人相空矣，此与小乘须陀洹见道全同"②，达到禅宗三关中破重关的境界，即入了佛教的十信菩萨位。后来几千年中，可跟孔子相提并论的，儒家之中只有王阳明③。而在孔子和王阳明的思想学说中，是产生不出孔子、王阳明这样的人的（事实上也从来没有产生过），从三世因果来看，"必经佛法之甄陶，乃能生养若孔子、若儒门诸贤之伟大人格"④，而王阳明更是直接"产自禅宗，其所

① 《佛教世俗谛的人生观之一》，《全书》第23册，第375页。

② 《论严译》，《全书》第28册，第195页。

③ 太虚大师1928年在《人生佛学的说明》中所言，与1915年的见解已有很大差别，其原因详见后文。

④ 《佛法与孔子之道》，《全书》第22册，第344页。

成之人格，皆超其书之上也”①。

对于荀子和孟子，大师曾多次将二者与孔子并列，与古希腊三先哲相类比，以孔子比苏格拉底，孟子比柏拉图，荀子比亚里士多德。但是于荀、孟之间，大师更为认可荀子，而对孟子则多有微词。大师认为荀子的著作，“视孟轲、孔伋之书，亦足相胜……《解蔽》、《正名》二篇，求之管、老、孔、墨、庄、韩所不得者乎?”如果与佛教类比，“荀子之在儒，殆犹唯识之在佛”②。在宋朝之前，荀子的学术地位显然高于孟子，其著作受重视的程度也高于孟子，只是到了宋朝，宋儒为了辟佛老的目的，借孟子拒杨、墨之辞以为用，所以高抬孟子，而对曾以《性恶篇》和《非十二子篇》批判过孟子、孔伋的荀子，进行贬黜和排斥。大师对此深表愤慨：“障蔽先贤之学，俾后生不蒙其福泽，宋儒之罪深矣。”③

太虚大师认为孔子之道的精要，即在于注意了天地之间、万物之中，人类不同于矿物、植物、动物的特殊之德性，而“庶民去之，君子存之，保全人格，崇尚人生特长之德性，廓充而长养之，可以为贤为圣；小人反之，则可下侪禽兽”④。这种德性，孟子将它表述为恻隐之心、羞恶之心、恭敬之心、是非之心，人皆本有，是为人性本善，非由外铄，养而充之则为仁、义、礼、智之胜用。人类的根本价值，就在笃于内养人性，发为伦常之德，近而家庭，远而社会、国家，终至世界人类，父子、兄弟、

① 《论王阳明》，《全书》第22册，第453页。
② 《论荀子》，《全书》第22册，第347页。
③ 同上，第346页。
④ 《佛法与孔子之道》，《全书》第22册，第340页。

夫妇、朋友各尽其道，扩充长养此人类德性至于圆满，即成贤成圣。其中，严于明辨人兽之别，须绝然矫异禽兽，不可师法禽兽。虽然也有师法万物自然的象征，以成就种种人文人事之义，以及马忠、羊孝、虎节、犬义之劝，都只是为了取其一长以辅助人性，并且使不能保存人性之人惭愧。而以人性为恶，倡隆礼重法的荀子，尽管最终目的仍在进善人性，成贤成圣，宋朝之后却被视为偏离圣道，而被排斥在儒家主流之外。

二　人性论的层次

太虚大师对先秦儒家的批判，其焦点落在其人性论的缺陷上，这种批判所依据的佛教的自性论、佛性论和人性论。前文《自性义的融贯》一节中，将“自性”的特性概括为三：本现成、不变坏、遍一切，这是从绝对本体的意义上进行的概括。并用此三种特性，来衡量佛教以及世间思想学说中的“离言自性”等十种“自性”的有漏、无漏，真、幻、妄，有、无等。

儒家的人性，相当于十种“自性”中的第九种：“诸法相似不相似之差别分位”或“类与不类之分理”。在《法与人之研究》一文中，大师即明确地说：“人与他物之区别为人生性，即人之特性。如百法所明二十四不相应行法之众同分中，人有人同分，同分者类性之义，人同分即人类性……是类性上即可显有人性。”① 人性是人同其他物类所不同的人类的类性，儒家特别强调的就是人与禽兽的区别，即要保持人性，严防人性堕落为兽性

① 《法与人之研究》，《全书》第10册，第335页。

而与禽兽同类。

以真实、绝对的“自性”之三种特性来衡量，人性，可通有漏和无漏；从真、幻、妄的角度来说属于幻，即依他起性，在刹那的生灭变化既非真也非妄；从有、无的角度来说，是有法，不是虚无之法——人性不是真正的自性。儒家以人性为真实，即是一种遍计所执。大师说：“小程、朱熹所执之理，得于天曰天理，则为佛学所破之法执；具于心曰人性，则为佛学所破之我执。”①即明确地判定儒家所言的人性是人我之执。

太虚大师以唯识学理论分析了各种人性论的层次。

如果依据佛教教理，把人性的内蕴透彻到底的话，人性可分为两种，一是无为无漏，“诸法群生平等真如性”，即指真如，真如是遍一切的，在人（有情）而言名心性，在法（无情）而言名法性，也可称佛性、一心、一真法界等；二是有为无漏，“正觉妙善清净种子性”，即寄托在阿赖耶识中的无漏种子，是一切众生都可能具有的。佛教所说的这两种“人性”，显然与儒家的“人性”的意义完全不同，因为都不是指的人类的类性，而是一切众生包括禽兽都可能有的（有为无漏）、一切事物包括有情和无情都本质即是的（无为无漏），而且都是无漏的，与众生的执著不相应。大师把这两种人性称为“纯善性”，是相对其他学说的人性而言的，实际上，为防止随言执实的误会，应该说是超越了善恶的对立，非善非不善，更切当一些。

与纯善性相对的，是杂染性，可分为五类。一、“非善、不善异熟性”，即宿生因缘所感之业报，当于儒家所言“天命之

---

① 《评胡适的戴震哲学》，《全书》第28册，第288页。

性”，从其复杂难测、众生不知的角度来说，也可称“自然性”。二、“可善、不善俱非之种子性”，即指第八阿赖耶识，无覆无记性。三、“执我之非善、不善性”，即第七末那识，有覆无记性。四、“造业之或善、不善、俱非性”，即前六识造作一切身、口、意业的这部分。五、“最能求知创作性”，即具有认知、创造能力的意识、文理、大脑等。对比而言，孟子的“性善论”，只涉及了第五种中可以造善，人类应有的理性功能，没能到达最高之“纯善性”。荀子的“性恶论”，只涉及了第四种可以造作恶业的前六识的一部分，没能到达第三种的末那识。儒者之外，告子的“性无善恶论”，最为深刻，但也只涉及第一种的“异熟生”（业报），没能到达第二种的真异熟阿赖耶识；从人性的可能性上，他说人性犹如湍水可善可恶，还涉及了第四种前六识造作善恶的一部分。“异熟生”和“真异熟”的区别，如下表：

一、真异熟——第八识自体

二、异熟生—┬根身——正报——有情世间
　　　　　　├器界——依报——器世间
　　　　　　└前六识一分

各种人性论的论据和论证过程，太虚大师应用唯识学的理论进行了分析。孟子论证“性善”的论据，最重要的就是乍见孺子入井，人们都将下意识地前往救护。大师说，这只是意识根据末那识相应的“我爱”而扩充的泛爱意识，而且也与后天的环境、经历、教育等有关，“当其为孺子时，己身受之、习闻之矣，身受习闻乎少成，故无待告教，发之任运，实亦由积习所起也。此不独人为然，禽兽亦与能之。盖族类所由蕃生，而自营私欲所孳乱者也”[①]。同样，荀子的论证“性恶”的论据，最重要的是人生而好利，故争夺而无辞让；生而疾恶，故残贼而无忠信，其原理也是意识根据末那识相应的“我爱”而“私欲自营”，根据末那识相应的“我慢”而“凌人残物”，而且同样与后天的环境、经历、教育等有关。相比之下，荀子的“性恶论”近于唯识学的第七识相应的四种根本烦恼之作用，揭示的是客观的事实，所以说“故荀子性恶，于义为诚；孟子性善，特举人类可能性之一端当之耳，是济世之说，非穷理之谈也”，“儒家言人性者，唯荀子最为随顺法性矣”[②]。至于后来唐朝韩愈、宋明诸儒的人性论，都只是攘取前人之言论，且自己也没搞清楚其中的原理，不须多论。

三　人性论的缺陷

大师对儒家人性论的批判，具体从以下几个方面进行。

首先，儒家所言之“人性”，仅仅是人类的类性，不足以概括一切众生的特性，以佛教的“十法界”而言，则其他九种生命的类性都无法含摄；至于一切事物的真如性，更非儒家人性论所能论及，由此可见其理论的狭隘性。而且，即使就人类的类性而言，“上不知在人尚有皇道……而局脊于帝道（大同）、王道（小康）之人性也”[③]，更遑论超过人的境界的天道、声闻道、缘觉道、菩萨道、佛道之人性，“只为恐人堕禽兽故，只为只准人为

① 《论荀子》，《全书》第22册，第357页。
② 同上，第359页。
③ 《人与傍生之取舍》，《全书》第33册，第419页。

人，而不准人为超人之天、之出世圣、之佛故，夫亦大可哂矣！”①

其次，大师根据人性的形成和发展过程，把人性分为多个不同的阶段、不同的类型和层次，这就与儒家执著“天命之性”为先天的、永恒不变的、普遍的人性的理论区别开来。他认为，人出生之后没有受到后天教育的一段时期内，“为生物、情物共性，而情物性亦尚微薄，独生物性则已全俱”，这种已经完全具备的生物性、自然性，与一切生命所共同具备，内在的潜能最强、外在的条件最广，不需要后天的教育，自然显现。从发展的角度看来，具有无限的可能性，所以“生之为性，以告子无善无不善、可善可不善为最确”②。

人受到教育（广义）之后的阶段，其内在潜能稍弱的人伦理性，才在“师法”教育的条件下得以形成。人之所以成为人，而区别于动物，其根本就在此。这种人伦理性，是在社会生活中得以形成，即人的社会性，“人类为社会的动物，社会性乃是人类的特征，人若失掉了社会性（仁），就是失掉了人性”③。在大师看来，人类的社会性，与“万有的真实相，又恰是契同的”④，即在因缘生灭的事物中，一切事物都互相成为因缘条件，在普遍的联系中，人必须普遍地利他才能真正地自利，个人是如此，社会、国家、民族之间都是如此；这种利他性，即是社会性（仁），无此则无人性。

① 《论宋明儒学》，《全书》第22册，第425页。
② 《论严译》，《全书》第28册，第203页。
③ 《建立人间的永久和平》，《全书》第27册，第430页。
④ 同上，第430页。

但是，人类所追求的完全符合人伦理性的至善境界，因为外在的“师法”条件很少而难以具备，人自身的能力也往往不够，所以“人类能全合及多合伦理性者偏少”，这就是荀子的“性恶论”的原因及合理性之所在。然而，人类尽管与其他生命（例如动物）的不同点不是很多，但究竟人类符合部分的人伦理性，与禽兽有别，这就是孟子“性善论”的出发点。但是，孟子强调的这种人伦理性，并不就是人类的自然性，而是后天教育的结果。“所以天命之谓性，率性之谓道之说，义甚偏也”，其偏颇之处，在于以预设的永恒不变的人性、至善性取代了事实上的人的自然性、生物性。

再次，太虚大师立足于佛教的三世因果、六道轮回的理论，进一步批判了“性善论”、“性恶论”等理论。他根据佛教的义理，说道，人在无始无终的轮回之中，过去无量生中在不同的生命种类中生存，各种习惯性都以潜能的形式存在。因为前生符合人伦理性的某些行为的潜力特别强大，所以此生为人，有其符合人伦理性的一部分善性，但并不能以此而以人性为善，所以“性善论”是偏颇的。另一方面，尽管过去的习惯性并非全善纯善，“而谓其必反乎伦理性之恶，则尤不可故也”，这就说明了“性恶论”也是偏颇的。从过去的潜能来看，情况是很复杂的。过去的动物习惯性强，“可于人类而行畜生之事”；禅定的习惯性强的，“可于人类而有天道之行”；熏习出世的习惯性强的，“可于人类而修菩提涅槃之道”。种种情形，不可固执一类。然而，过去的习惯性，只是一种潜能，“因待缘感而始成果，缘阙不呈，缘强则变，故决不可执著夙命”，从这个角度来说，同样，“天命之谓性，率性之谓道之说，义甚偏也”，其偏颇之处，在于走向了宿命论，而忽视了后天的条件、人为的努力。

最后，太虚大师对比了佛教的“性恶论”与荀子的“性恶论”。他认为，如果“以伦理性为善，以真如涅槃性为善，则有情无情之异生染性，皆可曰恶”，这种恶与世俗所说的恶完全不一样，是从胜义谛的角度说的，而不是从世俗谛的角度说的。从世俗谛的角度，“即在佛法，亦曰杂染而不曰恶”[①]。所以在此意义上的性恶论，与荀子的性恶论是很不同的，因为其角度和层次是不一样的。

太虚大师的这种说法，在大乘唯识学中是有根据的。《成唯识论》卷五在分析第七末那识的善恶时，即判断其为“有覆无记”，而与它相应的我见等烦恼，因为所依的末那识很细微，所以也是“无记”（非善非恶）。大乘唯识学是从世俗谛的角度、从法相的角度来分析的。而大乘如来藏学，或讲“性具善恶”（天台宗），或讲“一真法界”（华严宗），或讲“本性是佛”、“即心即佛”（禅宗），或讲“是心是佛”（净土宗），都是从胜义谛的角度、从法性的角度说的，“从人性论角度看，可谓一种绝对心本体论的性善恶论，这种性善恶论的实质，是超善恶论”[②]。有的学者，把佛教的性善、性恶论与儒家的性善、性恶论等同起来，或者认为前者是受了后者的影响而产生的，显然是因为把世俗谛、胜义谛的不同角度和层次搞混淆了的缘故。

---

① 此上三段的引文和内容均参见《论严译》，《全书》第28册，第203—206页。

② 陈兵《佛教心理学》，第249页，南方日报出版社，2007年。

四　人性的进善

在批判儒家人性论的基础之上，太虚大师认为，从人类的类性出发，人性论的理论价值和现实意义，就在于指导人性的去恶从善，最终达到至善的理想境界，这就取决于人性的内在层次，以及外在“师法”的教育。

太虚大师在《教育新见》一文中，把人性分为四个层面：情感、情识、情习、情性。如前文所述，太虚大师把唯识学理论及修行方法结合教育而成为一种教育理念，其宗旨在心理的建设和净化，在人格的转化和提升，实际上也就是一种自我教育的行为、自我道德修养的行为。也正是在把教育理论、人性进善、宗教修行这三者结合为一体的意义上，太虚大师的人间佛教的宗旨才得以成立，那就是著名的“仰止唯佛陀，完成在人格。人成佛即成，是为真现实”。

这种新的教育理念的具体展开，太虚大师在《人性之分析与修证》一文中阐述得更为清楚明白。如前文所述，大师在此文中，把人性分为纯善之性和杂染之性。纯善性即真如觉性和正觉妙善清净种子性，而杂染性则分为“非善不善异熟性”、“可善不善俱非之种子性”、“执我之非善不善性”、“造业之或善不善俱非性”、“最能求知创作性”五种[①]。若以大乘唯识学来分析太虚大师提出的这五种杂染性，则第一种即第八阿赖耶识，第二种即阿赖耶识中所储藏的习惯性潜能（种子），第三种即第七末那识，

---

① 《人性之分析与修证》，《全书》第23册，193—194页。

第四种即前五识，第五种即第六意识。

太虚大师把人性进善之教育具体化为七个步骤。第一步，“善用求知性以理解信向纯善性：依理解纯善性而信向之为最高目标，以达到其圆满究竟为目的”；第二步，“善用创作性以勇作善业止不善”；第三步，“集中善行理解力进攻执我性”；第四步，“积高善行理解力引发正觉性”；第五步，“突破执我性，生起正觉性，创显真如性”；第六步，“洗除执我习，清治杂染种增长，增显纯善性”；第七步，“异熟性空，杂染性尽，圆满纯善性”。

太虚大师的这种教育步骤，用大乘唯识学来分析的话，那第一、二步，是使用意识的向外求知和向内反求诸己的理性功能，树立正确的人生观和世界观，以及进行道德的自我管理、自我修养：为善去恶；第三、四、五步，则是佛教的特殊修行方法，用意识的理性功能，以特殊的观照方法，打破无始以来的末那识的深层的自我执著，达到“无我”的绝对无私、绝对奉献的高尚道德境界；第六、七步，是不断去除一切无始以来的、微细的、杂染的、习惯性潜能，完善无私、奉献的功能，达到最圆满的境地，从而完满地觉悟宇宙人生的真理——成佛。

第三节　对宋明理学的摄导

一　宋明儒学的渊源和境界

儒家经宋而明，发展成的宋明新儒家，已非纯粹儒家。太虚大师在《佛学与文化》、《论宋明儒学》、《佛教对于中国文化之影响》、《佛学之源流及其新运动》、《震旦佛教衰落之原因论》、《禅宗六祖与国民党总理》、《佛教与中国女学》、《佛学概论》、《佛乘宗要论》等十余篇文章中，反复论证，宋明儒学兼有道家和佛教的成分，尤其是受禅宗影响，成为非孔、非佛、非老，亦孔、亦佛、亦老的理学。说其非孔，是因为它偏取孔子之道的一少部分而遗弃大部分，说其亦孔，是因为它尊孔位圣，入于孔庙，口说仁义，盛谈纲常；说其亦佛、老，是因为它采取了佛、老的少部分，说其非佛、老，是因为它“趋功利，希政权，重荣名”[1]，与佛老宗旨相悖。

宋明理学受禅宗的影响，主要表现在四方面。一是学问师承，理学创宗者周敦颐的思想师承在东林总禅师等。二是学问方法，受道教和禅宗影响而注重禅定之学。尽管儒家本来也有禅定之学，如《大学》、《孟子》等中皆有只言片语言及禅定，但皆只及大端，颇为不详，循之根本无法实修。由汉至唐，儒家一方面没有禅定实修之方法（内圣无本），禅定之学已经斩断，另一方面则务于治理国家、修饰文学（专务外王）。宋儒的禅定之学，则基本上都是受了道教（程、朱）和禅宗（陆、王）极为详尽、深广的禅定之学的益处。三是学问宗旨，全受禅宗影响而在参究本心、务明本心，其开端即为周敦颐教人参孔颜乐处。四是学问精神，“禅宗乃是重在参究人生根本之原理，使人自己研究，于此求得发明后，方可论学；不但否认古书，且不信古人，故当时中国之学术大受其影响”[2]。

大师所说的宋明理学受禅宗影响的这种学问精神，其结果应

---

① 《震旦佛教衰落之原因论》，《全书》第31册，第36页。
② 《佛教对于中国文化之影响》，《全书》第22册，第96页。

该是直接导致宋明儒者，能一改由汉至唐重于训诂、注释的儒家经学作风，而能在注重禅定、参究本心的基础之上，依据自己的体验而建立思想学说，形成“六经注我”的学风。这大概是受禅宗影响最大之所在。

然而禅宗突破古人（佛陀）、古书（佛教经典），离开文字言说直契本源、顿明心地，并未因此与古人、古书对立为二，另创一个完全不同宗旨的思想学说；而仅仅是要通过真修实证，达到自己对佛教的普遍本旨的亲证，而不被经典禁锢，死在文字底下。其所亲证者，恰恰是与古人、古书妙契一致，“汝既如是，吾亦如是”[①]，是对“心佛及众生，是三无差别”[②] 的切实验证。南阳慧忠国师云：“禅宗法者，应依佛祖一乘了义，契取本源心地，转相传授，与佛道同。”[③] 禅宗所依是佛教一乘了义之教，师徒相传的心地法门，也无非释迦牟尼佛所亲证者。《禅源诸诠集都序》卷一云：“谓诸宗始祖，即是释迦，经是佛语，禅是佛意，诸佛心口必不相违。诸祖相承，根本是佛亲付，菩萨造论，始末唯弘佛经。”经、论、禅，三者如一。莲池《竹窗随笔·经教》云：“其参禅者，藉口教外别传，不知离教而参者是邪因也，离教而悟者是邪悟也。饶汝参而得悟，也须以教印证，不与教合，悉邪也。”离开佛陀所悟、经教所说的禅悟，都是邪悟；所谓参禅开悟、明心见性，必须以佛经印证，丝丝相扣，才是正悟。

至于宋明儒者参究本心所体悟到的境界，前文《佛教与宗教

① 《六祖大师法宝坛经》卷一。
② 《大方广佛华严经》卷十。
③ 永明延寿《宗镜录》卷一。

的关系》一节中，已经有所分析，即宋明儒者所悟，在杨仁山看来，都是意识层面的静定功夫，远远没有明心，更谈不上见性。太虚大师在作于1916年的《王阳明格竹衍论》中，对明朝儒者陈献章、王阳明进行了对比，认为陈氏定多慧少，所修为通明禅，所得已能超过欲界住未到地定，“所发或是色界初二禅之喜无量支，或径越色界而证得无色界之识无边处定”[①]；王氏慧多定少，所修近于曹溪禅，所得未越人天之间，即没有超出欲界定，与孟子养“浩然之气”的境界相类。陈氏、王氏二人，一侧重定，一侧重慧，二人或定或慧的所得，在宋明儒者中是为最高，但也仅仅如此，其余则不须论。

宋明理学受禅宗影响，在先秦儒学上有很大的发展，主要体现在其身心性命之学，具体可开出两条路线：

> 小程以道“理”非是阴阳“气”，而是所以阴阳“气”者，故理与气二……而大程之气即性，性即气，亦弥见其为气即理、理即气之变名也。心气与性理为一，心气与性理为异，此宋明儒学分为二派之依据，而贯彻乎始终者也。故始分于大程、小程，中对峙于陆、朱，终相抗于述朱述王之徒，演成并行之二系如下：
>
> 一、心气即性理系——大程——陆——王
>
> 二、心气非性理系——小程——朱——述朱[②]

两条路线中，气非理一系，常与佛教争讼，执著其人伦理性与佛教而有异同；气即理一系，因为没有严格的界限区别，常常

① 《王阳明格竹衍论》，《全书》第22册，第427页。
② 《论王阳明》，《全书》第22册，第444页。

不与佛教争讼。从其理论的内容上看，与佛教的异同可如下表①：

儒曰气

儒曰理，即理一分殊之天理。 佛曰众同分，即假类性。	物各类性
儒亦曰理，或曰性，即仁义礼智信。 佛曰人乘正法，即五戒、十善法。	人同分性
儒亦略明，道亦未尽。 佛教即十善、八定法。	天同分性
儒道不知。 真解脱性。	出世性
儒道不知。 大菩提性。	佛知

禅曰心

在太虚大师看来，这种身心性命之学，所言之气、道心、本心，大致当于佛教所说的一切种子如瀑流的习气种子识；所言之性、理，大致当于佛教所说的各物各人之业报体，儒家说为天命之性，即佛教之同分性，天命在人即为人的同分性，在兽即为兽的同分性，保持、完成自类的同分性，即伦理性，在人则为人伦理性，在兽则为兽伦理性。

反思历史，我们就可以发现，宋明理学，即通过这种身心性命之学，最终回到先秦儒家的人伦纲常的目的上去，笃于内行，完成内圣的修养，然后实现其家庭伦理、政治伦理，完成格致诚

① 《论宋明儒学》，《全书》第22册，第425页。

正修齐治平的事业，所以长期以来人们称之为新儒学。这种新儒学，对佛教的态度，人们概括为“阴窃阳排”，即私下里窃用其深细精致的思维方式，窃取其体用、理事、心性等各方面的思想观点，窃从其禅那、禅观、禅究等各种修行和学问方法，却公开地排阻其积极入世、济世、用世的大乘精神，排斥其表面消极出身、出家、出世的小乘生活方式，排击其指向圆满、真实、彻底的智慧、慈悲、清净的终极价值追求。注重儒佛之同的人们，往往用“坐在禅床上骂禅”来概括宋明儒者的做派；注重儒佛之异的人们，严格地区分儒佛的种种不同，为自身援佛入儒、援儒入佛的取向，进行严正的辩护乃至论证。

二　对程朱的批判

太虚大师既注意到了儒佛之异，也注意了儒佛之同，而他对宋明理学的批判、融摄和引导，正是以其异同为基础，以佛教理论（主要是唯识学）为准衡，以建设现代的中国新文化乃至世界新文化为目的，而从各种具体的面向展开。

大师注意到在唐朝数百年之间，儒者起而抨击佛教的寥寥无闻，只有道教徒从其宗教立场而争论倾轧，儒者于中往往充当调和、评定的角色，且多偏护佛教。最先竖起辟佛辟老的大旗的人，是唐朝的韩愈，“自比孟轲拒杨、墨，谬种传流，抑若一辟佛即足以为大儒”[①]。然而韩愈虽然工于文章，却性情刚愎，见识浅陋，当时世人少有相信、追随他的思想的。至宋初，欧阳修

① 《论韩愈》，《全书》第22册，第422页。

以其文坛领袖的地位，因爱好韩愈的文章，赞颂他辟佛、老诸说与孟子辟杨、墨同功，从而掀起一股辟佛、辟老的思潮，“九州学子于是乎竞以辟佛为第一急务，一若非辟佛则不足以为儒生者”①，这是宋明理学辟佛的历史渊源。

大师还从儒者的心术和学问的关系方面，进一步分析了宋明理学辟佛的原因。大师认为，程朱一系辟佛最力的朱熹，“学佛而排佛之意，盖欲后世学者莫窥其学识之自来，以崇拜其为天人、为神圣而不敢逾越其识见而已”②。这种心理，显然是小人心态，这里的分析似乎有人身攻击的嫌疑，然而朱熹自己曾经交代说：“儒者若欲待看通佛典，再来辟佛；佛典未看通，早被佛降服去矣！如人在关河上行，不知不觉，便行入番界。”大师认为这是朱熹一生的供状，由此可见其辟佛的内在动机。

虽然大师没有做具体分析，但是可以推测大师大概从朱熹自己的交代中看出：一、朱熹自己已被佛典降服；二、不欲让别人去看佛典，以免同样被降服，并看出自己已被降服。有学者正看透了朱熹这一点，说：“（朱熹）善于吸收佛学思想中许多重要内容，以充实他的哲学思想体系。朱熹利用和吸收佛学思想资料，其形式是多种多样的。有时表面上批评，骨子里吸取；有时用儒家的语言，偷运佛家的思想；有时则干脆照搬佛家的用语和思想。”③“朱熹受学李侗，改崇儒学，也只是表面上的更换，骨子里佛学思想仍使他念念不忘”④。这种见解显然支持了太虚大师

---

① 《佛教史略》，《全书》第2册，第316页。

② 同上，第317页。

③ 高振农《近现代中国佛教论》，《朱熹与佛学》，第172页，中国社会科学出版社，2002年版。

④ 同上，第183页。

对朱熹的心态的推测。

另外，我们从朱熹自己的交代里，可以发现，他辟佛的逻辑竟然是：辟佛，要在不看佛典，不懂佛典的情况下进行；不看佛典，不懂佛典，才具备辟佛的资格和条件。将这种逻辑返回到朱熹自身，那么只有两种可能：一、朱熹没有看懂佛典，因此他有资格辟佛；但是他又是如何得知看佛典会被佛典降服的结果呢？而且，按正常人的逻辑，既然不懂佛典，又依据什么来辟佛呢？依据对佛教的无知，就可以辟佛了吗？二、朱熹看懂了佛典，因此他深知会被佛典降服的结果，而且自己已经被降服，但是按照他自己的逻辑，他怎么还有资格辟佛呢？而且，按照正常人的逻辑，既然已经被佛典降服，又还来辟佛，这不是表里不一、人格有问题吗？所以，太虚大师分析得出朱熹心理阴暗的结论，我们很难简单地认为这是人身攻击。

朱熹那种荒谬的逻辑，却长期地成为儒者辟佛的准则和事实！二程的门生游酢曾说："吾辈先生，往往不看佛书，诋之如此之甚，其所以破佛者，乃佛书自不以为然者也"[①]。宋明儒者中读佛经最多的是朱熹。朱熹所读的佛教经律论，其中大小乘经10部、127卷，释经论及经疏1部、120卷，本土著述僧肇著作1卷，庐山慧远著作若干，永明延寿著作若干，寒山著作3卷，共计200至300卷之数[②]。而在北宋末年刻版印刷的《开宝藏》，就已收集佛经达1565部、6962卷、682帙。对比之下，"出入佛

① 转引自陈兵《佛教禅学与东方文明》，第454页，上海人民出版社，1990年版。

② 参见哈磊《朱子所读佛教经论与著述叙要》，《孔子研究》2008年第4期，第69—81页。

老十几年，以朱子之好学博览，以上内容似嫌不足”[①]。大半生都致力于丑诋佛学的朱熹，所读的佛典数量，显然与其坚决的态度不成比例。

朱熹之后，辟佛之徒不胜枚举，基本上都遵循着朱熹辟佛的逻辑。

朱熹心术和动机的狭隘，演成其思想学术的“量狭气激”，一方面他力拒陆九渊的深一层的精神修养，另一方面排斥永嘉学派的进一步的经世致用之学。总之，“虽抱孔、孟伦理，及语、孟、学、庸四书，但观陈、叶及顾、黄、颜、李、惠、戴之所攻难者，于经世、考文、厚生、致用之儒术，亦摈弃多矣”[②]；而就在这么一种极其狭隘的学术方向下，形成了程朱儒学，是为“中国文化痨瘸的结晶”[③]。其后果是，“中国主持政治领导社会之士大夫群，从此被韩、欧古文，程、朱儒学锢蔽。交流至清代，加上惠、戴之考据，嘉、道后言学术遂不出古文、儒学、考据之三文化，孱腐之极，民族锢蔽之至，乃无以察世应变，演生百年来被不平等条约束缚之恶果。”[④] 认为其遗毒数百年，祸国殃民，为近代民族陷入亡国灭种之危险境地的罪魁祸首。

三　对阳明心学的批判

太虚大师认为，陆九渊、王阳明的佛学造诣远远高于程朱，

---

① 哈磊《朱子所读佛教经论与著述叙要》，《孔子研究》2008 年第 4 期，第 81 页。

② 《中国今后之文化》，《全书》第 22 册，第 133 页。

③ 同上，第 134 页。

④ 同上，第 131－132 页。

其心学的思想得之于禅颇多，但是辟佛的取向却彼此一致，原因在于“其示别于佛，实似之者愈甚、防之者愈深，所以自卫有不得不然者耳!”仍然不脱狭隘的掩饰其学问渊源的路数。

大师对陆王心学的批判主要集中在王阳明。但是，大师对王阳明思想的态度，前后却有着很大的不同，表面上自相矛盾：1916年作于普陀的《王阳明格竹衍论》（下称《衍论》）对王阳明基本上持否定态度；1923年冬所作的《论王阳明》及1945年在缙云山作的《王阳明与新中国哲学》，却对阳明哲学赞叹有加，以之为“汉梵两文明构成之一良果也”[①]，甚至认为应依据阳明哲学为枢纽，创造全新的中国之新哲学和世界之新文化。

根据《太虚自传》和《太虚法师年谱》的记载，1916年是太虚大师受欧战刺激在普陀山闭关的第三年，期间有了第二次和第三次悟境，尤其第三次于唯识义有所悟入之后，幽思风发，妙义泉涌，万非逞辩竞笔者能及，《衍论》即作于此悟之后。大师自传中说，自己当时虽然闭关，但是仍不绝俗离世，《申报》每日必读，《新闻报》有时也借阅，“关于有诬谤佛教的言论，即不稍假借地报以批驳”[②]，其《破神执论》等护教文即作于此时。大师的护教热情之高，往往会因为作护教之文而把寒热不舒服等小病除掉。在护教文章之类，“不但对付近人的言论，且上及胡致堂等史论，韩、欧等古文，宋明儒等理学，凡有涉及毁损佛法僧的，无不据理严斥；并曾作《续弘明集》、《新弘明集选辑》”[③]，只是这些文字大多已经遗失，是为极大遗憾和损失！而《衍论》即

① 《论王阳明》，《全书》第22册，第446页。
② 《太虚自传》，《全书》第31册，第197页。
③ 同上，第198页。

作于此时，是大师护教热情的产物，是对损毁佛法僧的宋明理学的据理严斥；同时又是大师妙悟之后的智慧之流露，其思想之精密、文字之犀利，正和护教热情相契。由此可知，《衍论》是站在严辩儒佛之别、以佛批儒的立场上的作品。

《论王阳明》是1923年太虚大师为《王阳明全集》所作的序。文中，大师交代其作文的动机，即是先以方便教化世人养成人格，“即是以佛之人乘法教化人众令先得完成人格者；而中国之儒学最合乎此，故在中国即可用儒学以教人，而阳明殆此流中之第一人欤！虽可崇者，在阳明全书之刊行，所以将大有功于世道人心也”[①]。1945年的《王阳明与新中国哲学》一文，是针对当时分中国哲学为唯心论、唯物论、心物二元论的思潮，欲以阳明哲学作为统摄其余的核心，进而融摄西方文化，以建设中国新哲学和世界新文化的目的。探其根底，仍然不出立足世间教化、完成人格、实现人乘佛教的宗旨。很显然，《论王阳明》、《王阳明与新中国哲学》二文，是站在以佛摄儒、以儒辅佛的立场上的作品。以此二文，可知大师对儒学的融摄和引导之方。

至此，可知太虚大师对王阳明思想的前后不同，表面上看似矛盾，实际上是因为立场不同，所以拒之、摄之态度便有异。在《衍论》一文中，对陈献章和王阳明皆断断乎自辩非佛、非禅的态度，太虚大师说：“夫佛则大矣，未尝局于禅也；禅亦多矣，未尝尽为佛也。泛而与之，二儒又乌能逃乎佛与禅哉？严而夺之，二儒又乌能得乎佛与禅哉？”[②] 佛教包括小乘和大乘，仅仅大乘就有八宗，禅宗仅为其一；禅可分为禅定、禅观、禅宗等，

---

① 《论王阳明》,《全书》第22册，第453页。
② 《王阳明格竹衍论》,《全书》第22册，第428页。

只有禅宗是佛教不共世间之法，禅定、禅观皆可与世间法相共，儒家、道教、伊斯兰教、基督教等皆有。宽泛地说，二位儒者可摄入禅中，也可摄入佛教（人乘佛教）；严格地说，二位儒者“彼所认为佛与禅者，当时丛林之语录、机锋耳！语录机锋，盖曹溪宗之枝流”[①]，如何能入佛教之门？太虚大师这里的判定，实际上正可作为理解他对王阳明哲学的态度前后不同的钥匙。

大师对王阳明的批判主要的在两方面。

首先，王阳明一生学问的宗要“致良知”，其“良知”所指，与孔门之“仁体”是为一物，虽然已经超过孟子所说的为气秉所拘的“良知”义，而是自由活泼、绝待无依，不为气质习惯拘染的“独知”[②]，“盖指人心本灵明，而能知事事物物之真妄善恶，及应用之事事物物而具有条理耳；此亦仿于佛说不昧本心”[③]。

但是，此“知”之一字，只是别境心所中的慧心所而已，可有邪知邪见，俱生、分别我法执，五利使，六十二邪见，及根本智、后得智、生空智、法空智、四寻思智、四寻思所行如实智、四智菩提等无量差别。从阳明思想自身逻辑来看，“良知”应为前六识相应的本来净善信心，应为“正知”；却以之为泛滥无所归、歧义可纷出的“良知”，可见阳明思想之粗糙。而且阳明将此正知局限于于孔父所持伦理，间排杨、墨，拒佛、老，可见其思想之狭隘。再者，阳明以“良知”为“本然之知”，既然是本然之知，那么便无法加以“致之”之功夫，不必“致”也不能

① 《王阳明格竹衍论》，《全书》第22册，第428页。
② 《论王阳明》，《全书》第22册，第446页。
③ 《王阳明格竹衍论》，《全书》第22册，第429页。

"致"，以此"良知"而"附合《大学》致知之说，已不可通"[①]，可见阳明思想之矛盾。

其次，阳明虽然悟得"良知"，可谓获得孔门宗通，但是未得孔门说通，或者说"阳明才做到藉成他而成已之圣功，尚未做既成已而成他之王业耳"[②]。大师认为，要得到说通，必须精通佛教唯识学；而阳明辟佛，不知唯识学，恰恰自斩其学。

阳明将其所悟"良知""设为言教，则粗粗已甚"，例如将"格物"解释为"格者，正也，致吾心于事物之正也"，那么"此则但言正心足也，何为言格物哉"[③]？将正心与格物重复，可见其并无格物之学。大师认为："盖物也者，即向者能为拘碍之异熟、痴根等，亦即是意、心、身、家、国、世界等，今悉检格之使遵从良知而回转行动一致，故悉成诚、正、修、齐、治、平、之善也。"[④] 真正的格物之学，乃佛教之唯识学。

阳明因为不知唯识学，"未得名言善巧，不能持论立教……故及所传已人异其说，自相斩伐"，"立义均至单也，其所言，实等于未尝言耳……彼之不再传而大乱，夫岂得委其陋哉！夫言吾心而不穷吾心之所蕴，言良知而莫定良知之所诠，言致良知而不明致良知之工程，无因可凭，无果可成，窃不知缴绕曼衍其辞说将何为也"[⑤]？故无法将其"良知"以及"四句教"进行精准的阐释，传布为系统的思想学说。"阳明以自己之高明律人，视他人尽是高明，既不能定之以教理，又未能范之以律仪，而及门诸

① 《王阳明格竹衍论》，《全书》第 22 册，第 429 页。
② 《论王阳明》，《全书》第 22 册，第 443 页。
③ 《王阳明格竹衍论》，《全书》第 22 册，第 431 页。
④ 《论王阳明》，《全书》第 22 册，第 451 页。
⑤ 《王阳明格竹衍论》，《全书》第 22 册，第 429 页。

子，得浅、得深、得纯、得驳，只取其一偏，以之独杨其至，执之不得会通，末流遂猥杂不可收拾!”①

综合前文对朱熹的批判，可知尽管宋明儒学深受禅宗的影响，但是太虚大师认为它并没有得到禅宗的精髓。从禅宗本身发展的具体状况来看，禅宗本身虽然是佛法的精髓，但是是与律仪戒行、经论慧解相扶而成，如前文所述是从身心实践上实实在在地去亲自验证佛教教理。而“晚唐衰乱，禅风孤振而戒废慧湮，即成宋、元来整个佛教颓败趋势”②，即宋明儒者所学的禅宗，已经是无律仪戒行、经论慧解相扶的孤禅。而即使是对于空腹高心的孤禅，宋明儒者也只是浅尝辄止，未能窥其堂奥，“抽取儒、佛、道各一小分以凑成所谓宋儒，与明、清来所流行先天门、瑶池门等等，仅一为上层士大夫、一为下层愚夫妇雅俗之别耳”③，其学术的肤浅程度一如先天门、瑶池门等民间迷信。大师以唯识学的理论来阐述宋明理学与禅宗的本质区别：

> 以唯识学之术语喻之，则从上所传教外之禅，譬第八识所变实境。立为禅宗门庭者，则如前六现量，亲托彼为本质而变为自所缘之相，能符彼本质之自相者也。立为台、贤等门庭者，则如第六正比量，疏托彼为本质，变似名相，不谬彼实境之共相者也。彼道与儒，则如第六非量，亦或亲或疏托彼以为本质，由无始我法分别熏习力故，变似所执实我实法之名相，于所托之自相、共相均有迷误者也。故儒、道家

① 《论王阳明》，《全书》第22册，第452页。
② 《中国今后之文化》，《全书》第22册，第133页。
③ 同上。

虽同托于禅，以面底不一致故，遂与佛门卒多抵牾。①

宋明儒学以及道教所得，只是对禅宗本地风光（喻为八识所变的实境）的错误认识（非量），并且执以为真；其精神实质，与禅宗相去太远。

太虚大师把宋明儒者失败的原因具体归纳为六："一者，先入为主，守门庭故。二者，虽窥本心，未深明故（非大菩提不圆明故）。三者，不知佛有人乘法故。四者，中国佛徒偏出世故。五者，经律论藏少研究故。六者，方便教化先成人故。"② 其中第六点，是站在佛教的立场，阐明悟道的菩萨以儒学作为方便教化的工具，引导人们完成人伦道理，是为人乘佛教的宗旨。

四 对阳明心学的改造

太虚大师对王阳明的肯定，正是从方便教化的角度，要以儒学尤其是王阳明的思想为人乘佛学的阶梯。大师认为，王阳明由禅宗启发而发见（悟得）孔门宗要，并且能持养、施行、充实之，道德讲学、文治武功皆耀于当世，所以是孔子以来儒家内部最伟大的思想家。

大师对阳明思想的融摄、引导和改造，不仅仅如前文所述，将"良知"更正为"正知"，指出其确当意义，并且结合王门"四句教"，指出"致良知"的正确方法，以期为善去恶、即知即行、知行合一，到达内圣外王事业的完成。

---

① 《论宋明儒学》，《全书》第22册，第420—421页。

② 同上，第426页。

大师在《论王阳明》一文中指出，“致良知”是王学的宗通，而“四句教”乃王学的说通，要“通此说通，非精究佛法之唯识学不可”。

“无善无恶心之体”，指的是过去的业力所引生的真异熟（阿赖耶识）以及异熟生（根、身、器界、前六识的一部分）等。它们的存在和发展都遵循着过去的业力，没有自由，只能借助外力才能改变；而且与外力相遇时，也无法自由地趋避，这就是通常所说的“自然”之义。

“有善有恶意之动”，是与我痴、我见、我爱、我慢相应且恒常相续意根末那识，与依据此意根而或染或净的前六识，以及前六识中能善能恶的意识，一起率领前五识以为善为恶。人类超过其他生命的优越性，即在于第六意识能脱离业报与无明的拘碍，而成为能自由活动的“外力”。

“知善知恶是良知”，此良知指的是与净善之信心相应的各种心、心所，本来具有，但被业报和无明拘碍，不能产生现行，只有借助自由活动的意识强大的观照力量，偶尔呈露。如果能把握得住，即为作圣之基、成佛之本，因为可以此知善知恶，而崇善拒恶、为善除恶。

“为善去恶是格致”，大师将原文的格物与致知统一起来，认为为善去恶，即是让意识乃至业报、无明都遵循良知而动。从遵循此良知来处理事事物物的角度来说，即是致知、知致；在由此而意诚、心正、身修，家齐、国治、天下平的角度来说，即是格物、物格。

大师认为，王阳明的“四句教”，主要在知善知恶之良知，笃切在为善去恶之格致，结果在恶尽善纯之至善。王阳明能都在当时教化盛行，因为他能把握其“致良知”之宗通。而王门后学弊端百出，则是因为不能领会此“四句教”之说通，导致无法通达“致良知”之宗通。

除了从宗通、说通最根本的两方面来融摄、引导、改造阳明哲学之外，太虚大师还在《王阳明与新中国哲学》一文中认为，顺应当时分宋明以来哲学为三派的思潮——以大程、陆、王为代表的唯心派，以小程、朱熹为代表的心物二元派，以颜元、戴震为代表的唯物派，应以王阳明的哲学为枢纽，整合三派哲学。

之所以如此，因为阳明哲学实际上包含有三派哲学的真义。唯心派摄取禅、道而近于禅，心物二元派摄取禅、道而近道，唯物派远绝禅、道而近功利。三派均有传承和发扬。从唯心论的角度看，阳明哲学已臻顶峰。但是阳明“躬治物用，顺养人情”的实践功夫，比颜元、戴震的哲学“更能深切著明而见之行事”，“足以发挥而充实唯物派之实学”。而且，王阳明的“致良知”之说是去主观自私意欲之弊端，存客观上事物天然之理，工夫上虽是唯心论，实际上与朱熹的心物二元论同，其“离了事物为学，即是落空”即是。

可见，以阳明学为总枢，可以发为唯心、心物二元、唯物三派哲学。因此，如果能以阳明学为枢纽，而将三派哲学均衡发展，开诚布公、正大光明地吸收佛教、道教哲学，扩展唯物派的面向，吸收西方近代的科学、工业、民政、法治等学说文化，则可以“大成新中国之新哲学，且可进而构造全世界人类所需要之哲学与文化矣”。

五 构建新文化的设想

当然，这种文化重建的设计只是为了实现人乘佛教的阶段性目的的方便说法，至于由人乘而直接进入大乘的整体文化重建，宋明儒家显然是无法充当主体的。太虚大师在《怎样建设现代中国的文化》、《提供谈文化建设者几条佛学》、《中国应努力世界新文化》、《建设现代中国佛教谈》、《中国今后之文化》、《佛教最要的一法与中国急需的一事》、《转移风气运动的原则》等文中，对构建中国乃至世界新文化，提出了系统的见解，其要点有四个方面。

首先，要洞观现代文化和中国文化的根本，“选中国固有文化要素以建立中国民族的生命，选各国现行文化要素以资养中国民族的生命”①。而道教是中国文化之源，儒家是中国文化之枢，佛教是中国文化之用，三者不可偏取偏舍，共同构成民族文化的重心。对西方科学文化，应积极采取，以实现厚生利用之效。

其次，建成新儒家文化，全无可能。大师认为，中国封建社会以家族为本位，以农业为基础，这是儒家文化存在和发展的土壤。家族本位埋没了人们的群体和社会意识，养成众多依赖家族谋生活的不健全分子，阻碍了政治的清廉和法律的严正。近代以来，家族本位已经瓦解，工业社会正在形成，“中国不想改成为现代国家则已，要想成为现代国家，则家族为中心的社会已成过去，而家族伦理的儒化亦难复活……而民族文化底重心，亦不再

① 《怎样建设现代中国的文化》，《全书》第 22 册，第 117 页。

属儒家了”[①]。

再次，全盘西化亦不可能。大师认为，西方文化本身也有着严重的缺点，并非完美的文化，“且中国没有近代科学工业生产力做基础”，贸然就主张全盘西化，当然不可能。另外，中华民族的文化，“有他的内在性，也都有他的历史、地理因素”[②]，有着其独特的优点，并非一无是处，抹煞数千年先哲心力血汗所培积的文化基础，盲目接受西方文化，显然是不符合中国实际的，也是不可能的。

最后，应以佛教文化为主体，重建中国新文化，乃至世界新文化。大师回顾历史，认为与积贫积弱的宋朝之量狭气激的宋明理学不同，国强民富之隋唐时的胸怀壮阔的佛教文化，集中了最高文化的优点：心量开廓，学艺博综。从中国来讲，“处今交通四辟、学术交流时代之中国，于历史上应直承隋唐之开博文化”[③]。从国内各民族文化的交融上来说，藏、蒙、满民族文化惟是佛教文化；从亚洲文化的交融上来说，东亚、南亚共同的文化也只有佛教文化，因此正确的做法应是，以“二千余年之佛教教化关系成亚洲东南各民族大联合，协力将大乘佛教文化宣达到亚洲西北以及欧、美、菲、澳，融摄近代的个人主义文化与将来的社会主义文化，造成全世界人类的中正和平圆满文化”[④]。

英国历史学家汤因比博士在通盘审视人类文明的基础上，预言未来社会的生机源泉仍将来自宗教，“这个未来的宗教不一定

① 《佛教最要的一法与中国急需的一事》，《全书》第22册，第153页。
② 同上，第154页。
③ 《中国今后之文化》，《全书》第22册，第138页。
④ 《提供谈文化建设者几条佛学》，《全书》第22册，第105页。

是个全新的宗教，也可以设想是一个采取新形式的旧宗教，但是这样的旧宗教即或采取了能够满足人类新需要的新形式而复兴起来，恐怕也要彻底改变形态。”汤因比博士认为东方的大乘佛教，如果能彻底改变形态，那么最有希望成为全新的宗教，满足人类的新需要——既能满足人们的科学精神、哲学精神，又能解决西方的危机和东方的困境，能赋予人们明辨和克服严重威胁人类生存的以贪欲为首的各种罪恶的力量，将全人类团结为一体，去解决从现在到将来的一切问题①。

汤因比博士的见解，和太虚大师的重建世界新文化的设计，何其相似乃尔！

太虚大师毕生都在努力改革佛教，改变其形态，使之成为全新的宗教，因为时代的局限，这个工作当时虽然失败了，但是佛教本身的特质，使它具有超出本土其他文化即外来文化的潜能，而最终被改造成功。太虚大师当年所提出来的“人间佛教”方向，当今在台湾得到了全面的推广和实践，在大陆也已经起步，并取得了阶段性的成果。而且，这个方向，有望在今后数百年之内得到更深的开掘、更高的升华、更丰富的圆融。

当然，除了沿着太虚大师所开创的“人间佛教”方向继续发展之外，要想全面地实现佛教形态的变革，激发其无限的生机，那恐怕就得做到以下两点：一方面，学习和吸收太虚大师总持智的高度智慧，向内总持佛教诸乘诸宗，向外总持世间一切思想学说；另一方面，根据时代的进步和各种思想学说的发展，向内彻证佛教所崇尚的般若智慧，向外不断在更高、更新的层面总持世

① 见陈兵《中国佛教的回顾与展望》，第 6 页，《法音》2000 年第 2 期 。

间一切思想学说，引领着人类不断向前。可以说，时代在不断地呼唤着更多的“太虚大师”！

对比之下，本土正宗的儒家文化影响虽深，但是已经失却了封建社会宗法家庭、家族的根底，失去了与家同构的封建国家对它的政治性依赖和支持，又缺乏像样的组织团体，成了没有躯壳而只有话语权力的“游魂”。本土的道教，从其内核来说，鬼神崇拜、祖先崇拜的观念，长生不死、修炼成仙的目标追求，都难以为当代科学社会所接受；从其外在发展状况来说，长期以来一直无法与佛教抗衡。基督教在中国的发展虽然极为迅速，但是其经典、教义等的中国化道路显然还非常漫长。

只有佛教，其对智慧、觉悟的终极追求，理性、思辨的信仰特征，中国化的深度融入，遍布全国的教团组织等，都是不可多得的潜质。“佛教如能发扬其中国化特色，如禅的贴近生活，净土的涵容广大，华严的博大精微，天台的解行合一，南山律的心为戒体等，并以人间佛教的理念加以批判整合，那必能成功回应正处于强势的基督教文化的挑战。这也就是佛教的现代转型。”①

而如何将佛教这所有的特色和潜质充分发挥出来，真正从事实上实现佛教的现代转型，那就如前文所述，无疑需要整个社会的支持，需要大批佛教徒的自觉努力，更需要一批像太虚大师那样的佛门先进，发挥高度的主观能动性，以高度的总持智慧，融贯佛教的诸系诸乘诸宗，摄导世间的一切学问，铸造出全新的中国佛教、世界佛教、世界文化！

① 邓子美《超越与顺应》，第276页。

参考文献

一、原著

《太虚大师全书》1—34册，宗教文化出版社，2005年版。

二、佛教经论、古籍

1.《增壹阿含经》。

2.《大宝积经》。

3.《佛说未曾有正法经》。

4.《楞严经》。

5.《楞伽多罗宝经》。

6.《大乘入楞伽经》。

7.《解深密经》。

8.《法华经》。

9.《大般涅槃经》。

10.《胜鬘经》。

11.《维摩诘所说经》。

12.《本事经》。

13.《佛说造塔功德经》。

14.《大日经》。

15. 龙树菩萨《大智度论》。
16. 龙树菩萨《中论》。
17. 清辨《掌珍论》。
18. 弥勒菩萨《瑜伽师地论》。
19. 马鸣菩萨《大乘起信论》。
20. 宗喀巴大师《菩提道次第广论》。
21. 《能显慧日中边论》。
22. 护法等《成唯识论》。
23. 窥基述《成唯识论述记》。
24. 僧肇《注维摩诘经》。
25. 湛然《止观辅行传弘诀》。
26. 智俨集《华严五十要问答》。
27. 智俨集《华严经内章门等杂孔目章》。
28. 澄观《华严经疏》。
29. 澄观《华严经随疏演义钞》。
30. 宗密《禅源诸诠集都序》。
31. 契嵩《传法正宗记》。
32. 窥基《大乘法苑义林章》。
33. 法经等《众经目录》。
34. 均正《四论玄义》。
35. 僧肇《肇论》。
36. 永明延寿《宗镜录》。
37. 宗密《原人论》。
38. 《六祖大师法宝坛经》。
39. 《易经》。
40. 《论语》。
41. 《老子》。

42.《庄子》。

43. 司马迁《史记》。

44. 龙树《十八空论》。

45. 真谛译《显识论》。

46.《摩诃般若经》。

47.《大品般若经》。

48.《大集经》。

49. 世亲《辨中边论》。

50. 无著《显扬圣教论》。

51.《舍利弗阿毗昙论》。

52.《大毗婆沙论》。

53. 北本《涅槃经》。

54.《大乘理趣六波罗蜜经》。

55. 契嵩编《传法正宗记》。

56. 法云编《翻译名义集》。

57.《大乘本生心地观经》。

58. 紫柏《紫柏老人集》。

59. 憨山《憨山老人梦游集》。

60. 憨山《楞严通义补遗》。

61. 莲池《竹窗随笔》。

62. 蕅益《灵峰宗论》。

三、相关著作

1. 印顺《太虚大师年谱》，宗教文化出版社，1995 年版。

2. 陈兵《佛教心理学》，南方日报出版社，2007 年版。

3. 陈兵《佛教禅学与东方文明》，上海人民出版社，1990 年版。

4. 陈兵《佛法真实论》，宗教文化出版社，2007 年版。

5. 陈兵《佛陀的智慧》，上海古籍出版社，2006 年版。

6. 霍韬晦《佛教的现代智慧》，中国佛教协会，1990 年版。

7. 王仲则《隋唐佛教判教思想研究》，巴蜀书社，2000 年版。

8. 黄夏年主编《杨仁山集》，中国社会科学院出版社，1995 年版。

9. 黄夏年主编《欧阳竟无集》，中国社会科学院出版社，1995 年版。

10. 黄夏年主编《印顺集》，中国社会科学院出版社，1995 年版。

11. 黄夏年主编《圆瑛集》，中国社会科学院出版社，1995 年版。

12. 王恩洋《中国佛教与唯识学》，宗教文化出版社，2003 年版。

13. 陈兵、邓子美《二十世纪中国佛教》，民族出版社，2000 年版。

14. 罗同兵《太虚大师对中国佛教现代化道路的抉择》，巴蜀书社，2003 年版。

15. 中国第二历史档案馆编《中华民国史档案资料汇编》，第五辑第二编，江苏古籍出版社 1997 年版。

16. 葛兆光《葛兆光自选集》，广西师范大心出版社，1997 年版。

17. 李广良《心识的力量——太虚唯识学思想研究》，华东师范大学出版社，2004 年版。

18. 陈健民《曲肱斋全集》1—10 册，中国社会科学院出版社，2002 年版。

19. 龚隽等译《修剪菩提树——“批判佛教”的风暴》，上海古籍出版社，2004 年版。

20. 唐忠毛《佛教本觉思想论争的现代性考察》，上海古籍出版社，2006 年版。

21. 赖永海《中国佛性论》，中国青年出版社，1999 年版。

22. 邓子美《当代人间佛教思潮》，甘肃人民出版社，2009 年版。

23. 印顺《佛法概论》，上海古籍出版社，1998 年版。

24. 舍尔巴茨基《大乘佛学》，中国社会科学出版社，1994 年版。

25. 《胡适书评序跋集》，岳麓书社，1987 年版。

26. 《章太炎全集》1—6 册，上海人民出版社，1985 年版。

27. 波普尔《科学知识进化论》，三联书店，1987 年版。

28. 卡普拉《物理学之“道”》，北京出版社，1999 年版。

29. 周昌乐《禅悟的实证——禅宗思想的科学发凡》，东方出版社，2006 年版。

30. 丹皮尔《科学史》，商务印书馆，1995 年版。

31.《瞿秋白文集》第一卷，人民文学出版社，1954 年版。

32.《孙中山全集》第六卷，中华书局，1985 年版。

33.《谛闲大师语录》，上海佛学书局，1995 年版。

34.《圆瑛法师讲演录》，上海佛学书局，1995 年版。

35. 熊十力《佛家名相通释》，中国大百科全书出版社，1985 年版。

36.《马克思恩格斯选集》第三卷，人民出版社，1996 年版。

37. 陈麟书、陈霞主编《宗教学原理》，宗教文化出版社，2003 年版。

38. 王雷泉编选《欧阳渐文选》，上海远东出版社，1996 年版。

39. 何建明《佛法观念的近代调适》，广东人民出版社，1998 年版。

40. 李申《中国儒教史》上、下卷，上海人民出版社，1999 年版。

41. 马克斯·韦伯《儒教与道教》，商务印书馆，2002 年版。

42. 刘成有《近现代居士佛学研究》，巴蜀书社，2002 年版。

43. 王治心《中国宗教思想史大纲》，东方出版社，1996 年版。

44. 麦克斯·缪勒《宗教学导论》，上海人民出版社，1989 年版。

45. 汤用彤《汤用彤学术论文集》，中华书局，1983 年版。

46. 方广锠《渊源与流变》，中国社会科学出版社，2004 年版。

47. 高振农《近现代中国佛教论》，中国社会科学出版社，2002 年版。

48. 梯利《西方哲学史》，商务印书馆，1995 年版。

49. 罗素《西方哲学史》上下卷，商务印书馆，1996 年版。

50.（日）神林隆净《密宗要旨》，中华书局，1939 年版。

51.（英）阿利斯科·E·麦克格拉思著，王毅译《科学与宗教引论》，上海人民出版社，2008 年版。

52. 吕大吉《宗教学通论新编》，中国社会科学出版社，1998 年版。

53. 彼得斯、江丕盛、本纳德编《桥：科学与宗教》，中国社会科学出版社，2002 年版。

54. 潘显一、冉昌光主编《宗教与文明》，四川人民出版社，1999 年版。

55. 杨韶刚《超个人心理学》，上海教育出版社，2006 年版。

56. 车文博《西方心理学史》，浙江教育出版社，1998 年版。

57. 高觉敷主编《西方近代心理学史》，人民教育出版社，1982 年版。

58. 车文博《人本主义心理学》，浙江教育出版社，2003 年版。

59. 唐文权、罗福惠《章太炎思想研究》，华中师范大学出版社，1986 年版。

四、硕博论文

1. 史文《禅观影像论》，2006 年，复旦大学博士论文。

2. 刘朝霞《早期天台学对唯识古学的吸收与抉择》，2005 年，四川大学博士论文。

五、期刊文章

1. 陈兵《中国佛教的回顾与展望》，《法音》2000 年第 2 期。

2. 龚隽《严于染净真俗之界——欧阳竟无思想三论》，《佛学研究》第 8 期。

3. 释恒清《“批判佛教”驳议》，台湾《哲学研究》第 24 期，2001 年。

4. 杨笑天《略论佛教文化与和谐社会》，《佛教文化》2008 年第 6 期。

5. 常惺《人生的意义何在》，《海潮音》第 11 卷第 10 期，1930 年。

6. 章太炎《论佛法与宗教、哲学以及现实之关系》，《中国哲学》第八辑，三联书店，1982 年版。

7. 圣凯《近代中国知识分子对佛法、宗教及哲学的理解》，2008 年 6 月 4 日，佛学在线网。

8. 哈磊《朱子所读佛教经论与著述叙要》，《孔子研究》2008 年 4 期。

9. 朱清时《物理学步入禅境：缘起性空》，《慧恩》总第十期，2010 年 1 月。

后记

写完这篇论文，在如释重负的同时，又有一种隐隐的迫切感、沉重感。博士论文的写作过程，是一个阅读、思考而提高的过程，也是一个不断发现自身不足的过程。思考、发现得多了，就很觉得惶惶然，就如同乘着航船，经历风雨终于靠岸，却发现“岸”原来是另一艘航船，雾来云罩、风起浪涌，又一段航程悄然开始。也许，人生就是一直向前的航程，风雨丽日，都只是其中的一部分；不断航行，努力向前，才是全部。

忍不住回过头去，看看。

2006年，非常幸运地考入四川大学宗教研究所，忝列陈兵教授门墙之内。陈老师的精深佛学、宏大愿力、高尚人格、潇洒气度，是为全国乃至海外无数佛子共同钦仰的，能受教于其门下，不可不谓为人生最大幸事。除开听了老师一年的课，我还收集并视听了老师讲课的大部分录像、录音资料，阅读了老师的大部分著作，所得益处不可言说。我要感谢陈老师的法恩，还要感谢师母的关心与照顾，并衷心祝愿老师健康长寿，广弘正法，祝愿师母吉祥如意。

学习的过程中间，唐大潮老师、潘显一老师、田海华老师、张泽洪老师等，都曾给了我多方面的帮助、教导和启发，都是无法忘记的。我的硕士导师张怀承老师，多年来对我的学业从未停止过关心和指导，对我的生活等多方面给予了众多帮助，都是难以忘怀的。还有很多的师兄、师姐、同学、朋友，他们以其理性的信仰、深邃的思想等，从不同方面影响、帮助过我，如哈磊、刘朝霞、宋道发、张海滨等，让我有一种亲如兄弟的感觉。

我还要感谢父母、弟妹们，感谢我的家人们。尤其是妻子傅映兰女士和女儿小丁当宝宝。妻子长期默默无闻的奉献，是我的学业得以完成、学佛之途一路顺畅最重要的条件；女儿小丁当宝宝，是生活快乐的重要源泉，自然在论文的写作中也有其不可埋没之功。

路漫漫其修远兮，吾将上下而求索。一路上，好人很多，风光无限，生活因此而精彩，生命因此而充实。

丁小平

2011 年 6 月

《儒道释博士论文丛书》已出书目

第一批(1999年)

道教斋醮科仪研究 张泽洪著

道教炼养心理学引论 张 钦著

道教劝善书研究 陈 霞著

道教与神魔小说 苟 波著

净明道研究 黄小石著

第二批(2000年)

神圣礼乐——正统道教科仪音乐研究 蒲亨强著

魏晋玄学人格美研究 高华平著

明清全真教论稿 王志忠著

佛教与儒教的冲突与融合 彭自强著

经验主义的孔子道德思想及其历史演变 邓思平著

第三批(2001年)

宋元老学研究 刘固盛著

道教内丹学探微 戈国龙著

汉魏六朝道教教育思想研究 汤伟侠著

般若与老庄 蔡 宏著

刘一明修道思想研究 刘 宁著

晚明自我观研究 傅小凡著

第四批(2002年)

近现代以佛摄儒研究 李远杰著

礼宜乐和的文化思想 金尚礼著

生死超越与人间关怀——神仙信仰在道教与民间的互动 李小光著

近现代居士佛学研究 刘成有著

生命的层级——冯友兰人生境界说研究 刘东超著

第五批(2003年)

中国佛教僧团发展及其研究 王永会著

实相本体与涅槃境界 余日昌著

斋醮科仪 天师神韵 傅利民著

荷泽宗研究 聂 清著

精神分析与佛学的比较研究 尹 立著

太虚对中国佛教现代化道路的抉择 罗同兵著

终极信仰与多元价值的融通 姚才刚著

第六批(2004年)

西学东渐与明清实学　李志军著

上清派修道思想研究　张崇富著

北宋《老子》注研究　尹志华著

相国寺

——在唐宋帝国的神圣与凡俗之间　段玉明著

熊十力本体论哲学研究　郭美华著

关于知识的本体论研究

——本质　结构　形态　昌家立著

明代王学研究　鲍世斌著

中国技术思想研究

——古代机械设计与方法　刘克明著

朱熹与《参同契》文本　钦伟刚著

中国律宗思想研究　王建光著

第七批(2005年)

元代庙学

——无法割舍的儒学教育链　胡　务著

牟宗三"道德的形而上学"研究　闵仕君著

隋唐五代道教美学思想研究　李　裴著

宋元道教易学初探　章伟文著

杜光庭《道德真经广圣义》的道教哲学研究　金兑勇著

天台判教论　韩焕忠著

杜光庭道教小说研究　罗争鸣著

魏源思想探析　李素平著

泰州学派新论　季芳桐著

《文子》成书及其思想　葛刚岩著

傅金铨内丹思想研究　谢正强著

第八批(2006年)

汉末魏晋南北朝道教戒律规范研究　伍成泉著

两性关系本乎阴阳

——先秦儒家、道家经典中的性别意识研究　贺璋瑢著

陈撄宁与道教文化的现代转型　刘延刚著

扬雄《法言》思想研究　郭君铭著

《周易禅解》研究　谢金良著

明清道教与戏剧研究　李　艳著

王弼易学解经体例探源　尹锡珉著

唐代道教管理制度研究　林西朗著

四念处研究　哈　磊著

天人之际的理学新诠释

——王夫之《读四书大全说》思想研究　周　兵著

第九批(2007年)

晚明狂禅思潮与文学思想研究　赵　伟著

先秦儒家孝道研究　王长坤著

致良知论

——王阳明去恶思想研究　胡永中著

教化与工夫
——工夫论视域中的阳明心学系统　陈多旭著
心性灵明之阶
——早期全真道情欲论思想研究　刘　恒著
中古道书语言研究　冯利华著
近现代禅净合流研究　许　颖著
永明延寿心学研究　田青青著
中国传统社会宗教的世俗化研究
——以金元时期全真教社会思想与传播为个案　夏当英著
成玄英《庄子疏》研究　崔珍晳著

第十三批(2011 年)

道医陶弘景研究　刘永霞著
汉代内学
——纬书思想通论　任蜜林著
一心与圆教
——永明延寿思想研究　杨文斌著
三教关系视野中的陈景元思想研究　隋思喜著
蒙文通道学思想研究　罗映光著
敦煌本《太玄真一本际经》思想研究　黄崑威著
总持之智
——太虚大师研究　丁小平著
明清民间宗教思想研究
——以神灵观为中心　刘雄峰著
东晋宋齐梁陈比丘尼研究　唐　嘉著
《贞观政要》治道研究　杨　琪著

图书在版编目（CIP）数据

总持之智——太虚大师研究/丁小平著．—成都：巴蜀书社，2011.11

（儒道释博士论文丛书）

ISBN 978-7-80752-908-8

Ⅰ.①总…　Ⅱ.①丁…　Ⅲ.①太虚（1890～1947）—人物研究　Ⅳ.①B949.92

中国版本图书馆 CIP 数据核字（2011）第 201467 号

总持之智——太虚大师研究

ZONGCHIZHIZHI TAIXUDASHIYANJIU

丁小平　著

责任编辑　谢正强
出　　版　四川出版集团巴蜀书社
　　　　　成都市槐树街 2 号　邮编 610031
　　　　　总编室电话：（028）86259397
网　　址　www.bsbook.com
发　　行　巴蜀书社
　　　　　发行科电话：（028）86259422　86259423
经　　销　新华书店
印　　刷　四川五洲彩印有限责任公司
　　　　　电话：（028）85011398
版　　次　2011 年 11 月第 1 版
印　　次　2011 年 11 月第 1 次印刷
成品尺寸　203mm×140mm
印　　张　13.125
字　　数　300 千字
书　　号　ISBN 978-7-80752-908-8
定　　价　33.00 元
